Pernoud
Der Abenteurer auf dem Thron

Régine Pernoud

Der Abenteurer auf dem Thron

Richard Löwenherz
König von England

Aus dem Französischen
von Christiane Landgrebe

Diederichs

Die Originalausgabe erschien unter dem Titel *Richard Cœur de Lion*
bei Fayard, Paris

© Libraire Arthème Fayard, 1988

Die Deutsche Bibliothek – CIP-Einheitsaufnahme
Pernoud, Régine:
Der Abenteurer auf dem Thron: Richard Löwenherz, König
von England / Régine Pernoud. Aus dem Franz. von Christiane
Landgrebe. – München: Diederichs, 1994
    Einheitssacht.: Richard Cœur de Lion 〈dt.〉
    ISBN 3-424-01199-1

Lektorat: Matthias Wolf
Umschlaggestaltung: Ute Dissmann, München
Produktion: Tillmann Roeder, München
Satz: Uhl + Massopust, Aalen
Druck und Bindung: Kösel, Kempten
Printed in Germany

ISBN 3-424-01199-1

Inhalt

Vorwort

Viele Jahre habe ich mich mit Eleonore von Aquitanien beschäftigt, und deshalb reizte es mich, auch ihrem Lieblingssohn meine Aufmerksamkeit zu schenken. Sie war, wie man weiß, Mutter von fünf Söhnen. Einer von ihnen hatte eine Sonderstellung bei ihr: Richard, für manche Zeitgenossen der Poiteviner, wird heute allgemein Richard Löwenherz genannt. Er war noch nicht zwanzig Jahre alt, als ihm Giraud de Barri diesen Namen gab.

Richard Löwenherz ist der würdige Erbe einer »unvergleichlichen Frau« und der einzige, der seine Herrschaft unter ihrer Ägide ausübte. Über seinen jüngeren Bruder und Nachfolger Johann ohne Land sollte man besser schweigen: Durch ihn zerfiel das Reich der Plantagenets. Immerhin war er klug genug, rechtzeitig zu sterben, wodurch die Landung Ludwigs von Frankreich in England nicht zum Erfolg wurde und nicht wie die Wilhelms des Eroberers siegreich endete. Die Feindschaft zwischen England und Frankreich blieb latent weiter bestehen, und die Waffenstillstände wurden nur durch das kluge Vorgehen Ludwigs des Heiligen zu einem wirklichen Frieden. Er stiftete einen Bund zwischen »Vettern«, und sein Enkel, Philipp der Schöne, wäre in der Tat gut beraten gewesen, diesen zu wahren.

Im hohen Gewölbe des Chors von Fontevraud, in dem der Gesang der Mönche und Klosterangehörigen widerhallt, wurde lange Zeit das Grab von Richard Löwenherz zusammen mit den Gräbern seines Vaters, Heinrich II. Plantagenet, und seiner Mutter, Eleonore von Aquitanien, verehrt. Der Sohn des Grafen von Anjou und der Herzogin von Aquitanien, die auch König und Königin von England waren, wurde als ihr Nachfolger selber berühmt. Diese drei Gestalten haben in der Geschichte Europas eine unvergeßliche Rolle gespielt. Die Engländer haben sich nicht beirren lassen und immer wieder die prachtvolle Abtei von Fontevraud besucht. Der Altar wurde in den ersten Jahren des 12. Jahrhunderts vom Papst selbst geweiht. Für die Entwicklung und Blüte dessen, was Gustave Cohen »unser großes Jahrhundert« nannte, war die Abtei von entscheidender Bedeutung.

Eine jener drei großen Gestalten fand Eingang in die Legende: Richard Löwenherz. In ihm lebten die Hoffnungen, Neigungen und Wesenszüge seiner Mutter und ihrer Familie fort. Innerhalb des riesigen Königreichs, das ihm durch den Tod seiner beiden älteren Brüder zufiel – Guillaume, der bereits als Kind starb, und Heinrich, der »junge König« –, war Aquitanien sein eigentlicher Wirkungskreis. Eleonore hatte ihn dort zum Herzog gemacht und mit aller wünschenswerten Feierlichkeit krönen lassen. Er hing so sehr an diesem Land, daß er, als er König geworden war, ohne Zögern die Krone des Heiligen Römischen Reichs ablehnte. Dabei war sie im damaligen Europa das höchste, was sich ein Fürst wünschen konnte. Für ihn konnte sie weder die Pracht Aquitaniens noch die Weinberge des Médoc noch die Jagdgebiete des Talmondois oder die Gesänge der Troubadoure ersetzen.

Auch sein Kreuzzug ins Heilige Land entsprach ganz den Vorstellungen der Barone von Aquitanien und der Troubadoure. Eleonore war vierzig Jahre zuvor mit ihrem ersten Ehemann, König Ludwig VII. von Frankreich, dorthin gezogen. Ihr erging es besser als ihrem Sohn, denn sie gelangte bis an den Orontes und konnte sogar das heilige Jerusalem betreten. So mußte sie auch ihren Sohn darin bestärken, die Rückeroberung der heiligen Stätten zu betreiben, die den Christen so sehr am Herzen lagen.

Sie tat noch mehr: Wachsam achtete sie darauf, daß Richard, der in Übersee kämpfte, sein Königreich nicht verlor! Dies gelang ihr mit Hilfe ihres Mutterinstinkts und ihres Sinns für Politik. Sie mußte sich mit Schwierigkeiten aller Art herumschlagen: mit dem heimlichen Ehrgeiz ihres Jüngsten, den Ansprüchen, die der französische König Philipp August erhoben hatte, und mit allen Ränken, die das Land, das in großer Blüte stand, von innen her bedrohten. Die Forderungen der Grundbesitzer wurden immer drängender. Auch die Sorge um die Fortführung ihrer Linie machte ihr zu schaffen. Diese trieb sie durch alle Länder Europas, um für ihren Sohn eine Verlobte nach ihrem Herzen zu finden.

»Eine unvergleichliche Frau« nannte der Mönch Richard von Devizes sie und pries ihre unermüdliche Teilnahme an allen wichtigen Ereignissen der Zeit. Der Ausruf der Bewunderung, den sie ihm entlockt, wird durch das Leben von Richard Löwenherz nur bestätigt. Es ist recht ergötzlich, diese Äußerung heute, im 20. Jahrhundert, allen Irrtümern und Dummheiten entgegenzuhalten, die von Leuten über ihn geschrieben werden, die es besser wissen könnten. So wurde in jüngster Zeit erneut behauptet, Königin Eleonore hätte keinerlei Einfluß auf die Entwicklung des literarischen Lebens in Aquitanien und England gehabt. Dabei wurden ihr zahlreiche Werke gewidmet, und zu ihren Lebzeiten entstand eine ganze Fülle anglonormannischer Literatur. Manche Forscher stellen zu diesem Zweck sogar die Chronologie in Frage und bestreiten, daß sie »die meiste Zeit ihres Lebens im Gefängnis verbracht« hat. Wenn sie nur ein wenig rechnen könnten, wüßten sie, daß zwischen 1152 (damals war Eleonore dreißig Jahre alt) und 1174, dem Jahr, in dem sie gefangengenommen wurde, zweiundzwanzig Jahre liegen, die reichsten, fruchtbarsten und normalerweise erfülltesten im Leben eines Menschen. Doch genau an dieser Lebenserfahrung scheint es derlei Historikern zu mangeln.

Halten wir uns nicht mit solchen Albernheiten auf! Bei der Beschäftigung mit dem Leben Richards erscheint die Rolle seiner Mutter in noch hellerem Licht als bei dem Versuch, ihr eigenes Leben nachzuzeichnen. Die zweite Hälfte des 12. Jahrhunderts in Europa wurde von einer Königin dominiert. Deren Enkelin, Blanca von Kastilien, dominierte die erste Hälfte des 13. Jahrhunderts in Frankreich.

Im übrigen gibt es genügend seriöse Arbeiten, die Eleonore und Richard gerecht werden. Auf diese kann der Leser bei Bedarf zurückgreifen. In Frankreich ist dies vor allem das Buch von Edmond-René Labande, im Ausland sind es neben Amy Kelly und den meisten amerikanischen und englischen Historikern, die im Literaturverzeichnis aufgeführt werden, insbesondere die Werke von Reto Bezzola, der als erster »die Ursprünge und Herausbildung« unserer höfischen Tradition an den Tag gebracht und erläutert hat.

Ihnen gilt mein Dank. Und da ich schon bei den Danksagungen bin, möchte ich alle erwähnen, die auf verschiedene Weise zur Erleichterung meiner Arbeit beigetragen haben: Emmanuelle Hubert, die die Literatur zusammengestellt hat, Thérèse Conquer, die bei der Endfassung mitwirkte, und Jean Gimpel, ohne dessen aktive Hilfe diese Arbeit nicht hätte zu Ende geführt werden können.

Mein Dank gilt auch den Wegbegleitern, den Chronisten des 12. Jahrhunderts, deren Schriften von außerordentlichem Interesse sind. Es ist immer wieder ein neues Vergnügen, in den zeitgenössischen Quellen über Richard Löwenherz zu lesen, sei es in den Berichten Rogers von Hovedens oder desjenigen, den man Benoît von Peterborough nennt, sei es in den Schriften des bereits erwähnten Richard von Devizes, der in pointiertem Stil und mit unerschöpflichem Humor schreibt, oder bei Ambrosius, der so lebendig und eindringlich über den Zug ins Heilige Land berichtet. Er legt Sultan Saladin in wenigen Versen ein treffendes Porträt seines Gegners in den Mund:

Ich weiß wohl, wie kühn und tapfer der König ist,
aber er kämpft einen so wagemutigen Kampf!

Er wünscht ihm »Weitherzigkeit mit Sinn und Maß«, eine Eigenschaft, die Richard kaum besaß. Aus diesen Erzählungen haben wir reichlich geschöpft. Sie werden in diesem Buch immer wieder zitiert, in der Hoffnung, daß der Leser ebensoviel Gefallen daran findet wie wir selbst und daß er sich durch die Begegnung mit den Quellen seine eigene Meinung über einen Helden bilden kann, der aus einem Roman stammen könnte – aus einem höfischen Roman.

R. P.

I
Die ersten Schritte des Löwen

Die Szene, die sich am Dreikönigstag, dem 6. Januar des Jahres 1169, im Schloß von Montmirail abspielte, war typisch für die Feudalzeit: Der König von Frankreich Ludwig VII. empfing dort seinen wichtigsten Vasallen, Heinrich II. Plantagenet, der gekommen war, um ihm Lehenseid und Huldigung zu leisten.

Die Feudalgesellschaft beruhte auf solchen Bindungen zwischen Mann und Mann, besser gesagt zwischen dem Herrn und seinem Vasallen und umgekehrt (beide Funktionen konnten selbstverständlich auch von Frauen ausgeübt werden). Heinrich kniete mit geöffneter Degenkoppel vor dem König von Frankreich und legte seine Hand in die seine. Dieser empfing ihn in einem mit blauer Seide bezogenen hochlehnigen Sessel; Heinrich versprach ihm Treue und erhielt dafür die Zusicherung des Königs, ihm Schutz zu gewähren. Im Leben des 12. Jahrhunderts war dies ein gängiges Ritual, das auf allen Ebenen einer Hierarchie geübt wurde, auf deren Wahrung man sorgfältig zu achten hatte. Die Huldigung von Montmirail war von besonderer Bedeutung.

Zunächst wegen der beteiligten Personen: Der Herr, dem die Ehrerbietung zuteil wurde, war der König von Frankreich; der Mann, den er auf den Mund küßte, der König von England, welcher ihm nur im Hinblick auf seine Besitzungen auf dem Kontinent gehuldigt hatte. Diese waren im übrigen ebenso groß wie die Domänen, über die Ludwig VII. unmittelbar herrschte, vielleicht sogar größer, es handelte sich nämlich um den gesamten Westen Frankreichs.

Die beiden Männer waren nicht als einzige an diesem Ereignis beteiligt. König Heinrich II. hatte gleich zu Beginn ihrer Begegnung die Bedeutung des Treffens hervorgehoben, indem er den König von Frankreich folgendermaßen anredete:

»Sire, an diesem Dreikönigstag, an dem die drei Könige dem König der Könige ihre Gaben darbrachten, empfehle ich meine drei Söhne und meine Ländereien Eurem Schutz.«

An seiner Seite kamen Ludwig drei junge Männer entgegen, deren Gesichtszüge ihm, obwohl er nur den ältesten kannte, nicht ganz fremd waren. Schließlich waren sie die Söhne seiner ersten Gemahlin Königin Eleonore, die er in seiner Jugend wie wahnsinnig geliebt und die sich vor 17 Jahren von ihm getrennt hatte, um Heinrich II. zu heiraten, der ihm heute seine Ehrerbietung erwies. Drei schöne Knaben, vor allem der älteste, der fünfzehnjährige Heinrich der Jüngere mit dem freundlichen Gesicht und dem eleganten Äußeren. Er sollte später König von England werden und auch die Normandie, das Maine und Anjou erhalten. Gottfried, der jüngste, war noch ein Kind, keine elf Jahre alt. Ihm war die Bretagne zugedacht. Sein Haar war braun, er war lebhaft, ein echter Märchenprinz, allerdings ein wenig kleiner als seine Brüder. Richard, der zweite Sohn, sah bereits wie ein Halbwüchsiger aus, obwohl er noch nicht zwölf war. Durch sein entschlossenes Auftreten und sein rötlich blondes Haar zog er sogleich die Aufmerksamkeit auf sich. Er war zu beneiden: Ihm wurden das Poitou und Aquitanien als Erbe übertragen, die Lehen seiner Mutter, die früher Ludwig und Eleonore gemeinsam gehört hatten...

»Da der König, der die Gaben der Drei Könige empfing, Eure Worte inspiriert zu haben scheint, möge er Euren Söhnen helfen, ihre Ländereien unter den Augen Gottes in Besitz zu nehmen.«

Er hatte langsam gesprochen, jedes Wort sorgfältig abgewogen. Dieser Szene waren so viele Ereignisse vorausgegangen – persönliche Rivalitäten und Feudalkämpfe, Hoffnungen, die sich verwirklichten, und enttäuschter Ehrgeiz –, daß man sich fragt, wie diese beiden Männer, die sich bisher nur mit Waffen begegnet waren, jetzt Friedensworte wechseln konnten.

Die Begegnung von Montmirail – einer prächtigen Festung, die sechs Meilen nördlich von Vendôme in der Grafschaft Perche zwischen Maine und der Umgebung von Chartres liegt – markiert eine Wende in der Politik der französischen und noch mehr der englischen Könige. Plantagenet war offensichtlich zum Frieden bereit; er wollte sich sogar den feudalen Gepflogenheiten anpassen, die den jungen Prinzen schon früh Verantwortung übertrugen und sie in die Welt der Erwachsenen einführten. Zu diesem Zweck unterwarf er sich den Bräuchen, welche die Beziehungen zwischen Herrn und Vasall bestimmten. Nacheinander knieten die drei Söhne vor dem französischen König nieder und erklärten sich zum Lehnsmann und Vasallen für seine französischen Ländereien. Es war ihre erste politische Handlung.

Für Richard ist es auch der erste Schritt ins Erwachsenenleben. In Montmirail begegnete er nämlich seiner Verlobten. Es war damals üblich, Friedensabkommen durch Heiratsversprechen zu besiegeln. Heinrich der Jüngere war bereits mit Margarete, einer der Töchter des französischen Königs und seiner zweiten Ehefrau Constance von Kastilien, verheiratet, und Gottfried wurde trotz seines jungen Alters bereits Constance von Bretagne versprochen. In diesem Jahr, 1169, war Richard an der Reihe. Er mußte für die Ehre, welche die Söhne adliger Familien genießen, bezahlen, mit einer Heirat aus politischem Kalkül. Er sollte eine zweite Tochter von Ludwig und Constance heiraten, die Aélis, Alice oder Adele hieß. Das Mädchen war erst neun Jahre alt und wurde an diesem 6. Januar Mitglied ihrer neuen Familie wie ihre Schwester Margarete, der dasselbe in noch zarterem Alter widerfahren war: Sie war erst drei Jahre alt, als ihre Hochzeit mit dem siebenjährigen Heinrich dem Jüngeren geschlossen wurde. Richard war bereits bei seiner Geburt oder kurz danach mit Berenguela, der Tochter des Grafen von Barcelona, Raymond Berenger, verlobt gewesen, aber man hatte den Plan nicht weiter verfolgt.

Das Treffen von Montmirail hatte noch eine weitere Konsequenz von historischem Ausmaß. Nach den gegenseitigen Ehrbezeugungen und der Einigung erschien wie ein Mönch gekleidet ein junger Mann mit asketischem Gesicht und leuchtenden Augen. Als er näherkam, ergriff König Heinrich II. ein leichter Schauder, Heinrich der Jüngere jedoch lief dem Mann freudig entgegen. Dieser war jahrelang sein Erzieher gewesen und hieß Thomas Becket. Die Chronik hat die Worte festgehalten, die der ehemalige Kanzler von England sprach, den der König zum Erzbischof von Canterbury ernannt, ins Exil geschickt und so in die mißliche Lage gebracht hatte, Ludwig VII. um Hilfe zu bitten: »In Anwesenheit des französischen Königs, der pästlichen Legaten und der Prinzen, Eurer Söhne, überlasse ich unsere Angelegenheit und alle Schwierigkeiten, die daraus erwachsen sind, Eurem Königlichen Urteil.« Nach einer Pause fügt er hinzu: »Bei der Ehre Gottes«. Niemand konnte damals ermessen, welchen Einfluß diese Worte auf den Fortgang der Ereignisse haben würden...

Eine wichtige Person fehlte bei der Begegnung von Montmirail, die eigentlich hätte teilnehmen müssen: Königin Eleonore von England, wegen deren persönlichen Besitzungen der zweite ihrer Söhne Ludwig VII. gehuldigt hatte: Aquitanien und das Poitou. Ob sie verärgert sein würde über das Vorgehen ihres Sohnes Richard, das eindeutig aus Gehorsam gegenüber seinem Vater geschah? Es scheint nicht so zu sein. Um jedoch alle Ambitionen, die hieran beteiligt waren, zu begreifen – es war ein äußerst subtiles Spiel, wie alle Vorgänge, die sich aus dem für uns so verwirrenden Feudalrecht ableiten –, lohnt es sich, kurz die romaneske Vergangenheit jener Frau zu schildern, die inzwischen Königin von England war.

Eleonore war die Gemahlin König Ludwigs VII. gewesen, dem ihre drei Söhne soeben den Vasalleneid geschworen hatten. Nach einem fünfzehnjährigen, manchmal bewegten gemeinsamen Leben wollte sie sich von ihm trennen und ließ unter dem Vorwand zu naher Blutsverwandtschaft die Ehe annullieren. Sie hatten zwei Töchter, Marie und Alix. Ihre Besitztümer eignete sie sich wieder an und heiratete zwei Monate später in Poitiers, der Hauptstadt, Heinrich Plantagenet, damals erst Herzog der Normandie und Graf von Anjou. Er setzte sich jedoch kurz darauf die englische Krone aufs Haupt. Beide wurden am 19. Dezember 1154 feierlich in Westminster gekrönt, fünfzehn Jahre vor der Begegnung von Montmirail.

Eleonore lebte jahrelang an der Seite ihres jungen Ehemanns (er war zehn Jahre jünger als sie, aber sehr reif für sein Alter) ein höchst erfolgreiches Leben. Alles, was dieses mit grenzenloser Energie ausgestattete Paar unternahm, schien zu gelingen, seine Macht reichte jetzt von der Nordsee bis zu den Pyrenäen und von den schottischen Sümpfen bis zu jenem Golf im Atlantik, an dem die Einwohner von Bayonne ihren Walfisch fingen. Heinrich war ein begabter Herrscher, und er fand in seiner Gemahlin, die von großer politischer Bildung und mütterlicher Klugheit war, eine hervorragende Beraterin. Acht Kinder wurden ihnen geboren. Obwohl das älteste, ein Sohn mit Namen Wilhelm, bereits im Alter von drei Jahren verstarb, schien die Familie beste Aussichten auf eine hoffnungsvolle Zukunft zu haben. Ambitioniert war sie in jedem Fall. Die ältere Tochter Mathilde war mit einem mächtigen Fürsten des Reichs verlobt, Heinrich dem Löwen von Sachsen. 1167 bestieg die elf Jahre junge Prinzessin in Begleitung ihrer Mutter in Dover das Schiff, um zu ihrem späteren Gemahl zu fahren.

Kurze Zeit vorher, im Dezember 1166, als Königin Eleonore ihr zehntes und letztes Kind zur Welt brachte, den kleinen Johann, kam es zur Trennung von Heinrich Plantagenet: Dieser hatte sich nicht gescheut, sie mit der schönen Rosamunde – der Fair Rosamund der englischen

Balladen – zu betrügen und, was Eleonore ihm noch weniger verzieh, sich öffentlich mit ihr zu zeigen.

Von nun an änderte die betrogene Königin ihre Politik gegenüber ihrem Gemahl, so entschieden feindlich wie sie vorher freundlich gewesen war. Ihr war die Idee gekommen, die Macht ihrer eigenen Kinder gegen die ihres Mannes auszuspielen, und sie arbeitete Jahre daran, diese Idee zu verwirklichen. Obwohl sie an der Begegnung von Montmirail nicht teilnahm – dazu war ihr Verhältnis zu Ludwig VII. als ihrem ersten Gemahl zu schwierig –, freute sie sich heimlich über das Abkommen, durch das ihre Söhne zu den Erben des großen Reichs der Plantagenets wurden, denn jeder hatte ja einen Teil als Lehen erhalten. Angelpunkt ihrer Politik sollte in Zukunft der zweite Sohn, der künftige Graf von Poitou und Herzog von Aquitanien, sein, der ihre, Eleonores, Ländereien übernahm.

Richard wurde am 8. September 1157 geboren. Er war der erste Sohn, den sie nach dem Tod seines größeren Bruders Wilhelm zur Welt gebracht hatte, und ihm galt ihre besondere mütterliche Fürsorge. Seine kräftige Gestalt und sein volles rötliches Haar erinnerten sie ein wenig an seinen Vater Heinrich II. zu der Zeit, als sie sich in ihn verliebte. Richard war körperlich und geistig gleichermaßen gewandt. Es heißt, er sei von derselben Amme genährt worden wie der bekannte Philosoph und Theologe Alexander Neckham, denn beide wurden in der Nacht vom 8. September 1157 geboren, Richard in Oxford, Alexander in Saint-Albans. Alexanders Mutter nährte auch Richard. »Sie nährte ihn mit ihrer rechten Brust und Alexander mit der linken«, schreibt der Chronist, der damit die geistigen Fähigkeiten Plantagenets ausreichend erklärt zu haben glaubt... Wie sein älterer Bruder Heinrich lernt er ohne Mühe, ist schlagfertig und von fröhlichem Temperament. Gottfrieds Charakter war weniger ausgeprägt. Johann, der jüngste, war erst drei Jahre alt und wurde ins Kloster von Fontevraud gebracht, um dort fünf Jahre lang seine erste Ausbildung zu erhalten.

Gleich nach dem Abkommen von Montmirail begann Eleonore, ihre Politik zugunsten des jungen Richard in die Tat umzusetzen. Heinrich Plantagenet war nur unter größten Schwierigkeiten nach England zurückgekehrt, und als er endlich am 3. März 1170 Plymouth erreichte, war eines der prächtigsten Schiffe seiner Flotte im Sturm untergegangen. An die vierhundert Männer ertranken. Er selbst war unversehrt, doch von den Schrecken der Überfahrt gezeichnet, als er Land betrat.

Die Königin, die wieder mehr denn je Eleonore von Aquitanien war, läßt sich auf ihrem eigenen Land nieder. Mit dem Abkommen von Montmirail hatte ihr Mann ihr – wahrscheinlich unfreiwillig – einen neuen Weg für ihre Politik geebnet. Sie wußte dies zu nutzen und umgab sich mit Getreuen und Freunden: ihrem Seneschall Hugo von Faye, ihrem Konnetabel Saldebreuil, ihrem Brotmeister Hervé und einer bestimmten Anzahl Geistlicher wie Peter, ihrem Kaplan, Meister Bertrand und verschiedenen anderen, die einen zwar kleinen, aber handlungsfähigen Hofstaat bilden.

Eine Person fehlte: Graf Patrick von Salisbury, den Heinrich ihr an die Seite gestellt hatte, um sie zu schützen oder vielleicht zu überwachen. Er hat bisher ihr gegenüber unvergleichliche Treue bewiesen. Ihm hatte Eleonore zu verdanken, daß sie am 27. März 1168 einem gefährlichen Hinterhalt entgangen war. Als Patrick der Königin auf ihrem Rückzug Schutz gewährte – eigentlich war es eine verzweifelte Flucht, durch die es ihr gelang, sich in einem ihrer Schlösser zu verschanzen –, wurde er von hinten feige ermordet. Der Mörder stand im Sold der Lusignans, jener Barone aus dem Poitou, die immer zur Rebellion bereit waren. Sogleich ließ Eleonore einen feierlichen Gottesdienst zum Gedenken des Grafen von Salisbury in der Abtei Saint-Hilaire von Poitiers abhalten. Daran nahm auch ein junger Mann teil, der sich in der Geschichte noch einen Namen machen sollte: Wilhelm, genannt der Marschall. Er war der Neffe des Grafen von Salisbury, war bei der erwähnten Auseinandersetzung verletzt worden und hatte sich mit von allen bemerkter großer Tapferkeit zur Wehr gesetzt. Er lehnte sich gegen eine Hecke, um den Handlangern, die auf ihn losgingen, besser entgegentreten zu können – bis einer von der anderen Seite der Hecke aus ihn von hinten angriff. Als Eleonore erfuhr, daß er in Gefangenschaft geraten war, zahlte sie sogleich Lösegeld für ihn und schlug ihm vor, sich ihr anzuschließen. So wurde er mit zweiundzwanzig Jahren Begleiter und Lehrer ihrer beiden älteren Söhne Heinrich und Richard, denn er verstand sich bestens auf Reiten und den Kampf mit der Lanze. Die Königin hatte nicht versäumt, in der Abtei von Saint-Hilaire eine jährliche Messe für den Seelenfrieden des Grafen von Salisbury zu stiften. Dafür hatte sie den Mönchen alle Rechte übertragen, die sie am Land von Benassay besessen hatte. Die Abtei von Saint-Hilaire lag den Bewohnern des Poitou besonders am Herzen. Sie war dem Schutz des heiligen Gelehrten und Kirchenvaters unterstellt, dem Apostel der heiligen Trinität, der der Lehrer, Freund und Berater des ruhmreichen heiligen Martin gewesen war. Bis ins 12. Jahrhundert erinnerte die Abtei an die ruhmreichen Kämpfe der ersten Christenheit im Poitou. Die Herzöge von Aquitanien wurden traditionell Äbte von Saint-Hilaire, und Eleonore hätte sich gehütet, diese Tradition nicht zu wahren.

Eine ganze Reihe prachtvoller Feste fand statt, die sie sorgfältig vorbereitet hatte, um die Macht ihres zweitältesten Sohnes Richard über das Poitou und Aquitanien zu festigen. Zunächst versammelte sich am Osterfest der gesamte Hof in Niort. Barone und Prälaten des Landes wurden einberufen, und da solche Anlässe auch immer dazu dienten, Streitigkeiten zu beheben und Dissonanzen zu beseitigen, machte Eleonore in Richards Namen alle von Heinrich II. verfügten Konfiskationen in den Grafschaften von Angoulême, der Marche und in ganz Aquitanien rückgängig. Damit verschaffte sie dem Grafen von Poitiers – dies war von nun an der Titel des jungen Mannes –

Popularität bei der Bevölkerung seiner künftigen Ländereien. Er genoß nun den Ruf eines Mannes, der begangene Fehler vergißt und Forderungen aufhebt. Manchen Klöstern, wie etwa dem von Merci-Dieu, übertrug er bestimmte Privilegien.

Die aufsehenerregenden Veranstaltungen, zu denen auch Turniere und große Essen gehörten, endeten in Poitiers mit der Ernennung Richards zum Abt von Saint-Hilaire, und zwar am Trinitatisfest, wodurch ein historisches und ein theologisches Ereignis miteinander in Zusammenhang gebracht wurden. In der schönen romanischen Kirche, die man heute noch bewundern kann, empfing Richard aus den Händen des Erzbischofs von Bordeaux Lanze und Standarte als Insignien der neuen Würde. Dann wurde zu dieser halb religiösen, halb weltlichen Zeremonie feierlich die Hymne O princeps egregie gesungen. Es handelte sich nur um eine symbolische Thronbesteigung, ähnlich der der französischen Könige, die zum Kanonikus von Notre Dame in Paris ernannt wurden (selbst in der heutigen Republik Frankreich hat der Staatschef noch ein Anrecht auf diesen kirchlichen Titel). Der Knabe muß, als er seinen Titel empfing, von der prächtigen Liturgie, die bei solchen Anlässen besonders aufwendig gefeiert wurde, tief beeindruckt gewesen sein. Sein ganzes unruhiges Leben lang schätzte Richard das Zeremoniell der Kirche, in der er getauft worden war, und bis zum letzten Atemzug blieb er ihr treu. Seine Zeitgenossen berichten, daß er besonders die Gesänge mitsang, die solche Feiern beleben.

Die Würde des Abts von Saint-Hilaire war nur ein erster Schritt. Der ganze Hof begab sich im Anschluß nach Limoges, wo die Mönche von Saint-Martial soeben in ihren Archiven eine alte Vita der Schutzpatronin der Stadt, der heiligen Valeria, gefunden hatten, deren Ring man dort verehrte. Geschickt nutzte Eleonore die Gelegenheit dieser Entdeckung, ein Zeremoniell wiederaufleben zu lassen, das früher bei der Thronbesteigung der Herzöge von Aquitanien begangen worden war.

Limoges legte großen Wert auf den Kult der heiligen Valeria, deren Ring, das Symbol der mystischen Hochzeit, dazu diente, Richard in sein Amt einzusetzen. Dies berichtet der Mönch Gottfried aus Vige, ein Augenzeuge der Thronbesteigung.[1]

Um diesen Ring sollte sich das Zeremoniell in Limoges drehen. Man erfand ein passendes Ritual; später wurde Helius, der Kantor der Kathedrale, beauftragt, einen Hymnus zu schreiben, der fortan bei der Segnung der Herzöge von Aquitanien gesungen werden sollte. Er wurde jedoch niemals verwendet ...

Der junge Richard wurde an der Tür der Kathedrale Saint-Etienne von einer langen Prozession von Mönchen und Klerikern empfangen, die ihn feierlich bis zum Altar begleiteten. Der Bischof segnete ihn, legte ihm eine Seidentunika um und streifte ihm den Ring der heiligen Valeria über den Finger. So ging der Herzog von Aquitanien im Beisein seiner Mutter ein Bündnis mit der Stadt Limoges, aber auch mit ganz Aquitanien ein. Er trug ein Diadem und erhielt Schwert und Rittersporen. Dann schwor er auf das Evangelium und wohnte der Messe bei. Nach alter Gewohnheit folgte auf die Feier ein Festbankett, das ebenso prachtvoll war wie das bei einer Königskrönung. Ein Schauspiel wurde aufgeführt, dann gab es ein Turnier und einen Ball.

Richard trat unter der Ägide seine Mutter feierlich in die Geschichte ein. Jede der Feiern hatte ihre besondere Bedeutung. Limoges stand in Konkurrenz zur Stadt Poitiers, die behauptete, älter zu sein und den Status der Hauptstadt Aquitaniens beanspruchte. Angeblich war sie zur Zeit der biblischen Gestalt Gideon von dem Riesen Lemovic ge-

---

[1] Er hat auch die Stationen des Lebens Valerias nachgezeichnet, der Tochter des Leocadius, die sich aufgrund einer Predigt Martials zum Christentum bekehrt hatte und sich ganz Gott widmen wollte; sie verweigerte eine bereits arrangierte Heirat; ihr früherer Verlobter soll ihr im Zorn den Kopf abgeschlagen haben.

gründet worden, Poitiers hingegen erst viel später durch Julius Cäsar ... Mit den verschiedenen Feierlichkeiten, die alle gleich prachtvoll, wenn auch jeweils von ganz eigener Bedeutung waren, spielte Eleonore geschickt die Folgen einer langen Rivalität herunter. Die Königin verließ Limoges erst, nachdem sie mit Richard den Grundstein für eine neue Kirche gelegt hatte, die dem heiligen Augustin geweiht werden sollte.

Danach unternahmen Mutter und Sohn einen Ritt von der Loire zu den Pyrenäen, auf dem sie die Güter der Barone besuchten, die an der Osterzeremonie in Niort teilgenommen hatten. Zugleich stellten sie sich der Bevölkerung vor.

War es Zufall oder eine Reaktion auf die Feste, die soeben in Aquitanien stattgefunden hatten? Man erhielt Kunde, daß Heinrich II. beschlossen habe, seinen Sohn Heinrich den Jüngeren gemäß dem Abkommen von Montmirail in England krönen zu lassen. Es ist nicht schwer zu erraten, welche Absicht er damit verband: Traditionsgemäß war es Aufgabe des Erzbischofs von Canterbury, Könige in ihr Amt einzusetzen, genau wie dies der Erzbischof von Reims in Frankreich tat. (An dieser Stelle sei darauf hingewiesen, daß die Weihung von Königen in beiden Ländern tiefe historische Wurzeln hatte. Reims war der Taufort von Chlodwig, dem ersten König Frankreichs, und Canterbury der Ort, an dem England sich dem Christentum zugewandt hatte, nachdem der heilige Augustin, als Abgesandter Papst Gregors des Großen, in England eingetroffen war.)

Durch seine Entscheidung, die Krönungsfeier seines Sohnes durch den Erzbischof von York und nicht durch Thomas Becket, den Erzbischof von Canterbury, vornehmen zu lassen, brüskierte Heinrich vor aller Augen seinen früheren Kanzler und Freund. Seit der Flucht von Thomas herrschte Unbehagen im Land, aber durch die Geste des Königs wurde es noch verstärkt. Die Thronbesteigung

Richards war eine Art Triumph, die Heinrichs des Jüngeren erhöhte jedoch die Spannungen im Land, zumal seine
Ehefrau Margarete von Frankreich zur selben Zeit wie er
hätte gekrönt werden müssen. König Ludwig VII. war
daher höchst irritiert und teilte dies Plantagenet unum-
wunden mit. Stand dieses Vorgehen nicht im Wider-
spruch zum Abkommen von Montmirail?

Während zahlreiche Botschaften zwischen den beiden
Herrschern ausgetauscht wurden, fand unter der Schirm-
herrschaft des Königs von Frankreich in Frétéval eine
Begegnung zwischen Heinrich Plantagenet und Thomas
Becket statt, und zwar am 22. Juli 1170, dem Fest der
Maria Magdalena. Es sollte ihr letztes Treffen sein. »Sire,
ich habe das Gefühl, daß wir uns hier auf Erden nicht mehr
sehen werden«, sagte Thomas leise, als er sich vom König
verabschiedete. Dabei hatte dieser ihm mehrfach versichert, er verzeihe ihm und wolle sich mit ihm einigen und
hatte ihn aufgefordert, in sein Bistum zurückzukehren.
Den Friedenskuß allerdings hatte er ihm verweigert, und
jedermann wußte: Ohne diesen Kuß als konkretes Zeichen wiedergefundenen Einvernehmens konnte es keine
wirkliche Versöhnung geben.

Wenig später wurde Heinrich Plantagenet so krank, daß
er glaubte, sich um die Zukunft seines Reichs kümmern zu
müssen. In Domfront in der Normandie diktierte er am
10. August, was er für seinen letzten Willen hielt. Wie er
bereits beschlossen hatte, sollte Heinrich der Jüngere den
englischen Thron sowie die Normandie, das Anjou und
Maine erhalten, Richard Aquitanien und Gottfried die
Bretagne. Der König wünschte, im Kloster von Grandmont im Limousin bestattet zu werden, »zu Füßen des
heiligen Etienne von Muret«, wie er schrieb. (Muret war
der Gründer des damals blühenden Ordens, den der König später noch mit Begünstigungen überhäufte.) Heinrich erholte sich jedoch und beschloß, am folgenden Mi-
chaelsfest, dem 29. September, zum Dank nach Rocama-
dour zu pilgern.

Im Jahr 1170 wendete sich das Schicksal des angiovini-
schen Reichs und damit auch das der jungen Prinzen,
denen es zufallen sollte. Das Jahr ging mit einer Tragödie
zu Ende, von der noch Jahrhunderte später die Rede war:
Thomas Becket wurde von vier Baronen, Vertrauten König Heinrichs II., nach den Weihnachtsfeierlichkeiten am
29. Dezember in seiner Kathedrale ermordet.

Heinrich den Jüngeren traf dieses brutale Vorgehen gegenüber dem Mann, den er verehrte und der sein erster
Lehrer gewesen war, härter als seine Brüder. Aber auch
Richard wird betroffen gewesen sein; mit zwölf Jahren
erlebt man die Dinge intensiv, und alles, was den Bereich
des Gefühls berührt, ist prägend fürs ganze Leben. Die Tat
Heinrichs II., oder besser gesagt sein törichter Wunsch,
der zu der unentschuldbaren Tat geführt hatte, entfrem-
dete ihn seinen Kindern gerade zu der Zeit, als Eleonore,
erfüllt von Rachegedanken gegenüber dem Mann, den sie
so geliebt hatte, nach und nach die Fäden durchtrennte, die
Vater und Söhne miteinander verbanden. Während sich
am Hof von Poitiers die Dichter begegneten, die Kathedrale Saint-Pierre und der Herzogspalast unter ihrer Anleitung umgebaut wurden, entwickelte sie neue Geheim-
pläne. Um Plantagenet, ihren Gatten, wurde es still, während sie ihre Rache vorbereitete.

So wurden die jungen Prinzen unter dem wachsamen
Auge Eleonores zum herrschaftlichen, also einem höfischen und ritterlichen Leben erzogen, in Poitiers oder an
anderen Orten Aquitaniens. Sie übten sich im Reiten – für
jeden Baron der damaligen Zeit seine zweite Natur – und
im Umgang mit Lanze und Schwert. Noch öfter gingen
sie auf Jagd in den wildreichen Gegenden des Poitou und
Limousin. Täglich fanden sie Gelegenheit dazu, und ihr
junger Mentor, Wilhelm der Marschall, hielt dabei ein
wachsames Auge über sie. Dieser Mann war künftig eng
mit der englischen Krone verbunden.

Das höfische Leben in Poitiers war reich und vielfältig.
Gerade zu jener Zeit erlebte es eine Blüte, deren Saat

Eleonore und Heinrich Plantagenet in der ersten Zeit ihrer Ehe gelegt hatten. Es hielten sich zu den verschiedensten Zeiten zahlreiche Dichter dort auf – etwa Benoît de Saint-Maure – und Damen des Hofes wie die reizende Marie von Champagne, die ältere Tochter Leonores, die in Begleitung »ihres« Dichters Chrétien von Troyes an den Hof gekommen sein soll. Vom höfischen Leben dort zeugt der berühmte *Traité d'amour* von Andreas Capellanus. Die Dichtung der Epoche wurde gepflegt, die französische, normannische, anglo-normannische, und in dieser Atmosphäre wuchs Richard Löwenherz auf, der wie seine beiden Brüder gegenüber Musik und Dichtung sehr aufgeschlossen war.

Als wolle sie sich für das Weihnachtsfest 1170 rächen, das durch die Nachricht von der Ermordung Beckets so tragisch unterbrochen worden war, versammelte Eleonore auf ihren ureigensten Ländereien im tiefen Süden Aquitaniens im darauffolgenden Jahr zu Weihnachten die Vasallen aus dem Süden um sich und ihren Sohn Richard. Der Graf von Poitou war vierzehn Jahre alt, hatte damit die Volljährigkeit erreicht, bestieg den Thron in seinem später bevorzugten Land und tat die ersten Schritte in seinem Leben als Mann und Herr aus der berühmten Familie der Plantagenets.

2
Ritter und Troubadour

Die Damen stiegen auf die Mauern um dort den Spielern
zuzuschauen. Die welche auf dem Platz einen Freund hatten
wandten ihm Augen und Gesicht zu.
Am Hof gab es viele Spielleute Sänger und Musiker. Viele
Lieder konnte man hören Harfenklänge und neue Töne.
...

Diese Beschreibung von Artus' Königshof trifft ganz sicher auch auf den Hof von Poitiers zu. Ihr Verfasser,
Meister Wace, Kanonikus von Bayeux, schrieb in den
Jahren 1169-1170 ein Gedicht, dem er den Titel *Heldenlied*
der Normannen gab; sein erstes Werk, aus dem die obige
Beschreibung stammt, hatte er Königin Eleonore gewidmet. Es ist der *Roman de Brut*, eine Versübersetzung des
Werks Gottfrieds von Monmouths, eines genialen Dichters, der den von seinem legendären Hof umgebenen König Artus erfand, der sowohl in die Geschichte als auch in
die Literatur Einzug nahm. Wace übersetzte zwar werkge-
treu, fügte aber hier und da Details des höfischen Lebens
seiner eigenen Zeit hinzu, das er ja vor Augen hatte, weil
es die Umgebung der Königin begeisterte. Dieses höfische Reich ist in jenem Werk beschrieben, in dem zum
erstenmal der Begriff der »Tafelrunde« fällt, der in den
Romanen des 12. Jahrhunderts einen so wichtigen Raum
einnehmen sollte. König Artus, so sagt er,

> *verhielt sich so nobel*
> *war so schön und ritterlich,*
> *daß man ihn nicht für einen Höfling aus Schottland oder*
> *Brittanien oder Frankreich hielt*
> *weder für einen Normannen, einen Angeviner oder Flamen*
> *noch für einen Burgunder oder Lothringer,*

von dem er sein Lehen hatte...
Wer zu Artus' Hof ging und bei ihm weilte
Und wer ein Gewand besaß und die Wappen kannte ...

Die Feudalgesellschaft erhielt durch die Dichtung besonderen Glanz: Der König, der Herr der Herren, adelt die,
welche ihn umgeben, mit ihm an einem Tisch sitzen und
nicht um ihn herumstehen wie die Barone an der Seite des
Kaiserthrons oder dem der Monarchen der Antike. Die
neue Auffassung von der Herrschaft eines »höfischen Fürsten« ist charakteristisch für jene Zeit. Nur in einer solchen Gesellschaft kann die höfische Liebe, nur hier kann
sich ein Bild von der Frau als »Grundlage der höfischen
Literatur« entwickeln, wie Reto Bezzola schreibt.

In dem Gedicht von Wace kommt die Lobpreisung der
Frauen, die durch die Dichtung der Troubadoure und der
Minnesänger überall bekannt wurde, klar zum Ausdruck.

Courtoise war schön und weise
Und von hohem Adel,

sagt er von der Mutter König Artus'. Bei Marcia, der
Königin von England, geht er mit seinem Lob noch weiter:

Gebildet und weise war die Dame
Ihr Geist nahm alles auf, sie pflegte
Lesen und Schreiben
Sie wußte viel und lernte viel.

Der Ritter steigert das Ansehen der Dame durch die Liebe,
die er ihr entgegenbringt; so wendet sich König Uther
Pendragon an Merlin, um die Liebe Ygernes zu gewinnen,
an der man die Züge Isoldes wiedererkennt:

Ygernes Liebe, überraschend
Hat mich besiegt und ganz gefangen.
Wenn ich gehe, wenn ich komme
Wenn ich wache, wenn ich schlafe
Aufsteh' und mich niederlege

Wenn ich trinke, wenn ich esse
immer denk' ich an an Ygerne...

Thomas widmet seinen *Tristan* ebenfalls Königin Eleonore:

Immer wieder redet man
von Isolde und Tristan.

Daß der Dichter-Historiker Wace an den Hof von Poitiers kam, kann als glückliches Ereignis betrachtet werden. Er hat in unvergeßlichen Worten die Notwendigkeit, Worte und Taten der Vergangenheit dichterisch festzuhalten, zum Ausdruck gebracht:

Um sich der Ahnen zu erinnern
Ihrer Taten, Worte, Sitten
des Verrats und der Verräter
Des Baronsstands, der Barone
Brauchen wir Bücher und Taten
Geschichten, die wir auf Feiern lesen.
Wenn es kein Schrifttum gäbe
Von Schreibern gelesen und weitergegeben
Würden so viele Dinge vergessen
Die vor langer Zeit geschehen.

schrieb er im *Roman de Rou*, den er nach dem *Roman de Brut* verfaßte. Viele setzten sein Werk fort, darunter auch Benoit de Saint-Maure, der seinen *Troja-Roman* ebenfalls Königin Eleonore widmete.

Eines reichen Königs reiche Dame
von großem Wissen in allen Bereichen
Und keine Sekunde auf dieser Welt
ist ihr einer anderen gleich.

In dieser Atmosphäre höfischer Dichtung wurde Richard erzogen, Dichtung war mit der Geschichte ebenso verbunden wie mit Romanen. Als später der Dichter Ambroise in Versen von Richards Heldentaten im Heiligen

Land erzählte, wurde er zum Sprachrohr einer Tradition, die am Hof seiner Mutter entstanden war. So verwundert es nicht, daß auch Richard selbst dichtete. Sein schönstes Gedicht schrieb er, wie wir sehen werden, in einem höchst dramatischen Augenblick; das höfische Leben mit seiner Dichtung kam ihm nie aus dem Sinn.

Das typischste Beispiel höfischer Dichtung von Eleonores Söhnen stammt nicht von Richard, sondern von seinem Bruder Gottfried von Bretagne. Es handelt sich um ein Streitgedicht, das älteste uns bekannte in französischer Sprache. Es unterhalten sich der Fürst und der Minnesänger Gace Brûlé. Sein Leben lang war Richard von Troubadouren umgeben: Arnaud Daniel, der lustige Mönch von Montaudon, Folquet von Marseille, Peire Vidal, Guiraud von Borneil und vor allem Bertran von Born wurden in seiner Nähe zu großen Dichtern. Schließlich wird Gaucelm Faidit aus Limoges eines Tages in einem schönen *planh* seinen Tod beklagen. Die Dichter, die Richard begleiten, waren ein wichtiger Teil seiner Existenz. Damals entstanden in seiner Grafschaft Poitou zahlreiche Werke, geprägt sowohl vom Dialekt der Gegend als auch vom höfischen Ideal. Beispiele hierfür sind der *Aeneas-Roman* und der *Roman von Theben* oder der *Alexander-Roman*. Durch sie wurde eine »Antike« geschaffen, in der sich die klassische Antike, christlich und höfisch geworden, nicht wiederkannt hätte.

Der junge Prinz vernachlässigte die Regierung des schönen Landes, das ihm zugefallen war, keineswegs. Während Heinrich II. sich nach Irland begab, weil es ihm ratsam erschien, England zu verlassen, damit man ihn vergaß, versäumte Eleonore es nicht, ihrem Sohn zu zeigen, wie er Aquitanien zu regieren hatte. So kümmerten sie sich gemeinsam um eine Schenkung Pierre de Ruffecs, eines Bürgers aus La Rochelle, an die Abtei von Fontevraud. Er versprach der Äbtissin die jährliche Zahlung von hundert poitevinischen Sous: Sie beide waren Zeugen dieses Versprechens.

Manchmal handelte Richard trotz seines jugendlichen Alters selbständig, zum Beispiel im Januar 1172 in Bayonne, wo er dem Bischof Fortanier das Recht übertrug, einen Landvogt zu ernennen, der ihn vertrat. Er bestätigte die Privilegien seiner Kirche und die Rechte der Einwohner, die ihnen vorher bereits verliehen worden waren, besonders die Walfischjagd betreffend, für die sie seit Beginn des Jahrhunderts gewisse Zahlungen leisten mußten. In dieser Gegend, in der es immer wieder zu Schwierigkeiten kam, wird man dem Grafen von Poitou noch häufig begegnen.

Im selben Jahr fand ein wichtiges Ereignis statt: die öffentliche Buße König Heinrichs II. für den Mord an Thomas Becket. Gleich nach seiner Rückkehr aus Irland hatte er festgestellt, daß seine Situation sich keineswegs gebessert hatte, ganz im Gegenteil, das Grab des heiligen Bischofs zog Scharen von Pilgern an; nur wenige Tage nach dem Mord hatten sich dort Wunder ereignet, und man nannte den Bischof fortan Thomas den Märtyrer. Immer mehr Gläubige zogen nach Canterbury, um die Heilung ihrer Leiden zu erbitten. Mehr als ein Jahr lang war in der Kirche keine Messe mehr gefeiert worden, da England mit dem päpstlichen Bann belegt worden war.

Am 21. Mai sollte in der Kathedrale von Avranches eine feierliche Versöhnungszeremonie stattfinden. Heinrich II. erschien in Begleitung seines ältesten Sohnes vor einer großen Versammlung, an der Vertreter der Kirche, der Barone und des Volks teilnahmen. Nachdem er auf das Evangelium geschworen hatte, er habe den Tod von Thomas weder angeordnet noch gewünscht, wurde er, mit entblößtem Rücken auf den Kirchenstufen kniend, symbolisch gegeißelt. Danach verharrte er eine ganze Nacht im Gebet und fastete. Sodann gab er, wie es gefordert worden war, der Kathedrale von Canterbury die vollen Rechte zurück und hob die Forderungen und Mißbräuche auf, die seinen Streit mit dem Mann, der einst sein Freund

und treuer Kanzler gewesen war, hervorgerufen hatten; er verpflichtete sich außerdem, zweihundert Ritter zur Verteidigung Jerusalems ins Heilige Land zu senden. Außerdem stiftete er zwei Klostergründungen: die Kartause von Witham in England, eine weitere auf seinem festländischen Besitz, die Kartause von Liget in der Touraine.

Damit war der Mord, der den Herrscher so sehr belastet hatte und der bis heute eine ungeheure Resonanz in der Literatur gefunden hat[1], vergeben. Heinrich II. ließ, um seine Friedensbereitschaft zu demonstrieren, Heinrich den Jüngeren und Margarete von Frankreich am 27. September 1172 in der Kathedrale von Winchester krönen. So war der schwelende Konflikt zwischem ihm und König Ludwig von Frankreich beigelegt. Dieser war über die Krönung Heinrichs des Jüngeren ohne seine Ehefrau – wir erinnern uns, dies war eine Provokation gegenüber dem Erzbischof von Canterbury – höchst irritiert gewesen.

So schienen alle Probleme beseitigt, als Heinrich II. in jenem Jahr zu Weihnachten auf Schloß Chinon mit seiner Ehefrau und den Kindern hofhielt.

In Februar und März 1173 berief er eine Versammlung seiner Barone ein, zuerst in Montferrand in der Auvergne, danach in Limoges. Vielleicht hatte er das Gefühl, in seinen Besitztümern des Kontinents sei nicht alles in Ordnung, oder er wollte sie wieder fester in die Hand nehmen und seine Autorität über seinen gesamten Besitz bestätigen, jetzt wo das Ereignis, das ihm soviel zu schaffen gemacht hatte, endgültig der Vergangenheit angehörte. Als erste Maßnahme regelte er die Erbschaft seines jüngsten Sohnes, den er bei seiner Geburt selbst Johann ohne Land genannt hatte, ein Name, der in die Geschichte

---

[1] Wir verweisen u.a. auf die wichtige Arbeit, die sich dem Thema Thomas Becket in der westlichen Literatur widmet, verfaßt von dem Hindu Sarvar T. Khambatta, *The Becket theme: a case study in the literary treatment of historical material*, vorgelegt in der Gujarat Universität Ahmedabad.

eingegangen ist. Dem damals siebenjährigen Johann übertrug er Irland, die Insel, die er soeben seiner Herrschaft unterworfen hatte. Er hatte ihm aber auch eine reiche Erbin zugedacht, nämlich Alix, die Tochter des Grafen Humbert von Maurienne; eine solche Heirat würde einen Weg nach Savoyen ebnen, also nach Piemont und Italien überhaupt. So öffnete sich dem König eine ganz neue, prächtige Perspektive: Seine Tochter Mathilde war in Sachsen verheiratet, Eleonore, die zweite Tochter, mit Alphons von Kastilien; bald sollte Jeanne, die jüngste und dritte Tochter, Wilhelm den Guten, den König von Sizilien, heiraten. Diese Neuigkeit teilte er feierlich auf der Versammlung von Limoges mit. Er hatte Ambitionen von europäischem Ausmaß, wie man sieht: Die Macht der Plantagenets reicht wie ein weitverzweigter Baum in alle wichtigen Gegenden. Mit wie wenig Weitsicht hatte der französische König seine Töchter Marie und Alix an zwei Söhne des Grafen von Champagne verheiratet, von denen der eine die Champagne, der anderen die Grafschaft Blois erben sollte.

Doch auf der zweiten Versammlung im März 1173 in Limoges überraschte Heinrich der Jüngere die Anwesenden, indem er sich erhob und lautstark gegen die Maßnahmen seines Vaters protestierte. Daß Johann ohne Land drei Schlösser erbte, Chinon, Loudun und Mirebeau, alle drei gleichermaßen wichtige Schlüsselfestungen unter den Besitzungen der Plantagenets auf dem Kontinent, empörte ihn am meisten. Heinrich der Jüngere forderte seinen Teil der Macht und hob hervor, sein Vater habe ihn zwar krönen lassen und später auch seine Gemahlin Margarete, er habe jedoch kein Land, über das er herrschen könne, sei nirgendwo zu Hause, habe keinen persönlichen Besitz, dabei sei auch er König.

Nach Heinrichs Rede löste sich die Versammlung auf. Heinrich II. sah in den Worten seines Sohnes nur eine Art Knabenstreich, weil sein Sohne endlich auch regieren wollte. War er nicht fast zwanzig Jahre alt? So beschloß der Vater, ihn mitzunehmen, wahrscheinlich, um mehr über seine Absichten zu erfahren und verschiedenen Andeutungen, besonders Raymonds V., des Grafen von Toulouse, nachzugehen, der auch in Limoges gewesen war. Dieser hatte den König vor gewissen Machenschaften Eleonores gewarnt; außerdem wollte er Einblick in die Finanzangelegenheiten des jungen Königs nehmen, von dem es hieß, er sei ein wenig verschwenderisch.

Ein paar Tage durchzogen Vater und Sohn zu Pferd das Land und gingen auf die Jagd. Am Abend des 7. März erreichten sie das Schloß Chinon, wo sie, wie sie es seit ihrer Abreise getan hatten, im selben Zimmer schliefen. Als er erwachte, stellte Heinrich II. fest, daß sein Sohn nicht mehr da war. Heinrich der Jüngere hatte sich vor Tagesanbruch die Zugbrücke öffnen lassen, war nach Norden geritten und hatte vermutlich an einer Furt die Loire überquert. Was wie eine Ferienreise begonnen hatte, endete in heftiger Geschäftigkeit. Kundschafter ritten zu verschiedenen Schlössern, sie sollten Heinrich aufhalten. Auch Heinrich II. selbst brach auf und ritt im Eiltempo nach Le Mans... Dort erfuhr er, daß man seinen Sohn in Alençon gesichtet hatte, wenig später in Mortagne, einem Gebiet, das dem französischen König gehörte, oder seinem Bruder, dem Grafen von Dreux. Er war also außer Reichweite. Wer hatte ihn beherbergt und ihm bei jeder Etappe – sonst hätte er nicht so schnell reisen können – neue Pferde verschafft?

Heinrich II. hatte nicht genügend Ruhe, um sich lange darüber Gedanken zu machen. In den folgenden Tagen erfuhr er, daß sich Heinrich der Jüngere am französischen Königshof befinde und auch die beiden anderen Söhne Richard und Gottfried dort eingetroffen seien. Danach überstürzen sich die Ereignisse.

Die wichtigsten Barone des Poitou und Aquitaniens griffen zu den Waffen und revoltierten gegen die Macht des Königs von England: Raoul de Faye, ein Verwandter Königin Eleonores, die Brüder Gottfried und Guy von

Lusignan, die als Aufrührer bekannt waren, und Gottfried von Racon, ein mächtiger aquitanischer Herr, Hugo Larchevêque und Raoul von Mauléon schlugen sich auf die Seite des jungen Königs und lehnten sich gegen die Herrschaft seines Vaters auf. Die drei Brüder Sainte-Maures, Hugo, Wilhelm und Josselin, die dem Hof von Poitiers vertraut waren, schlossen sich an. Sie verkehrten am Hof von Poitiers, außer ihnen Vulgrin von Angoulême und andere Barone; das Poitou, Aquitanien, schienen von einer Revolte erfaßt, und ähnlich einem Feuer, das lange geschwelt hat, brach der Brand überall zur gleichen Zeit aus.

Am französischen Königshof schien sich Heinrich der Jüngere zu Hause zu fühlen. Sein Schwiegervater hatte ihn immer sehr freundlich empfangen und ihn beim vorherigen Besuch zum Seneschall von Frankreich ernannt. Heinrich der Jüngere besaß kein Siegel mehr, und man beeilte sich, ihm ein neues gravieren zu lassen. Bei einer großen Versammlung wurde es den französischen und aquitanischen Baronen präsentiert, denen Heinrich der Jüngere großzügig Ländereien oder Titel schenkte. Es formierte sich eine Art Bündnis, ihn als den wahren König Englands anzuerkennen. Hierzu gehörten mächtige Barone wie Graf Philipp von Flandern oder sein Bruder, der Graf von Boulogne. Alle erklärten um die Wette, »der, welcher früher König von England gewesen« sei, sei »nun nicht mehr König«. Unerwartete Hilfe erhielt Heinrich der Jüngere von jenseits des Ärmelkanals, nämlich von Wilhelm von Schottland und seinem Bruder David, den Heinrich der Jüngere eilig zum Grafen von Huntingdon ernannte. Einige englische oder normannische Barone wie Robert von Leicester oder Wilhelm von Tancarville überquerten den Ärmelkanal und begaben sich nach Rouen, nicht um in Le Mans Heinrich II. zu besuchen, sondern um auf dem Gebiet des französischen Königs Heinrich dem Jüngeren Ehre zu erweisen. In Gisors trafen sich die beiden Herrscher – Heinrich der Jüngere

war währenddessen mit seinen beiden Brüdern zusammen
–, aber die Begegnung scheiterte. Es kam noch schlimmer.
Kurz darauf wurde Richard von Ludwig VII. zum Ritter
geschlagen. Die Reihen um Heinrich II. lichteten sich, und
niemand machte sich Illusionen. Die Überläufer und Rebellen waren von seiner Gattin Eleonore angestiftet. Der
Verfasser des *Buchs über die englischen Könige* schreibt: »Richard, der Herzog von Aquitanien, und Gottfried, der
Herzog von Bretagne, die jüngeren Brüder des Königs,
hielten sich auf Anraten ihrer Mutter, Königin Eleonore,
mehr an ihre Brüder als an den Vater. Eleonore hatte alles
getan, damit die Leute im Poitou sich gegen ihren Herrn
auflehnten.« Es gab keinen Zweifel: eine so weitreichende
und so geschickt vorbereitete Verschwörung, daß Plantagenet nichts ahnte, konnte nur das Werk der Königin sein.

Die Feindseligkeiten begannen in der Normandie, wo
Philipp von Flandern am 20. Juni 1173 Aumale belagerte,
während der französische König gemeinsam mit dem jungen König Verneuil angriff. Die Kunde vom Fall der
Festung Dol drang bis in die Bretagne. Ein Schloß nach
dem anderen verbündete sich mit den Rebellen.

Sie glaubten, unser neuer König,
  der nichts zum Regieren hatte,
    Würde die gesamte Normandie einnehmen und beschädigen,

heißt es im *Roman de Rou*.

Nachdem sich Heinrich II. von seinem Schrecken erholt
hatte, handelte er schnell und mit dem ihm eigenen Sinn
für Strategie. Da er nicht mehr wußte, auf welchen der
Vasallen er sich wirklich verlassen konnte, warb er gegen
beste Bezahlung 20 000 Söldner aus Brabant an und war
sogar bereit, sein diamantenbesetztes Krönungsschwert
herzugeben. Zwischen dem 12. und 19. August zog er mit
dem Söldnerheer von Rouen nach Saint-James de Beuvron, mit einer Geschwindigkeit von 30 km pro Tag; im
Eiltempo eroberten sie eine normannische Festung nach
der anderen. Dann zogen sie auf das Poitou zu. Die

Schnelligkeit des Marsches hat den Historiker und Poeten Wace in Erstaunen versetzt.

Heinrich also zog im Eilmarsch
Von einem Land zum anderen
Drei Tagemärsche legte er an einem Tag zurück
Und seine Leute glaubten schon, er flöge . . .

Durch dreifaches Tempo wollte Heinrich erreichen, wie ein Blitz zuschlagen zu können.

Im Frühjahr 1174 geriet sein Sohn Richard in Schwierigkeiten. Besonders die Einwohner von La Rochelle verschlossen ihm das Tor, weil sie bei einem Sieg Heinrichs II. Repressalien befürchteten. Der Dichter Richard aus dem Poitou verfaßte pathetische Strophen über diese Zeit des Aufstands und der Angst und klagt die Leute von La Rochelle heftig an. »Unglück komme über euch, ihr Reichen von La Rochelle, die ihr nur auf euren Reichtum und eure Privilegien baut«, ruft er aus und erinnert damit an die Weissagungen Merlins. »Eure Schätze haben euch blind gemacht. Es kommt der Tag, an dem in euren Häusern statt Gold Dornen sind und Brennesseln über die eingestürzten Mauern wachsen. Tu Buße, La Rochelle, damit der Herr Mitleid mit dir habe!« Tatsächlich unterstützten zwei Barone, Wilhelm Maingot von Surgères und Porteclie von Mauzé, den englischen König. Richard zog sich nach Saintes zurück und baute es zu einer starken Festung aus.

Mittlerweile hatte man erfahren, daß Eleonore, die in Männerkleidern aus dem Schloß Faye-la-Vineuse geflohen war, per Zufall mit ihrer kleinen Eskorte festgenommen worden war, gerade in dem Augenblick, als sie die Grenze zum Königreich ihres früheren Mannes überschritt, bei dem sie Schutz suchen wollte. Richard hatte Saintes in aller Eile verlassen müssen, sein Vater hatte die Burg erobert, jene rundgebaute Festung, die man Kapitol nannte. Danach hatte er die Kathedrale besetzt und 60 Ritter und 4000 Knappen dort gefangengenommen.

Auf geschickte Weise machte sich Heinrich II. zum Fürsprecher und Erneuerer der legitimen Macht. Auf die Klage der Äbtissin von Notre-Dame de Saintes, Agnès de Barbezieux, hin ließ er ihre Mühle wiedererrichten, die unter den Kämpfen gelitten hatte. Je öfter er siegte, desto mehr verzichtete er auf Repressalien, mit Ausnahme einiger Gegenden in der Bretagne. Damals ließ er auch den Zwinger von Niort errichten, um neuen Angriffen zu begegnen. Richard hatte sich ins Schloß von Taillebourg zurückgezogen, das Geoffroy von Rancon gehörte.

Nachdem er die Ordnung wiederhergestellt sah, nahm Heinrich II. seine gefangene Gemahlin und den gesamten Hof, der sie in Poitiers umgeben hatte, mit nach England: die Frauen oder Verlobten seiner Söhne, Margarete und Adelaide, Constance von Bretagne, die Verlobte von Gottfried, und Alix von Maurienne, die Verlobte von Johann, den Grafen und die Gräfin von Leicester, den Grafen von Chester und seine beiden jüngsten Kinder Jeanne und Johann. Sie bestiegen am 8. Juli 1174 in Barfleur das Schiff. Nachdem sie in Southampton an Land gegangen waren, begab er sich sogleich nach Canterbury und eröffnete eine Tradition, die lange nach ihm noch von den englischen Königen gepflegt wurde: Er verbrachte am Grab von »Thomas dem Märtyrer«, der ein Jahr zuvor vom Papst heiliggesprochen worden war, eine Nacht im Gebet. Im Pilgergewand und barfuß war er in die Bischofsstadt eingezogen, und bis er sie wieder verließ, nahm er nur Wasser und Brot zu sich.

Richard verschanzte sich noch immer im Poitou, aber er war der erste, der schließlich begriff, daß jeglicher Widerstand sinnlos war. Als sein Vater im September 1174 erneut nach Poitiers kam, begab er sich ohne Waffen zu ihm und bat ihn um Verzeihung, die ihm am 23. auch gewährt wurde. Acht Tage später taten seine beiden Brüder Heinrich und Gottfried das gleiche. Der Friede zwischen dem Vater und seinen drei Söhnen war wiederhergestellt.

In diesem Jahr hielt Heinrich Plantagenet zu Weihnachten hof in Argentan; er begab sich anschließend ins Poitou, um seine Macht wiederherzustellen und seine Verwaltung zu prüfen. Richard blieb nach einem Vertrag, den er im Oktober 1174 in Falaise geschlossen hatte, im Besitz dieser Provinz, jedoch unter der Oberherrschaft seines Vaters. Ihm sollte die Hälfte der Einkünfte zuteil werden, auch sollten ihm zwei Schlösser gehören, unter der Bedingung, daß er darauf verzichtete, sie in Festungen umzubauen. Seneschall der Provinz war fortan derselbe Porteclie von Mauzé, der dafür gesorgt hatte, daß La Rochelle dem König treu blieb. Dafür hatte er eine Menge Freiheiten und Privilegien erhalten.

Königin Eleonore war nach ihrer Ankunft in England nach Winchester und in den Turm von Salisbury gebracht worden, wo sie die wichtigste Zeit ihres Lebens, reichlich zehn Jahre, unter Bewachung durch königstreue Diener, Renouf de Glanville oder Ralph Fitz-Stephen verbrachte. »Sag mir, zweiköpfiger Adler, sag mir, wo warst du, als deine Jungen aus dem Nest flogen und es wagten, ihre Krallen gegen den König des Nordwinds zu erheben? Du bist es, wie wir erfahren haben, die sie dazu getrieben hat, sich gegen ihren Vater aufzulehnen. Deshalb wurdest du aus deinem eigenen Land geholt und in fremdes Land gebracht.« So beschrieb in seiner wie üblich ausdrucksvollen Sprache Richard der Poiteviner die Situation.

3
Oc e no

Richards Verhalten nach der mißlungenen Revolte mag uns seltsam erscheinen. Er änderte seinen Kurs vollkommen. Er war der erste Nutznießer der Großzügigkeit seiner Mutter gewesen und war unter ihrer Anleitung als Graf von Poitou mit der Kühnheit, die er damals schon besaß, gegen seinen Vater vorgegangen. Nun zog er mit der gleichen Entschlossenheit gegen seinen früheren Anhänger in den Krieg und unterstellte die Leute, die vorher ihm gehorcht hatten, der Autorität des Königs von England. Zu Beginn des Jahres 1175 war er noch sehr jung, gerade erst siebzehn, ein Alter, in dem man noch beeinflußbar sein darf. Aber auch später wird er seine Haltung öfter ändern. Es wäre dennoch zu einfach, ihn als jungen Wirrkopf zu bezeichnen, und ganz unrichtig, ihn für entscheidungsunfähig zu halten, und vielleicht noch unrichtiger, ihn der Wortbrüchigkeit zu zeihen.

Er war impulsiv, und im Lauf seines Lebens verwirrte seine Impulsivität mehr als einmal seine Umgebung. Seine Zeitgenossen wußten dies genau, und nicht zufällig gab ihm Bertrand de Born den Spitznamen *Oc et no*, Ja und nein. Ohne Mühe konnte er von einem Tag auf den anderen gegensätzliche Entscheidungen treffen. Dies mag seine größte Schwäche gewesen sein oder zumindest ein schwacher Punkt; bei einem Mann, der berufen ist, über andere zu herrschen, kann eine solche Neigung schlimme Folgen haben. Sein Vater, Heinrich II., war selbst impulsiv und von heftigem Temperament. Aber als Staatsmann hielt er seine Gefühle im Zaum. Nach der schweren Prüfung, die er bestanden hatte, von allen verlassen und überall von Verrat umgeben, begriff er, welch schlimmen Fehler er begangen hätte, wenn er Richard direkt angegriffen hätte. In der Vereinbarung von La Rochelle vom

2. Februar 1175 erwähnte er zweimal seinen zweiten Sohn, den er jedesmal mit dem Titel des Grafen von Poitou bezeichnete. Richard und Gottfried leisteten ihrem Vater in Le Mans die Huldigung, und Heinrich der Jüngere bestand darauf, dies ebenfalls zu tun, obwohl er sich nicht daran hielt. Die Unterwerfung der Söhne war vollkommen, und es bestand für jeden die Hoffnung, die Autorität, die ihm seine Titel verliehen, auch allein ausüben zu können. Nur Gottfried wurde wegen seiner großen Jugend ein Mann zur Seite gestellt, dem der englische König traute, Roland von Dinan, dem die eher vage Aufgabe des »Prokurators« übertragen worden war. Er erhielt zwei Schlösser und eine beträchtliche Mitgift von seiner Gattin Constance. In aller Augen hatte sich das Gewitter gelegt, und so war die Überraschung groß, als Richard im folgenden Juni in den Krieg gegen diejenigen zog, die sich gegen seinen Vater gestellt hatten.

Sein erster Feldzug führte nach Agen. Da sich der Herr von Puy de Castillon, Arnaud von Bouteville, in seinem Schloß verschanzt hatte, ließ Richard Belagerungsmaschinen bauen und eroberte die Burg in zwei Monaten. Dreißig Ritter wurden gefangengenommen, dazu eine große Zahl von Knappen. Voll Zorn darüber, daß man ihm so lange Widerstand geleistet hatte, ließ der Graf von Poitou die Burg schleifen und zum Zeichen, daß sie nie wiederaufgebaut werden sollte, auf ihre Mauern Salz streuen. Danach unternahm er Eroberungszüge gegen die wichtigsten Herren des Landes: den Grafen Vulgrin von Angoulême im Angoumois, Aymar von Limoges im Limousin – dies tat er vor allem mit Hilfe der brabantischen Söldner, die sein Vater angeworben hatte. Mit ihnen kämpfte er zwischen Saint-Maigrin und Bouteville, nahm die Stadt Aixe ein, wo er vierzig belagerte Ritter zu Gefangenen machte, und eroberte Limoges. Er war ganz offenbar ein begabter Feldherr und kluger Stratege.

Der Bischof von Poitiers und der Konnetabel Thibaut Chabot vernichteten bei Barbezieux die von den aufständischen Baronen angeworbenen Söldner. So kehrte zwangsläufig wieder Ruhe in der Region ein, und Heinrich II. beschloß, zu Ostern mit seinen drei Söhnen hofzuhalten.

Als Richard nach Poitiers zurückkehrte, gesellte sich Heinrich der Jüngere zu ihm. Er hatte sich ebenfalls mit den Gegebenheiten versöhnt und mit seiner Gemahlin Margarete eine Pilgerfahrt nach Santiago de Compostela unternommen. Am 19. April 1176 war er wieder in Honfleur eingetroffen, hatte dort den französischen König besucht und sich dann zu Richard begeben. Beide Brüder belagerten gemeinsam Châteauneuf und trennten sich ziemlich bald darauf. Vielleicht – jedenfalls berichten das einige Zeitgenossen – war es zu Rivalitäten zwischen den beiden jungen Männern gekommen, die beide darauf aus waren, zu glänzen und sich durch ihre Leistungen zu hervorzutun. Beide waren hochgewachsen und gutaussehend und von einer ritterlichen Großzügigkeit, die leicht, vor allem bei Heinrich, in Verschwendung umschlagen konnte. Da sie beinahe gleich alt waren, lagen Rivalitäten nahe. Eifersucht zwischen Brüdern, das ist wohl sicher das schlimmste Übel der verletzten Menschheit, jenes Drama von Kain und Abel, von dem in der Bibel gleich nach der Ursünde erzählt wird...

Richard hatte eine so positive Lebensauffassung, daß er seinen Ärger bald vergaß. Es ist bezeichnend, daß er auf der Durchreise nach Périgueux die Hofküche der Grafen von Poitou als Lehen für seinen Küchenmeister Alain errichten ließ; bei dieser Gelegenheit fand ein feierlicher Festakt statt, auf dem die mächtigsten Barone als Zeugen fungierten. Sein Knappe Robert le Moine, seine Kapläne Johann und Gottfried, sein Sekretär Raoul de l'Hopitault, sein Kellermeister Jourdain, sein Kammerdiener Bernard de Chauvigny sowie der Bischof Peter von Périgueux, der Seneschall von Poitou, Wilhelm Maingot, und sogar der hohe Herr, der sich Guy von Lusignan nannte und später noch von sich reden machen sollte.

Ein Ereignis beherrschte das Jahr 1176. Nicht die heftigen Unwetter (Robert von Thorigny, der bekannte Annalen-Verfasser, schreibt, daß in diesem Jahr von Weihnachten bis Lichtmeß Kälte und Schnee herrschten und ein starker Sturm Bäume und Häuser zerstörte, jedenfalls in der Normandie), auch nicht der Hunger im Anjou und im Maine. Die Versorgung von April bis zur Ernte war äußerst schwierig, und so mußte Heinrich Plantagenet seine Lebensmittelvorräte von England auf den Kontinent bringen lassen. Wichtiger war in diesem Jahr ein schönes Ereignis, die Hochzeit von Jeanne, Richards jüngerer Schwester, der letzten Tochter von Eleonore und Heinrich. Ihre beiden älteren Brüder erhielten die Aufgabe, ihre jüngere Schwester nach Südfrankreich zu begleiten. Ihr zukünftiger Ehemann, König Wilhelm von Sizilien, reiste ihr bis Saint-Gilles du Gard entgegen, einem damals sehr bekannten Pilgerort. Heinrich der Jüngere begleitete das Mädchen nach ihrer Ankunft in der Normandie am 27. August, Richard löste ihn später ab und reiste gemeinsam mit der Schwester durch Aquitanien. Am 9. November wurde in Palermo die Hochzeit der jüngsten Königin Siziliens gefeiert, sie war erst elf Jahre alt. Am 13. Februar des folgenden Jahres wurde sie in derselben Stadt gekrönt.

Der Bischof von Norwich, der Mitglied ihres unter der Leitung des Bischofs von Winchester stehenden Gefolges gewesen war, hat über die schwierige Reise berichtet. Mehrfach gab es kein Brot für die Dienerschaft und keinen Hafer für die Pferde. In der Auvergne herrschte Hungersnot. In Valence klagte der Bischof, man habe ihn bestohlen. Er ließ seine Pferde in Genua und fuhr mit dem Schiff nach Porto-Venere, um mit der gesamten Eskorte einen Aufenthalt in Gaeta einzulegen. Das Meer war stürmisch, und zwischen Italien und Sizilien mußten sie meistens rudern. Als sie ankamen, herrschte Dürre auf der Insel: Die Blätter waren an den Bäumen vertrocknet, die Weinreben verdorrt. Der Bischof berichtet, daß er und sein Gefolge mehr als einmal die Nacht auf sehr unbequeme

Weise verbrachten: Sie mußten ihre Decken auf Stein oder Ufersand legen. Zwei seiner Begleiter starben unterwegs, ein weiterer wurde krank; er selbst kehrte am 24. Dezember, gerade rechtzeitig zum Weihnachtsfest, erschöpft nach Nottingham zurück. Man kann seinem Bericht entnehmen, daß nicht einmal fürstliches Gefolge damals bequem reisen konnte; doch in jenem Jahr hatte allerorten ein schlechtes Klima geherrscht.

Während all dieser Zeit setzte Richard seine Feldzüge fort, um sich auszuzeichnen, er griff vor allem das Schloß von Moulineux an, auf dem einige der mächtigsten Herren Aquitaniens weilten: Wilhelm Taillefer und sein Sohn Vulgrin, Aymar von Limoges, Vicomte von Ventadour, sowie Echivard von Chabanais. Sie ergaben sich gemeinsam. Richard schickte sie, um ihrer Unterwerfung sicher zu sein, zu seinem Vater, welcher sie ihm zurücksandte, um ihm sein Vertrauen zu erweisen. Er erhielt als Anerkennung mehrere Schlösser wie Archiac, Montignac, La Chèze oder Merpins, außerdem die Stadt Angoulême.

Während sein Vater in Nottingham mit Gottfried und Johann Weihnachten feierte, hielt der neunzehnjährige Richard 1176 zum ersten Mal selbst zu Weihnachten hof, und zwar in Bordeaux. Erfuhr er in dieser Stadt von den Betrügereien und Erpressungen beim Durchzug durch die Pyrenäen, über die sich die Santiago-Pilger beklagten, oder berichteten ihm seine Brüder davon? Er griff jedenfalls zu den Waffen und marschierte nach Dax, das gerade von dem Vicomte Peter und dem Grafen von Bigorre, Centule, befestigt worden war. Diese Art von Feldzügen sollte sich noch öfter wiederholen. Nachdem er die Stadt eingenommen hatte, rückte er gegen Bayonne vor und nahm es nach zehn Tagen ein, trotz des Widerstands des Vicomte Arnaud Bertrand. Danach marschierte er auf die spanische Grenze zu, belagerte das Schloß Sankt Peter und eroberte es. Sodann machte er die Festung von Ciza an der Grenze von Navarra dem Erdboden gleich. Hier war ein Stützpunkt von Basken und Navarresern gewesen, um die vorbeiziehenden Pilger auszurauben. Schließlich ordnete er feierlich die Abschaffung verschiedener Mißstände bei der Behandlung der Pilger an, die, wenn sie nicht hinterhältig angegriffen und ausgeraubt wurden, hohe Steuern zahlen mußten. Erst zu Mariä Lichtmeß, dem 2. Februar 1177, kehrte er nach Poitiers zurück. Da er glaubte, die Unterstützung der Söldner nicht mehr zu brauchen, entließ er sie. Diese taten daraufhin, was alle ehemaligen Kriegsleute tun, die keinen Sold mehr erhalten: Sie plünderten das Limousin, bevor sie nach Brabant zurückkehrten. Dies geschah jedoch nicht ungehindert, denn Gerald, der Bischof von Limoges, bat den Grafen von Poitiers um Hilfe und kämpfte selbst so erfolgreich, daß am 21. April in der Nähe von Malemort etwa 2000 der Abenteurer getötet wurden und ihr Anführer Wilhelm der Schreiber mit ihnen.

Das Wetter des Jahres 1177 war kaum besser als das des Vorjahres. In den Annalen der Zeit ist von außerordentlicher Trockenheit in Sommer und Herbst die Rede, durch die die Ernte vernichtet wurde und der Wein zu früh reifte. Im folgenden Winter gab es Überschwemmungen durch plötzlichen starken Regen und heftige Stürme, bei einem Sturm ging in der Nähe von Saint-Valéry eine ganze Flotte (dreißig Schiffe) unter, die mit Wein aus dem Poitou beladen war. Dies geschah am Vorabend des Sankt-Andreas-Tages, dem 29. November. Traditionell war dies der Tag, an dem die letzten Schiffe zu großen Reisen aufbrachen.

Zwischen Heinrich dem Jüngeren und Richard kam es in diesem Jahr zu diversen Unstimmigkeiten und Meinungsverschiedenheiten. Zunächst stellte sich das Problem der Hochzeit Heinrichs. Seit sieben Jahren lebte Adelaide, seine Verlobte, am Hof von England, nachdem sie vorher am Hof von Poitiers geweilt hatte. Warum sollte die Ehe, die in den Vereinbarungen von Montmirail festgelegt worden war, nicht geschlossen werden? Der französische König, der sich nie bester Gesundheit erfreut hatte, legte Wert darauf, die Zukunft seiner Kinder zu sichern. Als Plantagenet nach Rouen zurückkehrte, traf er dort den Legaten des Papstes, Peter von Saint-Chrysogone, an, der ihn ausdrücklich bat, die Ehe zu schließen. In der Tat war es verdächtig, daß ein König, der seinen ältesten Sohn Heinrich in solcher Eile vermählt hatte, obwohl dieser erst sieben und seine Verlobte drei Jahre alt gewesen war, nun dermaßen zögerte. Auf Bitten Ludwigs VII. hatte Papst Alexander III. seinen Legaten veranlaßt, auf der Eheschließung zu bestehen. Heinrich II. bat um eine Frist, die ihm gewährt wurde. Am 21. September jedoch mußte er dem französischen König in Ivry unter die Augen teten. Es wurde festgelegt, daß die Hochzeit gefeiert würde und Adelaide als Mitgift das Berry erhalten sollte. Auch die Mitgift ihrer Schwester Margarete von Frankreich, das Vexin, sollte sie erhalten, wie es der englische König wünschte.

Bei dieser Begegnung beschlossen die beiden Könige, einen Kreuzzug zu unternehmen. Die Nachrichten aus dem Heiligen Land waren alles andere als gut, nicht nur wegen der heftigen Erdbeben, die es vor allem in Syrien gegeben hatte – die berühmten Mauern von Antiochien waren wenige Jahre zuvor, am 29. Juni 1170, völlig zerstört worden, Damaskus und Tripoli lagen in Trümmern. Es war noch Schlimmeres geschehen, jedenfalls für die dauerhaft im Heiligen Land lebenden »Franken«.[1] Der junge König Balduin IV. war an Lepra erkrankt.

Die Hochzeit von Adelaide tauchte immer wieder in den Gesprächen zwischen dem französischen und englischen König auf, ohne daß Richard in irgendeiner Weise Einfluß auf die Dinge nehmen konnte. Mehrmals versuchte er, eine andere Heirat zu arrangieren, woraus man schließen kann, daß er Adelaide nicht besonders mochte.

---

[1] Nachkommen der seit dem 1. Kreuzzug in Übersee-Frankreich, also Syrien, Palästina, Zypern, gebliebenen Kreuzfahrer, meist französischer Abstammung, *Anm. d. Ü.*

Wegen einer anderen Hochzeit brachen bald Streitigkeiten zwischen Richard und Heinrich dem Jüngeren aus. Raoul von Déols, einer der wichtigsten Vasallen des angevinischen Reichs, war im Vorjahr, 1176, im Heiligen Land gestorben und hinterließ eine dreijährige Erbin, Denise. Nach feudalem Recht hätte die Familie das Mädchen der Obhut Heinrichs II. übergeben müssen, sie weigerte sich jedoch. Sie baute das Schloß von Déols zur Festung aus, woraufhin Heinrich II. die Aufgabe, die Schloßherrn zu warnen, nicht Richard, der ihr legitimer Herr war, sondern Heinrich dem Jüngeren übertrug. Dieser eroberte Châteauroux, fand jedoch die kleine Denise nicht, die von ihrer Familie vor Überfällen und Entführungen in Sicherheit gebracht worden war. Die Eroberung trug nicht dazu bei, das Einvernehmen zwischen den beiden Brüdern wiederherzustellen. Rührte dies von der Politik Heinrichs II. her? Dies ist nicht auszuschließen. Mit zunehmendem Alter wurde er immer despotischer, und seine Erfahrung hatte ihn das grundlegende Prinzip gelehrt, das dereinst Macchiavelli formulieren sollte: *Divide et impera*.

Diese Haltung sollte er auch in Zukunft beibehalten. Heinrich Plantagenet kümmerte sich selbst um die Angelegenheit, und erreichte beim Herrn von La Châtre, daß Denise mit einem seiner Barone, Balduin von Revers, verheiratet wurde, der das Lehen von Châteauroux als Mitgift erhielt. Möglicherweise hatte Richard selbst ein Auge auf das Kind und sein Erbe geworfen, vielleicht hatte auch sein Vater persönliche Absichten, denn sein Plan, über Maurienne nach Italien zu gelangen, hatte sich zerschlagen. Alix, die Verlobte von Johann ohne Land, war gestorben.

In dieser Zeit gab es zahlreiche Heirats- und Erbfolgeprobleme. Manche verliefen tragisch, wie die Geschichte eines weiteren Vasallen des Herzogtums Aquitanien, Audebert, des Grafen von la Marche, der eines Tages seine Ehefrau Marquise in flagranti mit einem Ritter überrascht hatte. Wild vor Zorn, griff er den fremden Mann an, tötete ihn und verstieß seine Ehefrau. Er lebte danach allein mit seinem Sohn, der jedoch bald starb. Da entschloß sich Audebert, ins Heilige Land zu pilgern und seine Grafschaft zu verlassen. Als er zurückkehrte, wollte er diese Welt endgültig verlassen und überließ Heinrich II. sein Land in einem feierlichen Akt in der Abtei von Grandmont in Anwesenheit des Erzbischofs von Bordeaux und des Bischofs von Poitiers. Die Abtei genoß die Gunst Heinrichs II., der sich immer häufiger dort aufhielt. Das Land wurde gegen eine Zahlung von 5000 Silbermark, 20 Mauleseln und 20 Zeltern verkauft. Die Lusignan protestierten heftig. Dies taten sie ohnehin bei jeder Gelegenheit, aber die Grafschaft von La Marche hätten sie gern selbst erhalten...

In friedlicher Atmosphäre hielt Heinrich II. in Angers zum Weihnachtsfest 1177 hof. Die Feierlichkeiten waren prunkvoll. Seine drei Söhne waren bei ihm: Richard hatte soeben im Poitou einen ruhmvollen Sieg errungen, diesmal hatte er im Einvernehmen mit seinem Vater die Waffen gegen Vulgrin von Angoulême erhoben, danach gegen dessen Verbündeten Aymar von Limoges. Vulgrin war dem Beispiel Heinrichs gefolgt und hatte ein paar brabantische Söldnertruppen angeworben, die das Land verwüsteten. Diese nahmen vorweg, was zweihundert Jahre später der Hundertjährige Krieg tun sollte, sie verwüsteten das französische Land. Gegen diese Plünderungen ging der Bischof von Poitiers, Johann mit den Schönen Händen, vor, indem er Freiwilligentruppen zusammenstellte, die gemeinsam mit denen von Richard die Söldner in der Nähe von Barbezieux vernichtend schlugen; schließlich wurde auch das Schloß von Limoges belagert und vom Grafen von Poitiers eingenommen. Danach traf er seinen Vater im Berry. Dieser hatte gerade in Graçay erneut Ludwig VII. getroffen, eine Begegnung nach höfischem Zeremoniell, doch ohne jedes Ergebnis. Auch über das Schicksal der Auvergne, das immer noch ungewiß war, entschieden sie nicht. Im folgenden Jahr war Richard wieder an der Seite seines Vaters, und zwar zu Beginn der Fastenzeit am 19. März 1178. Er nahm an der Übergabe der Abtei Bec-Hellouin in der Normandie teil. Robert von Thorigny, der Abt von Mont-Saint-Michel, erwähnte diese feierliche Zeremonie, bei der die beiden Könige Heinrich, der ältere und der jüngere, anwesend waren.

Im Limousin blieben die Leute unruhig, vor allem wegen kirchlicher Angelegenheiten. Die von Eleonore angezettelten Aufstände hatten doch einige Spuren hinterlassen. In Limoges hatten die Kleriker einen der ihren zum Bischof gewählt, nämlich Sébrand Chabot, dessen Familie sich 1173 den Aufrührern angeschlossen hatte. Die Wahl war lange geheimgehalten worden und wurde erst bekannntgegeben, als die Kleriker gewiß sein konnten, daß Heinrich II. nach England zurückgekehrt war. Dieser war erzürnt und ließ Richard wissen, daß er sie für ihr Verhalten bestrafen müsse. Würde es neue Streitigkeiten zwischen den Plantagenets und der Kirche geben? So geschah es, aber weniger schwerwiegend als in Canterbury. Richard vertrieb persönlich das Domkapitel, und fast zwei Jahre lang durfte keine Messe in der Kathedrale von Limoges gefeiert werden. Inzwischen ließ der Papst Sébrand Charbot zum Erzbischof von Bourges weihen. Die Angelegenheit zog sich eine Weile hin, bis Heinrich II., der 1180 aus Granmont zurückgekehrt war und sich bereit erklärte – vielleicht unter dem Einfluß der Mönche jener Abtei, die er besonders liebte? –, Sébrand als Erzbischof anzuerkennen. Richards Widerstand war offenbar geringer als der seines Vaters, denn er gewährte zum Beispiel den Mönchen von Solignac Schutzbriefe, obwohl sie Sébrand nach seiner Wahl empfangen hatten.

Danach reiste Richard ins Baskenland, nicht um die Santiago-Pilger zu schützen, sondern einen Streit zu schlichten, der zwischen den Einwohnern von Dax und dem Grafen von Bigorre, Centule, entstanden war, den diese gefangengenommen hatten. König Alphons II. von Aragon hatte sich für ihn verbürgt, und so gab Richard ihn frei, ließ sich jedoch zwei Burgen als Kaution geben. Danach verlieh er der Stadt Bayonne und ihren Einwohnern Privilegien oder erneuerte sie, in Gegenwart ihres Bischofs Peter von Espelète und des Grafen Arnaud Bertrand.

Das Weihnachtsfest 1178 wurde in Saintes begangen, ein großer Hof versammelte sich, zu dem trotz des strengen Winters viele Vasallen eingetroffen waren. Es hatte heftig geschneit, fast überall hatte es Überschwemmungen gegeben, vor allem in der Gegend von Le Mans, wo die Flüsse Brücken, Häuser und Mühlen mit sich gerissen hatten.

In Saintes fehlte eine wichtige Person, nämlich Gottfried von Rancon; für jemanden, der Richard und Eleonore in ihrem Aufstand gegen Heinrich II. unterstützt hatte, war es nicht so einfach, sich auf Richards Seite zu stellen, der nun mit derselben Entschiedenheit für seinen Vater Partei ergriff, mit der er zuvor die Waffen gegen ihn erhoben hatte. *Oc et no...* Wollte ihm der frühere treue Weggenosse Eleonores eine Lektion erteilen? In jedem Fall nahm Richard es ihm übel. War die Abtrünnigkeit Gottfrieds nicht eine Herausforderung? Er zog durch die Saintonge und griff das Schloß von Pons an, unnötigerweise dauerte die Belagerung bis Ostern. Mit mehr Glück griff er das Schloß von Richemond und danach eine ganze Reihe anderer, weniger bedeutender Orte an: Jansac, Marcillac, Gourville, Anville. Hierbei hatte er mehr Glück. Noch heute ist man erstaunt, wieviele Schlösser sich in dieser Gegend erhoben. Man findet noch immer ihre Spuren. Oft lagen sie nicht mehr als zehn bis fünfzehn Kilometer auseinander, ihr Aktionsradius betrug durchschnittlich sieben bis acht Kilometer in dem umgebenden flachen Land; und so kam es öfter vor, daß das eine oder andere Schloß mehreren Herren als gemeinsames Lehen gehörte.

Danach marschierte Richard nach Taillebourg, dem wichtigsten Lehen der Rancons; in diesem Schloß hatte seine Mutter ihre Hochzeitsnacht mit dem französischen König Ludwig VII. verbracht. Gottfried hatte sich hier verschanzt und ergab sich am 8. Mai, nachdem es Richard gelungen war, die Mauer zu durchbrechen. Ein besonderer Erfolg, weil die Burg wegen ihrer dreifachen Mauer als uneinnehmbar galt. Gottfried überließ nun Richard sämtliche Schlösser, die ohne Ausnahme geschleift wurden, Pons eingeschlossen. Graf Vulgrin von Angoulême blieb nichts anderes übrig, als sich ebenfalls zu ergeben, und er überließ Richard die Festung Montignac, die dasselbe Schicksal erlitt. Außerdem hatte der rebellische Graf seine Söldner entlassen, vor allem Basken oder Navarresen, die in ihr Land zurückkehrten, nicht ohne auf dem Rückweg zu plündern, besonders in der Stadt Bordeaux.

Wenig später beschloß Richard, nach England zu reisen, wo sein Vater ihm den Titel des Herzogs von Aquitanien mit allen Vollmachten verleihen wollte, was jedoch ohne die Zustimmung Eleonores unmöglich war. Seit ihrer Niederlage vor fünf Jahren wurde sie unablässig streng überwacht. Heinrich hatte sich scheiden lassen wollen. Zu diesem Zweck empfing er 1175 im Schloß von Westminster den päpstlichen Legaten in allen Ehren. Er schenkte ihm prachtvolle Pferde; aber das, was er erreichen wollte, erhielt er nicht. Die schöne Rosamunde, die er zu heiraten wünschte, starb im darauffolgenden Jahr (1176). Mit ihr erlosch die vermutlich letzte große Leidenschaft Plantagenets, obwohl er, wie wir noch sehen werden, noch eine andere erlebte, freilich auf diskretere Art.

Heinrich II. mußte Druck auf seine Gattin ausüben, damit sie zugunsten Richards auf die Herzogskrone von Aquitanien verzichtete. Sein Wunsch entsprach eigentlich den Absichten der Königin, die Richard schon als Knaben als ihren Nachfolger ausersehen hatte, allerdings in einem anderen Sinn. Sie mußte sich über den Einfluß, den ihr Mann inzwischen auf den Sohn hatte, im klaren sein, kannte das spontane Temperament Richards besser als jeder andere und legte keinen Wert darauf, unter den gegebenen Bedingungen eine Macht, hinter der die von Heinrich stand, zu vergrößern. Es kam offenbar zum Streit zwischen Mutter und Sohn, der allerdings vorüberging, denn drei Jahre später, 1182, versöhnten sie sich wieder.

Richard kehrte als »Herzog der Aquitanier und Graf der Poiteviner« nach Frankreich zurück. Mit diesem Doppeltitel nahm er gemeinsam mit seinen zwei Brüdern in Reims an der Krönung des jungen französischen Königs Philipp August zu Allerheiligen, dem 1. November 1179, teil. Ludwig VII. war nicht anwesend, seine Gesundheit wurde immer schwächer, er war inzwischen halbseitig gelähmt. Immerhin hatte er noch die Krönung seines Sohnes vorbereiten können, jenes langerwarteten Erben, den man bei seiner Geburt »Dieudonné«, Gottesgeschenk, genannt hatte. Ursprünglich hatte die Feier am 15. August stattfinden sollen, aber ein seltsames Unglück war geschehen: Der Hof hatte auf dem Weg nach Reims in Compiègne haltgemacht. Philipp August hatte mit jungen Adligen seiner Umgebung in den wildreichen Wäldern dieser Gegend gejagt. Bei einer Verfolgung verlor er seine Begleiter aus den Augen und irrte, als es dunkel wurde, stundenlang allein durch den Wald. Schließlich wurde er von einem Köhler gefunden, sein Schreck aber war so groß, daß er einer Nervenkrankheit verfiel. Mehrere Tage lang schwebte er zwischen Leben und Tod. Im ganzen Königreich fanden Gebete und Prozessionen für ihn statt. Ludwig VII. hatte Heinrich II. sogar um Erlaubnis gefragt, am Grab Thomas Beckets in Canterbury für ihn zu beten. Als er zurückkehrte, ging es Philipp August besser, und so wurde die Krönung auf Allerheiligen festgelegt. Die drei Söhne von Plantagenet nahmen teil, und Heinrich dem Jüngeren wurde die ehrenhafte Aufgabe zuteil, im Krönungszug die französische Krone auf einem Kissen zu tragen. Aus diesem Anlaß erhielt er auch den besonders ehrenvollen Titel eines Seneschall von Frankreich. Als solcher durfte er bei dem

Festessen, das auf die Krönungszeremonie folgte, das Fleisch des Königs schneiden. König Philipp, der zweite seines Namens, war noch nicht fünfzehn Jahre alt. Er war damit entschieden jünger als die drei Barone aus England oder, besser gesagt, aus dem Anjou, trat aber mit einer Reife und Entschiedenheit auf, die sich später in seiner Regierung bestätigen sollte... In diesem Jahr fand das Weihnachtsfest in Winchester, in England, statt.

Die Hochzeit Richards mit der Erbin von Frankreich, Adelaide, war immer noch nicht vollzogen worden, niemand am englischen Hof sprach davon, und Ludwig VII., nach wie vor besorgt um die Zukunft seiner Kinder (er starb am 18. September 1180), hatte kein neues Versprechen von Plantagenet erhalten. Auch Richards Verhalten gab keinen Anlaß zu Illusionen, denn er hatte bereits zweimal in eine andere Richtung geblickt. Zunächst dachte er daran, Mahaut, die Tochter Vulgrin de Taillefers, zu ehelichen, eine reiche Erbin mit der Mitgift der Grafschaft La Marche. Sie starb jedoch 1180. Ein weiterer Heiratsplan, diesmal mit der Tochter Friedrich Barbarossas, scheiterte ebenfalls, weil das Mädchen starb. Heinrich II. hatte Philipp August, als sie das Problem erörterten, versprochen, »einer seiner Söhne« werde Adelaide heiraten. Es scheint sicher, daß die unerfreulichen Gerüchte über eine Liaison zwischen dem englischen König und dem jungen Mädchen durchaus fundiert waren. Doch die Heirat Richards mit einer französischen Königstochter blieb ein Zankapfel zwischen den beiden Königreichen und Anlaß für zahlreiche Feindseligkeiten. Richard schien wenig Eile zu haben, sich zu verheiraten, und man kann sich vorstellen, daß die Prinzessin, die der Vater verführt hatte, wenig Interesse an einer Heirat mit dessen Sohn hatte. Sie wäre dabei wohl kaum glücklich geworden, denn Richard verhielt sich in der Liebe ähnlich wie in der Politik; auch hier galt *oc e no*. Wann er eine Beziehung mit einem Mädchen aus Aquitanien hatte, aus der ein Bastard namens Philipp hervorging, weiß man nicht mehr genau.

In jener Zeit tauchte in der Umgebung Heinrich Planta-genets der frühere Troubadour Bertrand von Born auf, der Richard seinen Spitznamen verliehen hatte. Er hatte nicht nur Umgang mit zwei Söhnen Heinrichs, sondern begegnete auch ihrer Schwester Mathilde, die Heinrich den Löwen von Sachsen heiratete. Bertrand war Lehns-herr des Schlosses Hautefort, das Schloß Hautefort, das trotz verschiedenster widriger Umstände – teilweise Zer-störung, Wiederaufbau, Brände etc. – bis heute existiert. Er war eine einzigartige Figur, zwar nicht gerade reich – seine Ländereien erbrachten nicht genug, um davon zu leben, vermutlich waren sie schlecht verwaltet! –, er war ein beachtenswerter Dichter und grimmiger Kämpfer. Ein paar Jahrhunderte später hätte man ihn mit den Mus-ketieren vergleichen könne, die beides, Geschichte und Literatur, mit Unterhaltungsstoff versorgten.

Wir begegnen Bertrand von Born zum erstenmal anläß-lich eines Besuchs von Mathilde in Begleitung ihres Ehe-manns, des Herzogs Heinrich von Sachsen, dessen Bezie-hungen zum Kaiser immer recht stürmisch waren. Als Oberhaupt der Welfen, aus denen das Haus Braunschweig hervorging, beanspruchte er die Kaiserwürde für sich und widersetzte sich den Staufern. Dafür hatte Friedrich Bar-barossa ihn verbannt, und er mußte ins Exil gehen. Er traf mit seiner Gemahlin und einem prächtigen Gefolge, etwa 200 deutschen Adeligen, in der Normandie ein. Mathilde war zum viertenmal schwanger, und Heinrich wollte auf Pilgerfahrt nach Santiago de Compostela gehen. Sie ließen sich in Argentan nieder, und dort wurde ihr vierter Sohn geboren, der jedoch bald nach der Geburt starb. Ein fünf-tes Kind kam 1184 in Winchester zur Welt.

In Begleitung Bertrands von Born besuchte Richard seine Schwester und lernte seinen Schwager und ihren ältesten Sohn Otto kennen, den er sehr lieb gewann und der in seinem ganzen Leben eine wichtige Rolle spielte. Er kehrte gerade von einer Reise ins Perigord, ins Limousin und in die Gascogne zurück. Es war nicht einfach, in diesen Gegenden für Ruhe zu sorgen und darauf zu achten, daß die Pilger gute Behandlung erfuhren. Nachdem er nacheinander Lectoure und Saint-Sever besetzt hatte, bewilligte er dem Grafen Vivien, den er selbst am Mariä-Himmelfahrtstag, dem 15. August 1181, zum Ritter geschlagen hatte, seine erbetene Gnade. Er hatte auch bestimmte Differenzen mit den Mönchen zu deren Gunsten geregelt. So erhielt beispielsweise der Abt von Orbestier – jener Abtei, die sein Urgroßvater mütterlicherseits, Wilhelm der Troubadour, gegründet hatte – die Rechte über den Wald von Talmond zurück. Den Mönchen der Abtei Saint-Maixent wurde der Wald der Sèvre zurückgegeben. Wälder spielten damals eine bedeutende ökonomische Rolle, nicht nur wegen der Holzwirtschaft, sondern auch, weil man dort Vieh weiden ließ, wodurch kein Dickicht und keine wildwachsenden Triebe entstehen konnten.

Danach führte Richard im Périgord Krieg gegen den ungehorsamen Grafen Hélie Talleyrand. Es gelang ihm, Helios mit Hilfe von König Alphons II. von Aragon, der Gräfin Ermengarde von Narbonne, die auch eine bekannte Dichterin war, sowie der beiden Heinrichs, des Königs von England und Heinrichs des Jüngeren, nacheinander Excideuil und Puy-Saint-Front zu entreißen. So vieler Helfer bedurfte es um, den Grafen von Périgord in die Knie zu zwingen. Dieser mußte sein Schloß Périgueux hergeben, dessen Mauern geschleift wurden. Die beiden Söhne des Grafen, Guy und Wilhelm – letzterer wurde später der Pilger genannt –, waren Richard als Geiseln überlassen worden. Um seinen Friedenswillen zu demonstrieren, begab er sich ins Poitou, und statt Krieg zu führen, ging er eine Weile in den Wäldern des Talmondois auf die Jagd. Er nahm eine Tradition der Herzöge von Aquitanien wieder auf, indem er prachtvolle Feste gab. Dies war für ihn eine Gelegenheit, die wichtigsten Vasallen zu versammeln, vor allem Gottfried von Lusignan und Wilhelm von Lezay, Raoul de Mauléon, Aimery de Thouars und einige andere.

Zum Weihnachtsfest 1182 hielt Heinrich II. seinen Hof in Caen. Seine drei Söhne waren anwesend. Daß sie eigene Versammlungen abhielten, sah er nicht gern, und verbot es ihnen, weil ihm stets seine Autorität bedroht schien, vor allem deshalb, weil es zu Meinungsverschiedenheiten mit Heinrich dem Jüngeren gekommen war, der seinen Anspruch auf das Königtum wiederholte.

Wenig später fand das Treffen mit Mathilde von Sachsen statt; Bertrand von Born, der seinen Herrn begleitete, erwies ihr die Ehrerbietung des Dichters an die Dame – zwei seiner Gedichte preisen sie unter dem Namen Helena »gaia, lisa Lena« in Anspielung an Helena von Troja. Ihm wurde dennoch kein freundlicher Empfang gewährt.

Der Burgherr von Hautefort war tief verärgert und rächte sich, indem er den Hof von Argentan als einen düsteren Ort bezeichnete, der nur durch »Lenas« Schönheit erhellt werde.

Heinrich der Löwe nahm dies den Troubadouren nicht übel. Als er wieder in sein Land zurückkehren durfte, brachte er aus Frankreich ein Exemplar von *Tristan und Isolde* mit, das einer seiner Getreuen, Eilhardt von Oberg, ins Deutsche übersetzte und das jenseits des Rheins großes Interesse für die Literatur der westlichen Nachbarn weckte. Dies öffnete auch hier den Weg für die höfische Dichtung, die von den Minnesängern verbreitet wurde. Damals band sich Bertrand von Born eng an Heinrich den Jüngeren. Seine Existenz als fahrender Sänger und Ritter war somit in hohem Maß von dessen Schicksal abhängig.

Inzwischen verlangte Heinrich II., der dem Anspruch seines ältesten Sohnes stattgab, daß seine jüngeren Söhne Richard und Gottfried ihm als ihrem König huldigten, was sie beide ablehnten. Gottfried schien schließlich einzulenken, Richard weigerte sich weiterhin. Bertrand von Born dichtete Kriegsgedichte, die entscheidend dazu beitrugen, Zwietracht in der Familie zu säen und die erneut ausgebrochenen Streitigkeiten anzuheizen.

Er war der Auffassung, daß es den Prinzen an Kampfbegeisterung mangele, und sandte seinen Spielmann Papiol zu dem jungen König:

Papiol, du gehst
Zum jungen König
Und sagst ihm, daß zuviel Schlaf mir mißfällt.

Als er dann erfuhr, daß König Heinrich der Ältere Richard unterstützen wolle, beschimpfte er ihn als Fürsten ohne Land und »König der Schlechten«:

Da Heinrich dir kein Land gibt
Wirst du König der Schlechten!

In der Folge kam es zu einer ganzen Reihe von Zwistigkeiten mit wechselnden Fronten, die durch Söldner, welche die eine oder andere Seite rekrutierte, verschlimmert wurden. Durch sie wurde der Krieg grausamer als gewöhnlich, und in Friedenszeiten hatten die Menschen ebensoviel Angst wie im Krieg. Wenn die Söldner keine Bezahlung mehr erhielten, trieben sie ihr Unwesen auf dem Lande, verbreiteten Furcht und Schrecken und plünderten. Im Frühling des Jahres 1183 verjagte Richard die Söldner, die bis dahin im Limousin gedient hatten; es waren Basken mit den Anführern Raymond le Brun und dessen Neffen Wilhelm Arnaud. Nach den Berichten der Chroniken ließ er 80 von ihnen blenden.

Da entfachte Graf Aymar von Limoges neue Feindseligkeiten. Gemeinsam mit dem Vicomte Raymond von Turenne eroberte er Issoudun und belagerte Pierre-Buffière. Alle diese Kämpfe hatten mit denen zu tun, die Heinrich der Jüngere und Gottfried gegen Richard führten, der sich bald in einer sehr schwierigen Lage befand. Sein Vater beschloß einzugreifen und belagerte das Schloß von Limoges. Richard stieß zu ihm, Heinrich der Jüngere appellierte an den französischen König Philipp August, der ihm Söldner schickte, mit denen der junge König Saint-Léonard-de-Noblat eroberte. Um ihren Sold zu bezahlen, unternahm er selbst Plünderungen und in was für einem Ausmaß! Dem Domschatz von Saint-Martial in Limoges entnahm er Geld und kostbare Gegenstände im Wert von 22 000 limousinischen Sous. Er hinterließ eine Quittung mit dieser Summe. Da ihm diese Vorgehensweise sehr einfach erschien, tat er mit dem Schatz von Grandmont dasselbe. War der Feudalherr, der junge König von England, der sein Recht auf die Krone beanspruchte, dabei, sich in einen Raubritter zu verwandeln?

Gegen Ende Mai erkrankte der junge König an einem Leiden, das die Chronisten nicht genauer bezeichnen, das jedoch seine Ärzte nicht heilen konnten. Im schönen Schloß der Stadt Martel an der Dordogne, die bis heute beeindruckende Reste aus dem 12. Jahrhundert zeigt, starb er auf höchst erbauliche Weise. Er beichtete seine Sünden, bat seine Freunde, alles, was er unrechtmäßig geraubt hatte, zurückzugeben, und schickte den Bischof von Agen zu Heinrich II., um Vergebung für ihn zu erflehen. Der König zögerte einen Moment, weil er glaubte, einer neuen List zu erliegen, dann aber entnahm er seinem Schatz einen besonders schönen Goldring mit kostbarem Saphir und übergab ihn dem Bischof als Zeichen der Versöhnung für seinen Sohn. Als der Bischof zurückkehrte, lag Heinrich bereits im Sterben. Er nahm den Ring, küßte den Saphir lange und streifte sich ihn über den Finger. Dann wandte er sich Wilhelm dem Marschall zu, der immer an seiner Seite geblieben ist, und bat ihn, an seiner Stelle am Kreuzzug nach Jerusalem, den er gelobt hatte, teilzunehmen. Danach verteilte er alle seine Güter an seine Gefährten, ließ Asche in Form eines Kreuzes auf den Fliesenboden streuen und sich in eine einfache Tunika gekleidet darauf legen, nachdem er das Abendmahl und die letzte Ölung empfangen hatte.

Da geschah etwas, das alle Anwesenden tief berührte: Der Mönch, der ihm im Sterben beistand, wies ihn darauf hin, daß er alles an die Armen, die Kleriker, seine Gefährten und Haushaltsmitglieder verteilt habe, ihm aber noch der Ring am Finger geblieben sei. Da antwortete Heinrich: »Diesen Ring behalte ich nicht aus Besitzgier, sondern, um vor meinem Richter zu bezeugen, daß mein Vater ihn mir als Zeichen der Versöhnung geschenkt hat.« Er fügte noch hinzu, nach seinem Tod könne man ihn abnehmen. Aber nachdem er die Augen geschlossen hatte, konnte man ihm den Ring nicht mehr abziehen, und alle glaubten, es handele sich um ein Zeichen Gottes, der die Verzeihung des Vaters für den Sohn bestätigte. Dies geschah am 11. Juni 1183.

In Martel starb, wie mir scheint
der in sich trug
Alle Ritterlichkeit und Tapferkeit
Milde und Großzügigkeit,

heißt es im *Leben* Wilhelms des Marschalls, der ins Heilige Land aufbrach, um Wort zu halten und das Gelöbnis des Königs einzulösen.

4
Graf von Poitou und Herzog von Aquitanien

Der Tod des jungen Königs erschütterte das Königreich Plantagenet zutiefst, zunächst innerhalb der Familie. Heinrichs Mutter litt am meisten unter dem Verlust des charmanten jungen Thronfolgers. Sie hatte in der Nacht seines Todes einen prophetischen Traum gehabt: Der junge König lag auf seinem Bett und trug zwei Kronen, eine aus Gold, die er am Tag seiner Krönung erhalten hatte, die andere war aus einem den Sterblichen unbekanntem Licht, ähnlich dem Heiligen Gral.

Als der Erzdiakon der Kirche von Wells, der beauftragt war, ihr die Nachricht vom Tod ihres Sohnes zu überbringen, sie besuchte, unterbrach sie ihn und sagte, sie wisse bereits, was er ihr sagen wolle, und erzählte ihm ihren Traum, den sie im Bergfried von Salisbury gehabt hatte, in dem sie nun bereits seit fast neun Jahren unter Hausarrest lebte...

Auch Heinrich II. beweinte den Verlust, obwohl er selbst zum Unglück des Sohnes beigetragen hatte, indem er ihm nicht das kleinste bißchen Macht gewährt hatte. In *La Vida* erzählt Bertrand von Born auf mitreißende Art, wie er dem König kurze Zeit nach dem traurigen Ereignis begegnete. Bertrand hatte damit geprahlt, er besitze genügend Intelligenz, um sein Schloß gegen jeden Angriff zu verteidigen. Heinrich eroberte Hautefort und ließ ihn vor sein Zelt kommen: »Bertrand, Ihr werdet jetzt Eure ganze Intelligenz brauchen!« Er antwortete, er habe alle Intelligenz verloren, als der junge König starb. Darauf weinte der König um seinen Sohn; er verzieh ihm (Bertrand), ließ ihn kleiden und schenkte ihm Land und Ehren. Alle beweinten den »besten König, der je von einer Frau geboren wurde, großmütig und von schöner Rede, feinen Manieren und Bescheidenheit.«

Unter den Wünschen, die der junge König auf seinem Totenbett ausgesprochen hatte, war auch der, daß sein Vater der Königin, seiner Ehefrau, die Freiheit zurückgab. Wenig später besuchte ihre Tochter Mathilde sie mit ihrem Ehemann, und Eleonore durfte diesen Besuch im darauffolgenden Jahr in Winchester erwidern, als Mathilde einen Sohn mit Namen Wilhelm zur Welt brachte. Im Jahr 1184 versöhnte sich die Familie am Andreastag, dem 30. November, im Schloß von Westminster. Heinrich II. Plantagenet schenkte seiner Gattin aus diesem Anlaß ein schönes, pelzgefüttertes, scharlachrotes Kleid und einen vergoldeten, mit Pelz verzierten Sattel. Die Unstimmigkeiten zwischen Eleonore und ihrem Sohn Richard, den sie besonders liebte, waren schon einige Zeit vorher bereinigt worden, und das Treffen vom Andreastag war, ebenso wie das Weihnachtsfest in Windsor, für die Plantaganets so etwas wie eine öffentliche Versöhnung. Wenig später, wie bei allen wichtigen Ereignissen ihres Lebens, machte Eleonore der Abtei von Fontevraud ein Geschenk. Seit langer Zeit, bereits vor der Hochzeit mit Plantagenet, war Fontevraud, das Kloster, das sie am liebsten mochte.

Ein Erbfolgeproblem war immer noch nicht gelöst: In Aquitanien herrschte Frieden, da sich Graf Aymar von Limoges nach dem Tod Heinrichs des Jüngeren, am 24. Juni 1183, bereiterklärt hatte, sich zu unterwerfen. Bertrand von Born schrieb in tiefer Trauer zwei schöne *planh*, zu Ehren des jungen Fürsten, den alle beweinten. Trotz seiner Schwächen, nämlich seiner maßlosen Verschwendung und seiner unberechtigten Zornausbrüche besaß er Grazie und Ritterlichkeit, was ihn bei jedermann beliebt machte. Die beiden älteren Plantagenets waren von der Natur bevorzugt: Beide waren wohlgestaltet, von großzügigem Wesen, liebten Musik und Dichtung; Richard aber fühlte in sich vor allem das mediterrane Erbe seiner Mutter. Er war ein echter Aquitanier mit Sinn für Eleganz, Begeisterung für Abenteuer, einem angeborenen Sinn für Rhythmus, der sich manchmal ein wenig abrupt äußerte: So war er einst, als er sich über den Gesang von Mönchen ärgerte, die für sein Gefühl zu langsam sangen, aufgesprungen, auf den Chor zugegangen und hatte »mit Stimme und Gesten« eingegriffen. Er war wie sein Vater von entschlossenem Handeln, vielleicht ein wenig barsch, was Heinrich der Jüngere immer zu vermeiden gewußt hatte. Es hieß von ihm, in Aquitanien, dem Land das er immer wieder in allen Richtungen durchquerte: »Kein Berg, sei er noch so hoch und steil, kein noch so steiler und uneinnehmbarer Turm konnten ihn aufhalten; er war ebenso geschickt wie kühn, ebenso emsig und ausdauernd wie ungestüm.« Ein prachtvoller Baron, stets darauf aus, Ordnung und Recht zu wahren; in dieser Gegend, die als fruchtbares, reiches Land galt und in der es sich gut leben ließ, war er sichtlich glücklich. Der zeitgenössische englische Chronist Raoul von Diceto beschreibt das Land in enthusiastischem Ton in seinem *Imagines historiarum* (Bilder der Geschichte) genannten Werk so: »Seit der Antike ist das Land von Reichtum gesegnet. Es ist eine der reichsten Provinzen Galliens, eine der glücklichsten und fruchtbarsten mit ihren Feldern, Städten und wildreichen Wäldern, ihren gesunden Gewässern.« Er beschreibt den Lauf der Garonne und ihre schiffbaren Zuflüsse, die von den Pyrenäen bis an den Ozean führen; die Menschen seien redselig und Feinschmecker. Diese Attribute könnte man auch den Bewohnern des Medoc und der Dordogne zuerkennen. Die Menschen im Poitou lieben Ochsenfleisch und guten Wein, stellt er fest. Sie mögen mit Pfeffer und Knoblauch gewürzte Speisen. Er berichtet von ihrer Jagd auf Wildenten, die mit Netzen gefangen werden – noch heute kann man erleben, wie sehr sich die Bewohner der Gegend jedes Jahr auf das Ringeltaubenfangen freuen. Sie werden über Rebenholzfeuer gebraten. Er fügt noch hinzu, daß die Flüsse von Neunaugen und Stören überquellen.

Richard war von Natur aus all diesen von seinem Zeitgenossen beschriebenen Dingen gegenüber aufgeschlossen. Er genoß das Essen, das ihm sein Koch zubereitete, und der Sinn für schmackhafte Speisen verließ ihn nie. Übrigens kennt der erwähnte Chronist Richard gut, und er wird an seiner Krönungsfeier in London mitwirken.

Man kann sich vorstellten, wie der Graf von Poitou und Herzog von Aquitanien reagierte, als er von dem Vorhaben seines Vaters erfuhr, seinem jüngsten Sohn Johann ohne Land Aquitanien zum Geschenk zu machen. Richard genügte es nicht, daß ihm das Inselkönigreich versprochen war, er bestand darauf, Aquitanien als eigenes Lehen zu behalten. Als er von der Sache erfuhr, hielt er seinen Zorn zurück und bat sich Bedenkzeit aus. Dann begab er sich nach Aquitanien und ließ von dort aus wissen, daß er sich strikt weigere. So kam es erneut zum Streit, diesmal zwischen Richard auf der einen und Gottfried und Johann auf der anderen Seite. Diese alarmierten einige der Söldner, die im Dienst Heinrichs des Jüngeren gestanden hatten, unter anderen den berühmten Mercadier, der im Périgord und sogar in der Gegend von Bordeaux noch lange von sich reden machen sollte.

Am Sankt-Andreas-Fest und Weihnachten 1184 wurde der Friede oder zumindest ein gutes Einvernehmen zwischen den drei Brüdern wiederhergestellt. Heinrich II. konnte sich außerdem rühmen, ein zufriedenstellendes Abkommen mit dem französischen König geschlossen zu haben. Sie hatten sich in Trie getroffen und festgelegt, daß die Festung von Gisors – ein ewiger Zankapfel – gegen eine Zahlung von 2750 Pfund Angeviner Münze an den englischen König fallen und seinen normannischen Gütern zugeschlagen werden sollte. Heinrich hatte außerdem Philipp August, der über das Schicksal seiner inzwischen in Winchester lebenden Schwester Adelaide besorgt war, beruhigt und ihm zugesagt, sie werde »einen der Söhne des englischen Königs« heiraten. Schließlich leistete Heinrich II. in den üblichen Formeln und ohne Vorbehalte seinem Herrn, dem König von Frankreich, die Huldigung für seine kontinentalen Besitzungen.

Wenige Zeit später, ebenfalls in der Absicht, zum Familienfrieden beizutragen, gestattete er Eleonore, nach Rouen zu fahren, wo ihr Sohn Heinrich der Jüngere bestattet lag. Richard kam, um sie dort zu treffen, und gab ihr auf Lebenszeit die Lehnsherrschaft über Aquitanien zurück. Zwischen Mutter und Sohn bestand nach einer kurzen Zeit von Mißstimmigkeiten wieder gutes Einvernehmen: Daher nahm Richard weiterhin seine Rechte als Graf von Poitou und Herzog von Aquitanien wahr und verhielt sich gegenüber seinen Vasallen sehr umsichtig. Er bestätigte die Gründung des Klosters Fontaine-le-Comte, im Einvernehmen mit dem Abt von Maillezais. Dieser erhielt das Lehen von Coulanges, Richard ließ eine neue Stadt in Saint-Rémy de la Haie erbauen und gewährte ihr Abgaben. Er erneuerte auch bestimmte Privilegien des Almosenpflegers von Chizé und der Holz- und Weidenutzer des Waldes von Montreuil.

Zu Weihnachten 1185 residierte Heinrich II. in Domfront. Es war ein feierliches Fest, auf dem Plantagenet aufgefordert wurde, die Krone des Königs von Jerusalem anzunehmen. Balduin IV. war am 16. März desselben Jahres mit 24 Jahren an der Lepra gestorben. Er hatte in seinem kurzen Leben viele Heldentaten vollbracht und schwer gelitten. Heinrich II. hatte zwar schon vor zwölf Jahren das Kreuz genommen, also versprochen, ins Heilige Land zu ziehen, dennoch lehnte er die Nachfolge ab. Seine Ambitionen waren weniger groß und weniger weit entfernt.

Das folgende Jahr war von diversen bedeutenden Ereignissen gekennzeichnet. Philipp August und Heinrich II. trafen sich während der Fastenzeit, also zu Beginn des Frühlings, erneut in Gisors und beschlossen, Adelaide mit König Richard zu verheiraten. Zur ungefähr gleichen Zeit vermählte sich Margarete von Frankreich, die Witwe Heinrichs des Jüngeren, mit Bela III., dem König von

Ungarn. Gottfried, der Herzog von Bretagne, immer noch unzufrieden mit den Plänen seines Vaters, folgte einer Einladung des französischen Königs und verbrachte den Sommer auf dessen Gütern. Einige Wochen hindurch besuchten sie gemeinsam junge Adlige und hielten Festessen, Jagden und Turniere ab. Dies nahm ein tragisches Ende, denn im August wurde auf einem dieser Turniere Gottfried von Bretagne getötet. Solche Unfälle geschahen öfter bei jenen kunstfertigen und eleganten Spielen, die nicht immer ganz frei von Brutalität waren.

Philipp Augusts Verzweiflung über das Ereignis versetzte seine Zeitgenossen in Erstaunen. Ob er fürchtete, man würde ihn verdächtigen, Gottfried von Bretagne in einen Hinterhalt gelockt zu haben? Oder empfand er für ihn echte Freundschaft? Während der feierlichen Beerdigung mußte man ihn jedenfalls davon abhalten, sich in das frisch ausgehobene Grab zu stürzen. Dies geschah in der Kathedrale Notre-Dame von Paris, die gerade neu erbaut wurde. Maurice de Sully, der Bischof von Paris, hatte 23 Jahre zuvor den Grundstein legen lassen. In 20 Jahren waren die Arbeiten so weit forgeschritten, daß die Exequien hier gefeiert werden konnten, die Bauarbeiten waren jedoch noch nicht abgeschlossen. Philipp empfing Constance, die Witwe Gottfrieds, mit allen Ehren. Sie war schwanger und brachte später einen Sohn zur Welt, den sie in Anspielung an die Ritterromane Arthur nannte. Der Junge wuchs hauptsächlich am französischen Hof auf, zusammen mit seiner älteren Schwester Eleonore. Später nahm Philipp August seinem Sohn Ludwig den Schwur ab, niemals an einem Turnier teilzunehmen.

Für die Plantagenets war Gottfrieds Tod, nur drei Jahre nach dem Heinrichs des Jüngeren, ein schwerer Schlag. Die männliche Linie dünnte aus, worunter die kontinentalen Besitzungen des Angevinischen Reichs leiden konnten. Heinrich II. war Diplomat genug, um zu begreifen, daß er mehr denn je darauf achten mußte, den Frieden mit dem französischen König zu wahren. Am Verkündigungstag, dem 25. März 1187, traf er sich in Nonancourt mit Philipp August und vereinbarte mit ihm Waffenruhe. Richard fühlte sich nicht daran gebunden und setzte die Feindseligkeiten fort. Daraufhin nutzte Philipp August die Lage, marschierte ins Berry ein und eignete sich Gracay und Issoudun an.

Ereignisse, die zwar vorhersehbar gewesen waren, deren Bedeutung man jedoch noch nicht hatte ermessen können, veränderten das Verhalten der abendländischen Fürsten ein wenig: Seit mehreren Jahren schon war das Heilige Land in Gefahr. Deshalb hatte Papst Urban III. nach den Vorgängen im Berry den Frieden zwischen dem Grafen von Poitou und dem französischen König wiederhergestellt. Im Orient jedoch überstürzten sich die Ereignisse. Die Kreuzritter waren untereinander zerstritten, der König von Jerusalem war ein unfähiger Mann. Es war Guy von Lusignan, den Sybille, der die Herrschaft über die Heilige Stadt zugefallen war, bedauerlicherweise zum Mann gewählt hatte. Sultan Saladin, einem begabten und militärisch starken Herrscher, war es gelungen, Ägypten und Syrien zu erobern. Dies brachte das zerbrechliche lateinische Königreich, dessen Stellung schon immer prekär gewesen war, an den Rand des Abgrunds. Am Tag der berühmten Schlacht am Vorberg von Hattin am 4. Juli 1187, dem Tag des heiligen Martin, »des Gesottenen«[1], kam es zur Katastrophe. Die Armee der Kreuzritter war so gut wie vernichtet, für den Sieger war es eine Kleinigkeit, sich alle Städte einzuverleiben, deren Eroberung soviel Blut und Tränen gekostet hatte: Akkon fiel am 10. Juli, Jaffa und Beirut am 6. August. Jerusalem, die Heilige Stadt selbst, fiel am 2. Oktober des schicksalsschweren Jahres 1187.

Im ganzen Abendland löste die Nachricht von diesen Niederlagen Alarm aus und führte dazu, daß man der

---

[1] Der Legende nach wurde er in einem großen Kessel zu Tode gekocht, *Anm. d. Ü.*

Verteidigung des Heiligen Landes, das die Christenheit wieder als ihr Lehen ansah, erneut mehr Aufmerksamkeit widmete. Hier hatte Christus gelebt, hier war er gestorben und auferstanden.

Richard nahm als einer der ersten, gleich nach dem Tag, an dem er die Nachricht erhielt, das Kreuz aus der Hand des Bischofs Bartholomäus von Tours. Vorher hatte er den König von Frankreich besucht, um sich mit ihm zu versöhnen. Dieses Treffen hatte Graf Philipp von Flandern vermittelt. Der Chronist Gervais von Canterbury berichtet von einem Gespräch zwischen den beiden Männern; Richard war erst nachdenklich, plötzlich jedoch wünschte er sich Frieden, um nach Übersee fahren zu können: »Ich gehe barfuß nach Jerusalem, um seine Gnade zu erlangen.« Darauf soll Philipp geantwortet haben: »Nicht notwendig, zu Fuß zu gehen, ganz gleich, ob mit Schuhen oder ohne; auf deinem Pferd und in deiner Rüstung siehst du prächtig aus, so kannst du vor ihn treten.«

Den Berichten einiger Chronisten zufolge erzählte der König von Frankreich ihm bei dieser Gelegenheit von den Gerüchten über seine Schwester Adelaide, die Heinrich II. verführt haben sollte. Aus dieser Verbindung war angeblich ein Sohn hervorgegangen, der schon in den ersten Monaten nach der Geburt gestorben war. Ob dies stimmte oder nicht, das Bündnis zwischen Richard und Philipp August konnte sich nur gegen Heinrich II. richten.

Was die christlichen Fürsten endgültig zum Handeln bewegte, war die Reise des Patriarchen von Tyrus nach Europa. Sein Vorgänger, Wilhelm von Tyrus, hatte nicht nur im Heiligen Land, sondern auch in Europa großes Ansehen genossen. Er war eine der herausragendsten Gestalten der Christenheit und hinterließ die präziseste Chronik über die Ereignisse im Heiligen Land seit der großen Erschütterung, die der Aufruf Urbans II. auf dem Konzil zu Clermont im Jahr 1095 hervorgerufen hatte.

Jedenfalls hörte man schließlich auf seinen Nachfolger. Am 21. Januar 1188 trat eine feierliche Versammlung zwischen Gisors und Trie zusammen.

Es wurde beschlossen, einen besonderen Zehnten in allen Kirchen Englands und Frankreichs zu erheben – bald sprach man vom Saladin-Zehnten –, für ein allgemeines bewaffnetes Aufgebot. Könige und Barone nahmen das Kreuz, jeweils unter einer anderen Farbe; in Frankreich rot, in England weiß, in Flandern grün. Alle wurden feierlich ermahnt, ihre Streitigkeiten beizulegen und sich in erster Linie um das Wohl der Christenheit zu kümmern und Jerusalem zurückzuerobern.

In der Folge sollte es noch zahlreiche Differenzen zwischen Frankreich und England geben; außerdem kam es zu verschiedenen Mißverständnissen zwischen Heinrich II. und Richard. Neue Aufstände entbrannten im Poitou; die dortigen Landbesitzer, die das Schicksal des Heiligen Landes wenig kümmerte, obwohl ein Lusignan die Niederlage erlitten hatte, die dem Königreich Jerusalem ein Ende setzte, hatten nur ein Auge für ihre immer neu ausbrechenden Streitigkeiten. Abermals schlossen sich Graf Aymar von Angoulême, Gottfried von Rancon und Gottfried von Lusignan zusammen. Sie zählten auf die Komplicenschaft Raymonds von Toulouse, gegen den Richard in den beiden vergangenen Jahren heftig gekämpft hatte. Daß Heinrich II., der immer noch Richard zugunsten Johann ohne Lands enterben wollte, eine Möglichkeit sah, seinen Plan zu realisieren, mag auch eine Rolle gespielt haben. In seinen Augen genügte es, wenn Richard als Erbe des Angevinischen Reichs im ganzen Reich nur als Oberherrscher regierte.

Der Graf von Poitou wußte sich zu wehren. Dabei halfen ihm die Johanniter, denen er ein wichtiges Zugeständnis gemacht hatte. Ihrem Oberhaupt der englischen Region des Ordens, Girard, hatte er ein Haus in La Rochelle mit Abgabenfreiheit zur Verfügung gestellt, Eigentum eines gewissen Wilhelm Cotrel und am Ozeanhafen gelegen. Den Johannitern lag sehr viel am Zugang zum Meer, denn von dort konnten sie ihre Schlösser im Heiligen Land mit Pferden, Heu und Getreide für die Soldaten versorgen. Ihr wichtigstes Schloß in Übersee war das berühmte Krak des Chevaliers, das sich darauf vorbereitete, Saladin zu widerstehen. In La Rochelle und Marseille bemühten sie sich um Ankerplätze und Lagerräume.

Dies alles bewilligte Richard als Verwalter des Landes und erfüllte damit seine Pflicht als Feudalherr. Er bemühte sich zunehmend darum, die wirtschaftlichen Verhältnisse zu verbessern und das Leben auf seinen Gütern sicherer und angenehmer zu machen. Das Marktgewicht in La Rochelle überließ er einer Frau, genannt »Die Kleine«, Ehefrau von Wilhelm Légier, der als Gegenleistung jedes Jahr einen Silberbecher vom Gewicht einer Mark zahlte. Einem gewissen Gottfried Berland erteilte er die Genehmigung, auf dem Markt von Poitiers Ladenlokale an die Händler zu vermieten, die dort ihre Waren verkauften.

Die Ereignisse begannen jedoch, sich im Jahr 1188 zu komplizieren. Die Beziehung zum Grafen von Toulouse trübte sich immer mehr. Richard, der sich vor allem für den Kreuzzug interessierte – im Poitou entließ er eine Amnestie für alle Gefangenen, die bereit waren, ins Heilige Land zu ziehen –, nahm die Scharmützel, die Raymond IV. von Toulouse immer wieder anzettelte, schließlich nicht mehr hin und ließ dessen Vertrauten Pierre Seilun gefangennehmen. Raymond reagierte, indem er zwei Ritter, die aus Santiago de Compostela zurückkamen, festnehmen ließ, um sie gegen Pierre Seilun auszutauschen. Richard ging auf diesen Handel nicht ein und rief den französischen König zu Hilfe. Wieder griff er zu den Waffen, eroberte Moissac und rückte auf Toulouse vor. Diesmal appellierte Raymond an Philipp August und griff im Berry die Städte Châteauroux, Buzancais, Argenton, Levroux und Montrichard an. Heinrich II. beschloß zu intervenieren und ließ den Streit zwischen den Grafen von Poitou und Toulouse von einem Schiedsgericht schlichten. Der Erzbischof von Dublin Jean Cumin wurde zum Richter bestimmt. Der Prälat sprach sich zugunsten Richards aus. Die beiden Ritter, die Raymond von Toulouse hatte gefangennehmen lassen, waren Pilger und durften deswegen nicht angetastet werden.

Währenddessen wuchsen die Spannungen im Verhältnis zu Philipp August. Richard parierte die Angriffe auf die Städte im Berry mit der Eroberung des Schlosses von Roches, das einem dem König nahestehenden französischen Ritter von Barres, gehörte. Er wurde gefangengenommen, es gelang ihm jedoch bei einem heftigen Scharmützel am 28. Juli 1188 in der Nähe von Mantes, sich zu befreien und zu fliehen. Der französische und englische König trafen sich mehrere Male. Eine dieser Begegnungen fand Eingang in die Annalen und ereignete sich zwischen Gisors und Trie, an der Grenze der Normandie, wo die beiden Könige üblicherweise zusammenkamen. Dort stand eine riesige, mehrere hundert Jahre alte Ulme. Wollte man sie umfassen, waren neun Mann notwendig. Es war an einem Augusttag, und Heinrich Plantagenet, der als erster eingetroffen war, forderte seine Begleiter auf, sich im Schatten der Ulme niederzulassen. Philipp August und seine Getreuen standen in der prallen Sonne auf einem Feld. Der Tag verging wie üblich. Es wurden Botschaften zwischen Engländern und Franzosen ausgetauscht, und gegen Abend schoß einer der walisischen Söldner, derer sich Heinrich gerne bediente, einen Pfeil ab. Die Franzosen, zornig über das nicht höfische Verhalten der Engländer während des Tages und über die Verletzung der ritterlichen Sitten, stürzten sich auf die Engländer, die wild die Flucht ergriffen und hinter den dicken Mauern des Schlosses von Gisors Schutz fanden, das sie noch immer besetzt hielten. Die französische Eskorte blickte auf die Ulme zurück und ließ schließlich ihren Ärger an dem Baum aus, fällte ihn und schlug ihn in kleine Stücke. Philipp August, der sich zurückgezogen hatte, war darüber höchst verärgert: »Bin ich hergekommen, um Holzfäller zu spielen?« fragte er.

Nach diesem Ereignis kam es zu einer erneuten Annäherung zwischen Richard und Philipp August. Mehr denn je warf Richard seinem Vater vor, ihm nicht den geringsten Anteil der ihm zustehenden Macht zu überlassen und seine Krönung immer weiter hinauszuzögern, die nach feudalem Brauch bereits längst hätte vollzogen werden müssen wie bei Heinrich dem Jüngeren.

Heinrich II. und der französische König verabredeten ein neues Treffen für den 18. November 1188, diesmal in Bonmoulins, da es die Friedensulme von Gisors nicht mehr gab. Das Treffen war voller Überraschungen. Heinrich Plantagenet sah mit Staunen seinen Sohn und späteren Erben Richard an der Seite des französischen Königs; Philipp August wiederholte die inzwischen fast zu einem Ritual gewordene Forderung, seine Adelaide endlich mit dem englischen König zu verheiraten. Er schloß eine weitere Bitte an: Richard sollte außer der Grafschaft Poitou die ihm zustehenden Provinzen erhalten: Touraine, Anjou, Maine und Normandie, also alle Provinzen, deren oberster Lehnsherr Philipp als französischer König war.

Aber gerade dies wollte Heinrich Richard nicht zugestehen; er erinnerte sich an die Schwierigkeiten, die er mit seinem ältesten Sohn gehabt hatte, und hütete sich, dem Zweitgeborenen auch nur den geringsten Anteil von seiner Macht abzugeben. »Sie verlangen etwas, das zu geben ich nicht bereit bin«, antwortete er auf Philipp Augusts Forderungen.

»Ich erkenne in aller Klarheit, was mir bisher unglaublich schien«, antwortete Richard. Im Beisein der beiden Gefolgschaften, die einander gegenüberstanden, legte er seinen Gürtel ab, kniete vor dem französischen König nieder, legte seine Hände nach üblichem Ritual in die Philipps, erklärte sich zum Lehnsmann für alle seine französischen Besitzungen und bat um seinen Schutz und Hilfe, um ordnungsgemäß eingesetzt zu werden.

Man braucht nicht hinzuzufügen, daß die Begegnung hiermit zu Ende war. Der von seinem Sohn geschworene Treueeid war eine Kriegserklärung an den Vater. Um seinen Widerstand noch zu betonen, begab sich Richard gemeinsam mit Philipp August nach Paris und erklärte, er werde sich zu Weihnachten, das in wenigen Wochen stattfand, nicht bei Plantagenet, sondern beim französischen König aufhalten. Heinrich verbrachte das Fest in Saumur, nur in Begleitung seines jüngsten Sohnes Johann ohne Land. Die Zeit der prachtvollen Feste, da er die ganze Familie um sich gesammelt hatte, war ein für allemal vorbei. Es ging das Gerücht, er wolle sein Königreich seinem jüngsten Sohn übergeben, denn, wie jeder befand, war er ein alter, vom Leben gezeichneter, schwacher Mann und dem Tode nahe. Immer wieder jedoch schob er die Frist hinaus.

Richard schien an der Seite des französischen Königs ein herrliches Leben zu führen, ähnlich wie Gottfried vor ihm. Die beiden Fürsten schienen unzertrennlich, hielten gemeinsame Mahlzeiten, schliefen manchmal sogar im selben Bett – dies war damals weder außergewöhnlich noch verdächtig –, hielten gemeinsam Versammlungen, Feste und die Feierlichkeiten zum Jahresende ab.

Der Krieg sollte im Frühjahr wieder beginnen, aber Heinrich, dessen Gesundheit sichtlich nachließ, versuchte, Richard zum Umdenken zu bewegen. Er schickte gegen Ostern Balduin, den Erzbischof von Canterbury, zu ihm; die Begegnung fand in La Ferté-Bernard statt. Erneut wurde über eine Heirat zwischen Richard und Adelaide gesprochen: Es war nun 22 Jahre her, daß die junge Frau dem Grafen von Poitou versprochen worden war. Richard äußerte sich nicht dazu und erhob eine neue Forderung: Da er entschlossen war, ins Heilige Land zu ziehen, wollte er, daß sein jüngerer Bruder ihm folgte. Aufgrund verschiedener Gerüchte fürchtete er, sein Vater werde seine Abwesenheit nutzen und seinen jüngeren Bruder an seiner Stelle krönen...

Es kam noch zu weiteren kriegerischen Begegnungen. Die Stadt Le Mans, in die Heinrich sich zurückgezogen hatte, wurde Ziel eines Angriffs. Richard führte ihn, während Philipp in die Stadt Tours einzog. Es wurde ein neues Treffen vereinbart, diesmal in Colombiers, zwischen Tours und Azay-le-Rideau. Als Heinrich II. erschien, war er so bleich und erschöpft, daß den französischen König Mitleid ergriff. Er legte seinen Mantel zusammen und bot ihm diesen als Sitz an, aber Heinrich lehnte ab. Die beiden Herrscher kamen überein, sich gegenseitig eine Liste mit den Namen der Herren, die ihnen folgten, also auch die der Überläufer der anderen Seite zu geben. Als Heinrich Plantagenet sich zurückzog, ließ er sich nach Azay-le-Rideau bringen, sodann nach Chinon, wo er sich hinlegte und nicht wieder aufstand.

Da ereignete sich jene dramatische Szene, von der alle Historiker berichten. Plantagenet bat Wilhelm den Marschall, den einzigen seiner Barone, der ihm treu geblieben war, ihm die berühmte Namensliste vorzulesen, die ihm sein Kanzler Roger von Philipp August überbracht hatte. Wilhelm warf einen ersten Blick darauf und stieß einen erstaunten Schrei aus: Oben auf der Liste stand der Name von Johann ohne Land, dem Lieblingssohns des Königs. Diesen letzten Verrat, mit dem der König nicht im geringsten gerechnet hatte, durfte er diesem nicht verheimlichen. Er las weiter, aber der König unterbrach ihn. »Das war genug.« Dann wandte er sein Gesicht der Wand zu und bewegte sich nicht mehr. Es verging ein Tag, an dem man nicht wußte, ob er noch bei Bewußtsein war; am dritten Tag rann ihm Blut aus Mund und Nase: Er war tot. Man schrieb den 6. Juli 1189.

5
König von England

Unter diesen tragischen Umständen wurde Richard König von England. Als Heinrich der Jüngere starb, hatten sich Vater und Sohn gegenseitig verziehen. Jetzt aber, im Juli 1189, konnte nichts den Abschiedsschmerz lindern. Es heißt sogar, der Leichnam habe an dem Tag, als Richard ihm im Schloß von Chinon die letzte Ehre erweisen wollte, geblutet, die Nase sei dunkelrot angelaufen wie im Zorn des alten Königs gegen seinen Sohn, der ihn verraten und, was schlimmer war, Johann, seinen jüngsten Sohn, den letzten jungen Adler, in den Verrat mithineingezogen hatte.

Es scheint, daß Richard beim Tod des Vaters, den er so sehr bekämpft hatte, doch Trauer empfand. Derselbe Chronist, der im Bluten des reglosen Gesichts Heinrichs II. einen Ausdruck letzer Entrüstung erkannte, schreibt, der Graf von Poitou habe, als er den Leichnam seines Vaters nach Fontevraud brachte, wo er ihn begraben ließ, geweint und geklagt. Zur selben Zeit erfuhr er vom Tod seiner Schwester Mathilde, der Herzogin von Sachsen, deren Grab bis heute in Braunschweig zu sehen ist. Ihr Mann starb erst 1195 und hinterließ seiner Stadt das berühmte Evangeliar mit einer Illumination, auf der die Krönung Mathildes dargestellt ist.

Es war eine düstere Zeit für die Plantagenets. Das Beerdigungszeremoniell wurde geachtet, Heinrich II. wurde mit allen Insignien königlicher Majestät beigesetzt, auf dem Haupt eine Goldkrone, einen Goldring am Finger, das Zepter in der Hand und ein Schwert neben sich. Die Wahl Fontevrauds als Grablege, der königlichen Abtei, in der Mönche und Nonnen für den Herrscher beten sollten, eröffnete eine bedeutende Ära für die Dynastie, welche sowohl auf der Insel als auch in einem großen Teil Frankreichs herrschte, und auch für die prächtige Abtei, die von der Dynastie der englischen Könige als bevorzugter Ort auserkoren wurde.[1]

Zwischen Heinrich II. und Philipp August war man übereingekommen, daß der neue König Englands dem französischen König für seine Lehen auf dem Kontinent die Huldigung leisten würde. Philipps Schwester Adelaide, die ewige Verlobte, sollte Richard heiraten, sobald er aus dem Heiligen Land zurückgekehrt sei. Die Abreise, die Richard so sehnlich wünschte, wie sein Vater sie aufzuschieben suchte, war für die Fastenzeit vorgesehen, also für das Frühjahr 1190. Die, welche während der Kriege die Feinde König Heinrichs gewesen waren und sich auf Richards Seite gestellt hatten, sollten erst einen Monat vor dem Aufbruch nach Jerusalem zum englischen König stoßen. Der verstorbene König hatte dem König Frankreichs eine Summe von 20 000 Mark Silber versprochen und Richard und Philipp die Städte Le Mans und Tours sowie die Schlösser Loir und Troô zum Pfand gegeben.

Welche Haltung würde Richard gegenüber denen einnehmen, die seinem Vater treu gedient und sich damit gegen ihn gestellt hatten? Mehr als einer mußte seinen Zorn fürchten, als man sah, wie er mit Etienne de Marcay, dem Seneschall von Anjou, verfuhr. Gleich nach der Beisetzung Heinrichs II. ließ Richard ihn ins Gefängnis werfen, in Ketten legen, Hände und Füße in Eisen schließen und forderte die Herausgabe sämtlicher von ihm verwalteter Schlösser und Schätze des verstorbenen Königs. Er

---

[1] Die Abtei von Fontevraud erlitt später ein schlimmes Schicksal. Während der Revolution wurde sie als Gefängnis verwendet, 1987 einer Gesellschaft überlassen, die den Freizeitpark von Marne-La-Vallée betreibt. Fontevraud ist heute ein Hotel mit folgender Werbung: »Die königliche Abtei von Fontevraud, ein Drei-Sterne-Hotel im Herzen des Jahres 1000«. Den nicht eingestandenen Wunsch der französischen Kulturinstitutionen, Baudenkmäler rentabel zu machen, kann man nicht genug kritisieren. Eine solche Politik entfernt noch mehr von den Zeiten des Richard Löwenherz!

half sogar Etiennes Ehefrau, sich von ihrem Mann zu
trennen und erneut zu heiraten. Aber weiter ging Richard
in seiner Rache nicht. Im Gegensatz zu allen Erwartungen
ließ er wissen, alle, die dem verstorbenen englischen König treu gedient hätten, würden ihre Ämter behalten und
nach Verdienst belohnt werden. Doch jene, welche Heinrich II. im Unglück verlassen hatten, konnten von seinem
Sohn nichts erwarten. Drei Grundherren, die seinen Vater
im Stich gelassen hatten und ihm als dem Grafen von
Poitou gefolgt waren, Guy von Vallée, Raoul von Fougè-
res und Gottfried von Mayenne, wurden bitter enttäuscht.
Sie hatten gehofft, die Güter zurückzuerhalten, die Heinrich II. ihnen weggenommen hatte, Richard war jedoch
nicht zur Rückgabe bereit und zwar wegen des Verrats,
dessen sie sich schuldig gemacht hatten. Eine solche Reaktion ist heutzutage schwer verständlich, aber sie paßt in
eine Zeit, in der den feudalen Bindungen große Bedeutung zukam und Wortbrüchigkeit Mißachtung nach sich
zog, selbst von seiten derjenigen, zu deren Gunsten sie
begangen worden war.

Johann, seinen Bruder, empfing er mit allen Ehren, als
dieser zu ihm kam. Er behielt die beiden treuesten Diener
Heinrichs II., Maurice de Craon und Wilhelm den Marschall, in seinen Diensten. Dabei hätte er vor allem letzte-
rem übelnehmen können, daß dieser ihn direkt bekämpft
hatte, um den Rückzug Plantagenets in die Stadt Le Mans
zu sichern.

Der wohlbekannte Dialog, den der Autor der Lebens-
geschichte von Wilhelm dem Marschall überliefert, wäre
eines Ritterromans würdig. Als Wilhelm dem Mann ge-
genübertrat, der früher sein Schüler gewesen und nun sein
König war, fuhr ihn der König streng an: »Marschall«,
sagte er, »neulich (es war kaum zehn Tage her) wolltet Ihr
mich töten, und Ihr hättet es getan, wenn mein Arm nicht
Eure Lanze abgewehrt hätte.«

»Sire«, antwortete Wilhelm, »ich hatte nicht die Absicht, Euch zu töten, und ich bin in der Lage, meine Lanze

genau dorthin zu lenken, wo ich sie haben will. Ich hätte ebensogut Euren Leib treffen können wie den Eures Pferdes. Ich habe Euer Pferd getötet, glaube, richtig gehandelt zu haben, und bedaure es keineswegs.« Darauf antwortete Richard nur: »Ich vergebe Euch und bin Euch nicht mehr gram.«

Diese Szene ist charakteristisch für den Ton des neuen Herrschers. Abgesehen von seinen Zornausbrüchen, seiner Ehrsucht und gelegentlichen Grobheiten ist der neue englische König aufrichtig und großzügig. Dies wird während seiner gesamten Regierungszeit so bleiben. Nur Verrat und Lüge erträgt er nicht.

Nachdem er seinem Vater in Fontevraud die letzte Ehre erwiesen hatte, begab sich Richard in die Normandie nach Rouen. Am 20. Juli, dem Fest der heiligen Margarete, wurde er feierlich zum Herzog gekrönt und nahm in Gegenwart des Erzbischofs Gautier, der normannischem Bischöfe, Grafen und Barone das Herzogsschwert entgegen, nachdem er geschworen hatte, seinem Volk die Treue zu halten. Diese erste Zeremonie war für den neuen Herzog Anlaß, verschiedene Geschenke zu machen. Die junge Mathilde, seine Nichte und Tochter des Herzogs und der Herzogin von Sachsen, vermählte er mit Gottfried, dem Sohn Rotrou du Perches, eines der höchsten Adeligen der Normandie. Wilhelm den Marschall vermählte er mit Isabella, der Tochter Richards von Strighil, des Grafen von Pembroke, eines der reichsten Erben des Königreichs. Gilbert, dem Sohn eines Dieners seines Vaters – seines Seneschalls Roger Fitz-Rainfroi –, gab er die Hand Héloises, der Tochter von Wilhelm von Lancaster, des Barons von Kendal – ebenfalls eine reiche Erbin, die mit einem Baron, dessen Eifer er schätzte, verheiratet wurde.

Besonders großzügig verfuhr er mit seinem Bruder, dem einzigen, der ihm geblieben war, Johann ohne Land, der nach der Feier von Rouen diesen Namen nicht mehr verdiente. Johann wurde Graf von Mortain und erhielt

Land in England mit 400 Pfund Einkommen. Richard bestätigte ihm außerdem den Besitz aller Ländereien, die ihm sein Vater geschenkt hatte. Johann heiratete bald darauf, im folgenden August, Havise von Gloucester.[1]

Auch seinen Halbbruder Gottfried – einen der beiden Bastarde seines Vaters, der Kleriker geworden war und der Kirche von Lincoln angehörte – ernannte er zum Erzbischof von York. Dieser ergriff in bemerkenswerter Eile Besitz von seiner Stelle und nahm dabei wenig Rücksicht auf die Kanoniker und Prälaten, die zuvor das Bistum verwaltet hatten.

Am folgenden Sonnabend, dem Fest der Maria Magdalena, am 22. Juli, traf er sich zum erstenmal als König – er war noch nicht gekrönt, stand aber kurz davor – mit dem König von Frankreich Philipp August zwischen Chaumont und Trie, an den Grenzen der Normandie, deren Herzog er nun war. Die überschwengliche Freundschaft zwichen den beiden Fürsten, die zu Lebzeiten Heinrichs II. bestanden hatte, kühlte bei diesem Treffen ein wenig ab. So erhob Philipp gleich zu Beginn Anspruch auf das Schloß von Gisors. Es gelang Richard, den Zeitpunkt der Rückgabe der Burg und des dazugehörigen Landes hinauszuschieben, er verpflichtete sich jedoch, endlich Adelaide, seine ewige Verlobte, zu heiraten. Dem fügte er ein Versprechen von 4000 Mark Silber, 4000 Mark Sterling, hinzu, zusätzlich zu den 20 000 Mark, die sein Vater bereits zugesagt hatte. Die Begegnung, die bekanntlich nicht unter der berühmten Ulme stattfinden konnte, nahm beinahe noch ein tragisches Ende. Als Richard sich Gisors näherte, brach die Holzbrücke unter ihm zusammen. Er stürzte mit seinem Pferd in den Graben, da dieser jedoch halb mit Wasser gefüllt war, wurde der Sturz gedämpft, und der König kam mit einigen Prellungen davon. Danach ritt er nach Barfleur,

---

[1] Sie ist Enkelin und Erbin eines mächtigen Adeligen der Normandie, Robert von Caen.

wo er gemeinsam mit seinem Bruder Johann das Schiff bestieg.

Er hatte es für gut gehalten, Wilhelm den Marschall nach Winchester zu schicken, um seine Mutter, Königin Eleonore, zu befreien. Als dieser dort ankam, fand er sie, wie er sagte, »schon befreit und mehr Edelfrau vor denn je zuvor«. Die Königin hatte keine Zeit verloren. Kaum war sie ihre Bewacher losgeworden – drei Vertraute von Heinrich, Ralph Fitz-Stephen, Heinrich von Berneval und Renouf von Glanville –, handelte sie mit einer Schnelligkeit und Entschlossenheit, die ganz England überraschte, und bereitete die Ankunft und Krönung ihres Sohnes vor, den sie liebte und der ihr als einziger wirklicher Sohn geblieben war, da sie Johann ohne Land stets mißtraut hatte. Sie gab Anweisung, »zu allererst alle Gefangenen freizulassen«, wie es in dem in ihrem Namen verkündeten Edikt heißt. Alle, die eingekerkert waren, durften kommen und persönlich Argumente zu ihrer Verteidigung vorbringen. Die Wilderer und Waldfrevler wurden sogleich freigelassen, ihre Strafen wurden aufgehoben. Heinrich, der immer Wert darauf gelegt hatte, seine Jagden zu schützen, da es in England nur wenig Wälder gab, hatte zahllose Strafedikte erlassen, die an Barbarei grenzten: Verstümmelung und andere Körperstrafen für gefälltes Holz oder Fangen von Tieren. Ein Wind der Freiheit vertrieb allen Nebel über der Insel, vorausgesetzt man war dem neuen König treu. Richard gab Robert, dem Grafen von Leicester, sein Land zurück und setzte ihn in alle Rechte wieder ein, derer Heinrich II. ihn enthoben hatte. Er gestattete es auch den mächtigsten englischen Bischöfen – Balduin von Canterbury, Gilbert von Rochester, Hugo von Lincoln und Hugo von Chester –, in ihre Diözesen auf der Insel zurückzukehren. Manche Bischöfe des Kontinents wie Gautier von Coutances, der Erzbischof von Rouen, oder Heinrich, der Bischof von Bayeux, und Johann, der Bischof von Evreux, folgten ihnen nach England, um an seiner Krönungsfeier in Westminster teilzunehmen.

So stand die Krönung unter den besten Vorzeichen. Alle hofften, daß nach der bisherigen Regierung, die vor allem in England fast despotisch zu nennen war, mit dem Regierungsantritt Richards liberalere Zeiten anbrechen würden. Heinrich war ein kluger König gewesen und das, was man heute einen geschickten Verwalter nennen könnte. Nach und nach aber hatte sich seine Autorität, sicherlich auch wegen der Kämpfe, die er gegen seine eigene Familie hatte führen müssen, in harte Zwangsherrschaft gewandelt. Nachdem er Eleonore zugunsten der schönen Rosamunde verstoßen und sie jeglicher Macht enthoben hatte, gab es niemanden mehr, der dem König etwas entgegenzusetzen hatte. Wenn man betrachtet, mit welcher Meisterschaft Eleonore, sobald sie Königsmutter geworden war, die Leute zu versöhnen wußte und vor allem ihrem Sohn den Weg ebnete, den man Richard von Poitou nannte, obwohl er in Oxford geboren war, aber kaum je den Fuß auf englischen Boden gesetzt hatte, dann versteht man, welchen Fehler der alte König beging, als er sie so lange von allen Regierungsgeschäften fernhielt. Eleonore reiste durch das Land »von Stadt zu Stadt, von Schloß zu Schloß«, ließ die Gefängnisse öffnen, gewährte Privilegien und führte Maßnahmen durch, die zunächst zu Erstaunen Anlaß gaben, deren Wichtigkeit aber im Lauf der Zeit immer deutlicher wurde. Unstimmigkeiten, die durch den Gebrauch verschiedener Maßeinheiten entstanden waren (sie waren vormals zwischen den Städten und den Provinzen voneinander abgewichen), wurden beseitigt, etwa durch die Einführung einer einheitlichen Unze und des Scheffels im ganzen Königreich. So wurde das tägliche Leben für Kaufleute und überhaupt das ganze Volk entschieden einfacher, zu einer Zeit, in der Handel und Marktwirtschaft sich entfalteten, gefördert durch den wiederkehrenden Wohlstand.

Bei ihrer Befreiung war Eleonore siebzig Jahre alt. Ihr Alter war von Weisheit, wohlüberlegten Entscheidungen und Urteilsfähigkeit geprägt. Während sie zum Nichtstun verdammt gewesen war, hatte sie sich keineswegs von der Welt abgeschlossen, sondern die Zeit zum Nachdenken genutzt. In den Jahren bis zu ihrem Tod im Jahr 1204 erwies sie sich als jene »unvergleichliche Frau«, als die sie der berühmte Richard von Devizes beschreibt: »Die Königin Eleonore, eine unvergleichliche Frau, schön und tugendhaft, mächtig und bescheiden, demütig und redegewandt, was sich bei einer Frau nur selten findet, die zwei Könige als Ehemänner hatte und zwei Könige als Söhne und die ihr Tun nicht im geringsten ermüdete...«

Benoît von Peterborough, der umstrittene Verfasser der *Taten von Heinrich*, war ein aufmerksamer Beobachter seiner Zeit und beschreibt die allgemeine Erwartung des Landes zu Beginn von Richards Königsherrschaft folgendermaßen: »Das ganze Königreich freute sich über die Ankunft des Herzogs, denn jeder hoffte, daß es ihm durch ihn bald besser gehen würde.« Oder es heißt: »Wie wunderbar: Die Sonne ist untergegangen, aber es wurde nicht Nacht.« Zur damaligen Zeit liebte man derartige pleonastische Wortspiele. »Es ist wahr, daß auf den Untergang der Sonne (Heinrich II.) keine Nacht gefolgt ist, denn der Sonnenstrahl, der den Boden mit seinem Licht bedeckt, wird mit seiner Sonne noch heller und weiter leuchten; als die Sonne von oben auf den Boden herabstieg, wurde ihr Strahl nicht schwächer, und es wurde auch nicht finster. Er befreite sich aus dem Sonnenkern, und die Sonne fand sich darin häufig widergespiegelt. Der Strahl dieser Sonne war größer und leuchtender und hatte keinen Wolkenschleier, und sein Schein wurde durch nichts aufgehalten... Der Vater war die Sonne und sein Sohn der Strahl.«

In diesem etwas gespreizten, aber nicht glanzlosen Text bringt der Mönch, der die Chronik schrieb, die allgemeine Erwartung zum Ausdruck, die herrschte, als Richard sich der englischen Küste näherte. Er sagte es an anderer Stelle noch deutlicher. »So trieb der Sohn, der am Horizont emporstieg, die guten Werke seines Vaters voran und machte den schlechten ein Ende. Denen, die der Vater enterbt hatte, gab der Sohn ihre Rechte zurück. Die der Vater verbannt hatte, ließ der Sohn heimkehren. Die der Vater in Ketten gelegt hatte, ließ der Sohn frei und unversehrt. Denen, welchen der Vater im Namen der Gerechtigkeit Strafen auferlegt hatte, erließ sie der Sohn im Namen des Mitleids.«

Richard erreichte englischen Boden am Sonntag nach Mariä Himmelfahrt in Portsmouth, während sein Bruder Johann in Dover landete. Er wurde von Volk und Klerus mit »Ehre und Frömmigkeit« empfangen. Sein Weg führte über Winchester und Salisbury. Dort wurde die Hochzeit zwischen einem treuen Anhänger der Plantagenets, André de Chauvigny, in Gegenwart des Bischofs Gilbert von Rochester und Königin Eleonores gefeiert. Er heiratete jene Denise, Tochter des Raoul von Déols, die einst so streng bewacht worden und deren erster Ehemann Balduin von Revers inzwischen gestorben war. Denise war Erbin von Châteauroux und des zugehörigen Gebietes im Berry.

Da Richard die Finanzierung seines Kreuzzugsvorhabens sichern wollte, ließ er den Besitz seines Vaters schätzen. Das Ergebnis weicht in den verschiedenen Chroniken voneinander ab. Bei Benoît sind es 90 000 Pfund in Silber und Gold, bei Roger von Hoveden, einem anderen wichtigen Zeugen der ersten Regierungszeit, sind es über 100 000 Mark.

Während der Krönungsvorbereitungen mußte Richard mehrfach Streitigkeiten schlichten, die im Zusammenhang mit der Ernennung seines Halbbruders Gottfried zum Erzbischof von York standen. Sie war, um es vorsichtig auszudrücken, auf etwas ungewöhnliche Weise zustande gekommen, auch wenn die Priester der Kathedrale ihn feierlich gewählt und in sein Amt eingeführt hatten.

Erzbischof Hubert Gautier und Königin Eleonore, die diesen Bastard ihres früheren Mannes nicht mochte, opponierten beide gegen den Entschluß. Am 29. August sollte außerdem die Hochzeit zwischen Johann und Havise von Gloucester stattfinden, Anlaß zu weiteren Schenkungen seines königlichen Bruders: Nottingham, Wallingford, Tickhill und mehrere englische Schlösser sollten zu den kontinentalen Besitzungen hinzukommen, die er bereits erhalten hatte.

Richards Krönung war auf den 3. September 1189 in Westminster festgesetzt. Weihen sollte ihn nach ordnungsgemäßem Zeremoniell der Erzbischof von Canterbury, assistieren sollten die Erzbischöfe von Rouen, Gautier, von Dublin, Johann, der von Trier, ein gewisser Fulmar oder Fourmal, sowie der heilige Bischof Hugo von Lincoln und ungefähr alle Prälaten Englands, Bischöfe oder Äbte, darunter der von Rievaulx und der Abt von Saint-Denis in Frankreich Hugo Foucaut, der von einer großen Schar Barone begleitet wurde; unter ihnen befanden sich nicht nur Johann ohne Land, der Graf von Mortain und Gloucester geworden war, sondern auch Robert von Leicester, der noch kurze Zeit vorher geächtet war, außerdem Wilhelm der Marschall, durch seine Heirat Graf von Strighil, der schottische König und dessen Bruder David, Graf von Huntingdon. Von den Anhängern seines Vaters war Renouf von Glanville anwesend, der ehemalige Gerichtspfleger von England, der trotz des Eifers, mit dem er Königin Eleonore während ihrer Gefangenschaft bewacht hatte, wieder in Gnade stand. Kurz gesagt waren, wie Roger von Hoveden schreibt, »ungefähr alle Äbte, Prioren, Grafen und Barone Englands anwesend«.

Eine eindrucksvolle Zeremonie, die in der Chronik von Benoît von Peterborough mit der Genauigkeit einer Reportage festgehalten wurde. Wahrscheinlich blieb dieser präzise Bericht über die Krönungsfeier eines englischen Königs wegen Richard erhalten. Es scheint die erste zu sein, die so detailliert aufgezeichnet wurde.

Bischöfe, Äbte und Kleriker, von denen viele einen purpurnen Mantel trugen, gingen in feierlichem Zug mit Kerzen und Weihrauchfässern hinter dem Kreuz her bis zur Tür des Königsgemachs, wo sie Richard empfingen und ihn in einer feierlichen, von Gesängen begleiteten Prozession in die Kirche von Westminster geleiteten. Voran gingen die in Weiß gekleideten Priester, die das Weihwasser, das Kreuz, die Kerzen sowie Weihrauchkessel trugen. Es folgten die Äbte, danach die Bischöfe. In der Mitte gingen vier Barone, Kerzenleuchter in der Hand.

Ihnen folgte Johann der Marschall, der zwei große schwere Sporen aus dem königlichen Schatz trug. Neben ihnen ging Gottfried von Lucy. Er hielt die Kopfbedeckung des Königs in Händen. Hinter ihnen gingen zwei Grafen, Wilhelm der Marschall, Graf von Strighil, und Wilhelm, Graf von Salisbury. Ersterer trug das königliche Zepter, an dessen oberem Ende ein goldenes Kreuz saß. Der andere Wilhelm trug den am oberen Ende mit einer Taube verzierten königlichen Amtsstab.

Ihnen folgten drei Grafen: David, der Bruder des schottischen Königs, der Graf von Huntingdon, Robert, der Graf von Leicester, und in der Mitte Johann, der Graf von Mortain und Gloucester. Sie trugen drei Schwerter in goldenen Scheiden, die aus dem Königsschatz stammten; weitere sechs Grafen und Barone trugen einen Tisch, auf dem die königlichen Insignien und Kleider lagen.

Sodann kam Wilhelm von Mandeville, Graf von Aumale und Exeter, der die goldene Krone in Händen hielt, es folgte Richard selbst, der Herzog der Normandie, rechts neben ihm ging Hugo, der Bischof von Durham, links Renaud, der Bischof von Bath. Sie schritten unter einem seidenen Baldachin, und die ganze Schar der Grafen, Barone, Ritter und anderer, Kleriker wie Laien, folgte ihnen bis zur Kirchentür und danach bis zum Altar. Man kann sich vorstellen, wie sehr Eleonore, welche die Krönung bis ins Detail vorbereitet hatte, innerlich triumphierte.

Als sie am Altar angelangt waren, leistete Richard vor allen Erzbischöfen und Bischöfen, Äbten, Grafen, Baronen, Klerikern und dem Volk drei Eide: Er schwor auf das Evangelium und die Reliquien verschiedener Heiliger, jeden Tag seines Lebens Gott, der Kirche und den durch sie oder ihn eingesetzten Ordinierten Frieden zu bringen, Ehre und Ergebenheit zu erweisen. Dann schwor er Gerechtigkeit gegenüber dem Volk, das ihm anvertraut war, auszuüben, zu beachten und zu wahren. Schließlich schwor er, falsche Gesetze und perverse Sitten, wenn es welche in seinem Königreich gebe, abzuschaffen und die guten zu bewahren. Danach legte man ihm die Kleider ab mit Ausnahme des Hemdes, das seine Schultern und kurzen Hosen bedeckte. Man zog ihm aus Gold gewebte Sandalen an die Füße. Der Erzbischof gab ihm das Zepter in die rechte Hand und den königlichen Amtsstab in die linke.

Balduin, der Erzbischof von Canterbury, goß Öl an drei Stellen, um den König zu salben, auf den Kopf, auf die Schultern und den rechten Arm. Dazu sprach er die üblichen Gebete. Er legte ihm ein geweihtes Tuch auf den Kopf, darüber die Haube. Danach legte er ihm die königlichen Kleider an; die Tunika, darüber das kirchliche Gewand der Diakone. Dann überreichte ihm der Erzbischof das Schwert, das dazu bestimmt war, die Feinde der Kirche zu verfolgen. Zwei Grafen legten ihm die goldenen Sporen aus dem königlichen Schatz an, danach bekleidete man den König mit dem Mantel.

Nun wurde der Herrscher zum Altar geführt, und der Erzbischof beschwor ihn im Namen Gottes, ja nicht die Ehre des Amtes zu übernehmen, wenn er nicht bereit sei, die geschworenen Eide und heiligen Versprechen zu halten. Richard antwortete: »Mit Hilfe Gottes werde ich sie alle im besten Glauben erfüllen.«

Sodann nahm er die Krone vom Altar und reichte sie dem Erzbischof, dieser setzte sie dem König aufs Haupt; danach wurde der gekrönte König vom Erzbischof von

Durham an seiner Rechten und Renaud von Bath an seiner Linken zum Thron geleitet. Ihnen voraus gingen die Träger der Leuchter und die, welche die drei Schwerter hielten. Danach begann die Sonntagsmesse. Beim Opfergebet brachten ihn die beiden Bischöfe zur Opfergabe und geleiteten ihn an seinen Thron zurück.

Nach der Messe und dem vollzogenem Ritual brachten die beiden Bischöfe, einer rechts und einer links, den gekrönten König, der in der rechten Hand das Zepter und in der linken den königlichen Amtsstab hält, von der Kirche zu seinem Gemach, nach der Eskorte, die vorangehen sollte, dann kehrte die Prozession zum Chor zurück.

Der König legte nun seine Krone und die Gewänder ab; er setzte ein leichtes Diadem auf und zog bereitgelegte Kleider an. Dann begab er sich zum Essen. Erzbischöfe, Bischöfe, Äbte und andere Kleriker saßen bei ihm am Tisch, jeder nach Rang und Würde. Die Grafen, Barone und Ritter saßen an anderen Tischen, und alle speisten prächtig.

Nie hab ich im Leben gesehen,
Einen Hof, wo man so schön servierte.
Ich sah prachtvolles Geschirr
In einem prunkvollen Saal ...
Es war ein großartiges und reiches Fest,
Das drei ganze Tage dauerte;
Der König machte große Geschenke,
Verlieh seinen Baronen ihre Lehen und Erbländer.

Die so beschriebene Feier endete leider mit einem bitteren Mißklang: Der König hatte am Vorabend verboten, daß Juden, gleich ob Männer und Frauen, an der Krönung teilnahmen, was eine gewisse Vorsicht bewies. In der erregten Menge, die zu diesem Anlaß großzügig Wein und Fleisch erhielt, konnte es leicht zu Unruhen kommen. Trotz des Verbots wollten mehrere der Oberhäupter der Juden doch an dem Fest teilnehmen. Die Wachhabenden verjagten sie gnadenlos; es gab Schläge und Verletzungen, sogar einige Tote, wenn man Benoît von Peterborough glauben will. Er erzählt die Geschichte eines Juden aus York mit Namen Benoît, der, als er verletzt worden war, zu sterben glaubte und um die Taufe bat... Als die Leute der Stadt London erfuhren, was an den Toren von Westminster geschehen war, stürmten sie die Häuser der Juden in der Stadt, brachten mehrere um und legten Feuer an die Häuser; diese versuchten zu fliehen, die einen in den Tower, die anderen zu Freunden.

Am Tag nach der Krönungsfeier sandte Richard, nachdem er von dem Ereignis gehört hatte, Gendarmen in die Stadt und ließ einige der Verantwortlichen vorführen. Drei von ihnen wurden durch das Hofgericht zum Tod durch Erhängen verurteilt, einer wegen Diebstahls, die beiden anderen wegen Brandstiftung. Er ließ auch den Juden zu sich rufen, der sich hatte taufen lassen, und fragte ihn, ob er wirklich Christ werden wolle. Dieser antwortete mit Nein. Daraufhin fragte Richard den Erzbischof von Canterbury: »Was kann man da tun?« Dieser antwortete schonungslos: »Wenn er kein Mann Gottes werden will, soll er ein Mann des Teufels sein.« Und so kehrte der Mann, der Christ hatte werden wollen, zum jüdischen Glauben zurück, erzählt der Chronikschreiber. König Richard sandte daraufhin Boten in sämtliche Grafschaften Englands mit einem Bescheid, der verbot, Hand an die Juden zu legen, und ihnen den Frieden des Königs gewährte.

Am 5. September 1189 nahm der König Huldigungen entgegen, zunächst die des Klerus: Erzbischöfe, Bischöfe, Klosteräbte und Grafen und Barone Englands erschienen vor ihm.

Es verging nicht viel Zeit, bis Richard I., König von England, eine lange gehegte Absicht bekanntgab, das große Unternehmen, das während seiner gesamten Regierungszeit eine bedeutende Rolle spielen sollte: Er wollte einen Kreuzzug ins Heilige Land unternehmen. Er war gerade erst gekrönt, und schon wurde sein Handeln fast ausschließlich von diesem Vorhaben bestimmt. Im übrigen sollte durch dieses Unternehmen das Versprechen seines Vaters und sein eigenes erfüllt werden, das sie auf Bitten verschiedener Päpste hin abgelegt hatten, deren Hauptsorge das Schicksal Jerusalems war, das seit zwei Jahren denen in die Hände gefallen war, die man die Ungläubigen nannte. Nachdem die Barone in ihre Häuser zurückgekehrt waren, »war ihres Bleibens nicht lange«.

Denn der König hatte alle
Mit Namen aufgerufen,
Sich für die Reise bereitzumachen,
Denn er wollte das Schiff
In Bewegung setzen . . .
Damit er rechtzeitig zu seiner
Pilgerreise aufbräche.
Denn Tag und Nacht dachte er
An die tapferen Leute, die auf ihn warteten
Aus der Normandie, dem Anjou,
Der Gascogne, dem Poitou,
Dem Berry und Burgund,
Viele nahmen an der Unternehmung teil.

So beschreibt der Dichter Ambroise, der den gesamten Kreuzzug erzählt, die Sorge des Königs, der wußte, daß im Heiligen Land zahlreiche Kreuzfahrer auf ihn warteten, Barone und einfache Leute.

Die weite Reise verlangte die Errichtung einer fähigen Verwaltung, die den König ersetzen konnte. So ernannte Richard zahlreiche Gerichtsherren, reisende Richter, die mit weiten Vollmachten ausgestattet wurden. Renouf von Glanville, der dieses Amt ausübte, bat, davon entbunden zu werden, da er zu alt und müde sei; zugleich bat er um die Erlaubnis, am Kreuzzug ins Heilige Land teilzunehmen, was ihm auch gestattet wurde. Richard ersetzte ihn durch den Bischof von Durham Hugo und Wilhelm von Mandeville, den Grafen von Aumale. Wenig später ernannte er Johann, den Sohn Wilhelms des Marschalls, zum Wahrer und Einnehmer der königlichen Einkünfte, also zu seinem Hauptschatzmeister. Johann behielt dieses Amt nur für kurze Zeit; wenig später, als er England verließ, erwählte der König Wilhelm Longchamp, den Bischof von Ely, zum Kanzler. Von ihm wird noch die Rede sein.

In der Absicht, jeglichen Aufstand zu vermeiden, sandte er seinen Bruder Johann in den Krieg gegen Rhys-ap-Griffin, den man den König von Südwales nannte. Wenig später kam dieser, um sich gezwungenermaßen zu unterwerfen. Richard weigerte sich jedoch, ihn zu empfangen. Aber vor allem führte er in den Provinzen eine weitgehende personelle Umgestaltung durch, er entließ zahlreiche Vögte, Vizegrafen und andere Repräsentanten des Königs und ersetzte sie durch neue. Für diese Ämter mußten sie bezahlen. Für die Reise war eine große und gut ausgestattete Flotte notwendig, außerdem Pferde und Männer, die, auch wenn sie als Freiwillige mitfuhren, doch besoldet und ernährt werden mußten. Hierzu brauchte Richard Geld. Wahrscheinlich ist er der erste Herrscher, der auf die Idee kam, Ämter käuflich zu machen. Das Verfahren war ganz einfach: Er entließ Vögte und Vizegrafen und forderte sie auf, ihre Ämter zu kaufen. Taten sie dies nicht, wurden sie ins Gefängnis geworfen. So verfuhr er mit all jenen, die sich als eifrige Diener seines Vaters erwiesen hatten, und machte damit erneut eine politische Kehrtwendung (*oc e no*). »Alles verkaufte er. Macht, Güter, Grafschaften, Vizegrafen, Schlösser, Städte, Beute und ähnliche Dinge«, schreibt Benoît von Peterborough. Bei Bischöfen wurde keine Ausnahme gemacht. So kaufte Hugo von Durham für sich und seine Kirche auf Dauer einen Landsitz, danach die ganze Grafschaft Northumbrien mit Schlössern und allem, was dazu gehörte. Er zahlte außerdem 1000 Mark Silber an den König, womit er sicher sein konnte, daß Richard künftig nichts mehr fordern würde. Er nutzte die Gelegenheit, sein Gelöbnis, nach Jerusalem zu ziehen, zurückzunehmen. Der König willigte ein. Danach sandte der Bischof eilig Leute zum Papst, damit auch dieser ihn von seinem Gelöbnis entband.

Die letzten Wochen des Monats September verbrachte Richard mit verschiedensten Transaktionen und Verkäufen. Gottfried, der Bischof von Winchester, kaufte ihm zwei schöne Herrensitze ab; Samson, der Abt von Saint-Edmond, kaufte Mildenhall, ein Gut, das, so sagte er, immer zu seiner Abtei gehört habe. Er bezahlte dafür 1000 Mark; Wilhelm Longchamp, der Bischof von Ely, hatte 3000 Pfund in Silber für das Amt des Kanzlers bezahlt. Richard von Devizes schreibt: »Der König erleichterte in großer Eile all jene, die ein wenig zuviel besaßen, um ihr Geld und gab ihnen dafür je nach Wunsch Macht oder Besitz.« »Wenn ich einen Käufer fände, würde ich sogar London verkaufen«, sagte er. Nach dem, was Benoît von Peterborough schreibt, häufte er riesige Geldmengen an, mehr als je einer seiner Vorgänger besessen hatte.

Sein Inselreich kannte er kaum, er hatte schließlich fast immer in der Normandie oder Aquitanien gelebt. England sah er wohl in erster Linie als Einnahmequelle an; und in der Tat befand sich das Land in wirtschaftlichem Aufschwung. Daß sein Vater, Heinrich II., im Land Ordnung geschaffen hatte, trug hierzu wesentlich bei, wenn dies auch oft mit brutaler Energie geschehen war, die allerdings nicht ohne Wirkung blieb.

Das Land, in dem vorher reine Anarchie geherrscht hatte, wurde von Gerichtsherren und reisenden Richtern beaufsichtigt, die den Frieden sicherten und dafür sorgten, daß die königlichen Einkünfte auf dem Tisch des Schatzmeisters landeten.

Es lohnt sich, an dieser Stelle an das spottreiche Bild zu erinnern, das Richard von Devizes von den englischen Städten zeichnete – allerdings legt er es zur Vorsicht einem alten englischen Juden in den Mund, der mit einem jungen Glaubensgenossen spricht. Dieser will gerade nach England aufbrechen, und man hat ihm erzählt, es sei ein begnadetes Land, in dem, wie es in der Bibel heißt, »Milch und Honig fließt«. »Wenn du in England bist und kommst nach London, ziehe schnell weiter. Diese Stadt mißfällt mir sehr. Es gibt dort alle Arten von Menschen, aus allen Völkern unter dem Himmel, und alle haben ihre Laster und Sitten mitgebracht: Niemand dort ist unschuldig, in jedem Viertel gibt es bedauerliche Unsitten. Der größte Gauner gilt als der beste Mensch. Ich weiß, mit wem ich rede. Du bist klüger als deine Altersgenossen und hast ein junges Gedächtnis, und die Mäßigung des Verstandes. Ich habe keine Angst um dich, aber da sind die lasterhaften Menschen, und die Berührung mit ihnen verdirbt die Sitten. Nun gut, geh nach London, wenn du willst, aber ich sage dir, alles Böse, alle Laster, die es in der Welt gibt, findest du in dieser Stadt vereint.« Dann zählt er alle Schrecken auf, die den jungen Mann dort erwarten: Würfelspiel, Theater, Schenken, und Leute, die ihn auf verschiedenste Weise in Versuchung führen.

An dieser Stelle nutzt der angebliche Jude die Gelegenheit, genußvoll aufzuzählen, was es dort alles gibt: Komödianten, Schürzenjäger, Eunuchen, Zauberer, Verführer, Pädophile, Homosexuelle, Sodomiten, Herumtreiber, Drogenhändler, Parasiten, Wahrsagerinnen, Giftmischer, nächtliche Herumtreiber, Magier, Schauspieler, Bettelvolk, Possenreiser, kurz das ganze Pack, das dort die Häuser füllt. Wenn du nicht mit so schändlichem Gesindel zusammenleben willst, ziehe nicht nach London. Ich spreche nicht von den Gebildeten, den Mönchen oder Juden, obwohl ich aufgrund des Zusammenlebens mit diesem schlimmen Pack fast annehmen möchte, daß es ihnen dort schwerer fällt als anderswo, vollkommen zu sein.«

Nach dieser Mahnrede nimmt sich unser Jude die verschiedenen Städte des Königreichs vor: »Wenn du in die Gegend von Canterbury kommst, läufst du Gefahr, vom Weg abzukommen... Alles, was sich dort befindet, gehört ich weiß nicht wem; jedenfalls wird er seit einiger

Zeit verehrt, als sei er Gott – ein früherer Erzbischof von Canterbury. Dies geht so weit, daß die Menschen in der Sonne auf den Plätzen sterben, nichts zu essen haben und nur herumlungern.« Er erzählt von zahlreichen Pilgern, die sich zu Ehren des heiligen Thomas, des Märtyrers, in der Stadt herumtreiben. »Rochester und Chichester sind kleine Dörfer, und man fragt sich, warum sie als Städte bezeichnet werden ... Oxford hat Mühe, seine Menschen am Leben zu erhalten, vom Ernähren spreche ich erst gar nicht. In Exeter setzt man Menschen und Tieren dieselben Getreideabfälle vor. Bath liegt in einem Tal, die Luft ist so sehr von Schwefeldämpfen verpestet, daß man sich vor den Toren der Hölle wähnt. Suche dir keine Unterkunft in übervölkerten Orten wie Worcester, Chester, Hereford wegen der Walliser, die wenig Achtung vor dem Leben haben. In York wimmelt es von Schotten, kleinen stinkenden und gottlosen Menschen. Ely und das Land dort sind immer moderig, weil sie von Sümpfen umgeben sind. In Durham, Norwich oder Lincoln wirst du nur wenige reiche Leute wie dich finden, Französisch wirst du nie hören. In Bristol gibt es niemanden, der nicht Seifenhändler wäre oder es zumindest war, und man weiß, daß die Franzosen Seifenhändler ebenso schätzen wie die Müllträger. Außerhalb der Städte und der befestigten Orte gibt es nur grobe Bauern. Die Menschen von Cornwall kannst du jederzeit dafür halten, sie werden ebenso hochgeschätzt wie die Flamen in Frankreich. Dennoch ist die Gegend besonders wohlhabend, wegen des Taus, der vom Himmel fällt, und der Fruchbarkeit des Bodens. Natürlich kann man überall auch etwas Gutes finden, aber nirgendwo soviel wie in einer einzigen Stadt, nämlich Winchester.«

Nach dieser schonungslosen Abrechnung ergeht sich derselbe Jude in einem überschwenglichen Lob der Stadt Winchester, »dem Jerusalem der Juden«. »Allein hier genießen sie dauernden Frieden, es ist eine wahre Schule des Wohlergehens und Wohlverhaltens; hier findet man wirkliche Menschen. Brot und Wein kosten fast gar nichts. Und in der Stadt gibt es Mönche von solcher Milde und Erbarmen, freizügig gesinnte Kleriker, die gerne einen Rat geben, schöne und tugendhafte Frauen, so daß es mir schwerfällt, nicht in diese Stadt zu gehen und dort als Christ unter solchen Christen zu leben. Dort mußt du hin, in die Stadt der Städte, die Mutter von allen und die beste von allen.«

Entspricht diese lebhafte Beschreibung des damaligen England der Wirklichkeit? Richard von Devizes läßt seinem beißenden Humor freien Lauf. Er war Mönch im Kloster von Saint-Swithun in Winchester. Mit derselben, diesmal makabren Ironie beschreibt er das Judenmassaker bei der Krönung des Königs und hebt hervor, die Juden in Winchester seien unversehrt geblieben, weil man sich dort immer »zivilisiert« verhalte.

Wie immer Richard über England dachte, er blieb nicht lange auf der Insl. Einige Zeit hielten ihn noch Streitigkeiten mit seinem Halbbruder Gottfried, dem Bischof von York, zurück, er hatte aber bereits vorher Wilhelm von Mandeville nach Frankreich geschickt, um die Vorbereitungen seiner Reise in den Nahen Osten zu treffen.

Ungefähr zur gleichen Zeit empfing er Routrou, den Grafen von Perche, der ihm mitteilte, auch Philipp August, der König von Frankreich, habe auf einer Versammlung in Paris geschworen, daß er Ostern nach Vézelay ziehen und von dort weiter nach Jerusalem reisen werde. Er bat den König von England und seine Barone, das gleiche zu tun und sich mit ihm zu treffen. Darauf berief Richard sogleich eine ähnliche Versammlung in der Stadt London ein, auf der die zum Kreuzzug entschlossenen Barone schworen, sich am 1. April in Vézelay einzufinden.

Im November war der päpstliche Legat Johann von Anagni in Dover eingetroffen. Er sollte feierlich in Canterbury empfangen werden, wo er einen Streit zwischen

Erzbischof Balduin und den Mönchen der Abtei Sainte-Trinité schlichten sollte. Als er eintraf, hatten sich die beiden Parteien bereits geeinigt. König Richard war nach Westminster geritten und hatte dort das Fest des heiligen Edmund begangen. Danach begab er sich nach Canterbury, um den Konflikt zwischen den Mönchen und Balduin beizulegen. Es ging darum, die Ernennung eines gewissen Roger Norreys zum Prior zu annullieren. Nach langen Diskussionen, an denen zahlreiche Prälaten und Äbte teilnahmen, setzten Richard und Eleonore durch, daß der von den Mönchen abgelehnte Mann die Abtei von Evesham erhielt. Der König wollte während seiner Abwesenheit Frieden und Eintracht auf der Insel gesichert wissen.

Im Dezember reiste der schottische König Wilhelm in Begleitung seines Bruders David nach Canterbury, um Richard zu huldigen, der als König von England ihnen daraufhin die Schlösser von Roxburgh und Berwick zurückgab. Er entband sogar ihre Nachfolger von jeglicher Lehnsverpflichtung und -abhängigkeit vom englischen König, wofür er eine Summe von 10 000 Mark Sterling erhielt, die das Geld für die bevorstehende Reise beträchtlich erhöhten. Sein Bruder erhielt im Dezember noch vier Grafschaften: Cornwall, Devon, Dorset und Somerset. Der jüngere Bruder konnte sich über die Großzügigkeit des älteren nur freuen. Doch vor allem übertrug der König Eleonore die Leibgüter von drei Königinnen: das, welches Heinrich I., der Großvater seines Vaters, seiner Gattin Königin Mathilde hinterlassen hatte, das, welches König Stephan seiner Gattin Königin Aelis hinterließ, und das, welches ihr von Heinrich II. geblieben war. Niemand, der vor ihr auf dem englischen Thron gesessen hatten, hatte je so große persönliche Macht besessen.

Die Treffen von Canterbury endeten erst, nachdem Gottfried der Bastard durch den päpstlichen Legaten in seinem Amt als Erbischof von York bestätigt worden war. Es hatten sich mächtige Stimmen gegen ihn erhoben, unter anderem die Hugos von Puiset, des Bischofs von Durham, und die Huberts von Salisbury. Wahrscheinlich war dies ganz im Sinne von Richard; der Kardinal d'Anagni jedoch hielt zu Gottfried und erkannte seine Wahl an, die wiederum von Papst Clemens III. im darauffolgenden März bestätigt wurde. »Danach zog jeder wieder in seine Gegend und pries die Großzügigkeit und Herrlichkeit des Königs.«

Richard verließ Canterbury mit dem Gefühl, zahlreiche Differenzen beigelegt und den Frieden in seinem Inselkönigreich gesichert zu haben. Am 5. Dezember beugte er sich der päpstlichen Entscheidung und bestätigte die Wahl seines Halbbruders Gottfried. Die 3000 Pfung Sterling, die dieser ihm gezahlt hatte, trugen wohl mit zu dieser Entscheidung bei. Nun nahm er den Weg nach Dover, wo sich allmählich die verschiedenen Schiffe sammelten, die er für die große Überfahrt in mehreren englischen Häfen gekauft oder hatte bauen lassen.

Am 11. Dezember, dem Vorabend des Fests der heiligen Lucia, setzte er über nach Calais. Dort empfing ihn Philipp, der Graf von Flandern, mit allen Zeichen der Freude und begleitete ihn in die Normandie. Zur etwa gleichen Zeit wurde der Tod König Wilhelms von Sizilien, zugleich Herzog von Apulien und Fürst von Capua, bekannt, des Mannes von Jeanne, Richards jüngerer Schwester. Richard hatte sie damals auf ihrer Reise nach Südfrankreich zu ihrem künftigen Ehemann begleitet. Wilhelm war in Palermo gestorben, ohne einen Erben zu hinterlassen. Es war abzusehen, daß die Nachfolgeregelung nicht leicht sein würde. Wenige Jahre zuvor nämlich hatte der Verstorbene seine junge Tante Constance zur Erbin bestimmt, die Tochter Rogers II. von Sizilien, welche den zukünftigen Kaiser Heinrich VI., den Sohn Friedrich Barbarossas, geheiratet hatte. Diese Entscheidung lastete lange auf der Zukunft Siziliens und der des gesamten Kaiserreichs. Sogleich widerrief Tankred von Lecce, ein Bastardneffe des verstorbenen Königs Wilhelm, den

Eid, den er bereits Constance geschworen hatte, und erklärte, ihm stünde das Königreich Sizilien zu. Die Insel war als Etappe auf der Reise nach Jerusalem vorgesehen, und Richards Ankunft konnte seiner Schwester nur gelegen kommen.

Das Weihnachtsfest rückte heran, Richard feierte es zum ersten Mal als gekrönter König in Bures in der Normandie. Es wurde mit großer Pracht begangen.

Wenige Tage später traf er den König von Frankreich, um die Einzelheiten der bevorstehenden Reise zu besprechen. Nach den Chroniken fand diese Begegnung in Gué de Saint-Rémy statt, wahrscheinlich begann sie am 30. Dezember, und am 13. Januar wurden die Vereinbarungen besiegelt. Gué de Saint-Rémy lag gleich weit entfernt von Dreux und Nonancourt, und es scheint, daß Richard während dieser Zeit in Verneuil-sur-Avre wohnte. Die beiden Könige schworen, sich gegenseitig zu helfen und diesen Schwur hinsichtlich ihres Lebens, ihrer Mitglieder und Güter gewissenhaft zu halten. Sie schworen weiterhin, einander beizustehen, wenn von Feinden des englischen Königs die Stadt Rouen und von denen des französischen Königs die Stadt Paris angegriffen würde. Dieses Abkommen wurde schriftlich niedergelegt und mit den Siegeln beider Monarchen versehen. Es ist wahrscheinlich eines der ersten Schriftstücke, in dem die steigende, und im Grunde ganz neue Bedeutung der Stadt Paris für Frankreich zum Ausdruck kommt. Fest steht, daß Paris für Philipp August die Rolle der Hauptstadt zu spielen begann, eine für seine Vorgänger gänzlich unbekannte Vorstellung, die auch in dem Jahrhundert nach ihm kaum von Bedeutung war und erst viel später von Philipp dem Schönen wiederaufgenommen wurde. Paris, das sein gleichnamiger Vorfahre hatte pflastern und nach einem neuen Plan mit Mauern umgeben lassen, in dem er die Hallen erbauen und auf dem rechten Seine-Ufer den Louvre-Turm errichten ließ (unser 20. Jahrhundert hat diesen Turm wiederentdeckt) und in dem er mit Vorliebe residierte, wurde Tagungsort des Parlaments und des Rechnungshofs und zu Beginn des 13. Jahrhunderts auch Universitätsstadt.

Beide Könige schworen also, einander zu unterstützen, um ihre wichtigste Stadt in der Normandie und in Frankreich zu verteidigen, und nach ihnen schworen Grafen und Barone dasselbe und verpflichteten sich, weder Krieg noch Feindseligkeiten im jeweils anderen Land anzuzetteln, solange die Pilgerfahrt dauerte. Erzbischöfe und Bischöfe versprachen, alle, die den Schwur und das Friedensabkommmen brechen sollten, mit Exkommmunikation zu bestrafen. Eine andere Klausel sah für den Fall, daß einer der beiden Könige auf der Reise stürbe, vor, daß der überlebende das Geld und die Männer des Verstorbenen erhalten sollte, um den Dienst an Gott, also den Kreuzzug zu erfüllen. Das Datum ihres Treffens in Vézelay verschoben sie auf den Johannistag, den 24. Juni, weil sie vermuteten, bis zum 1. April nicht mit den Vorbereitungen fertig zu sein.

So war alles geregelt, um den Frieden zwischen den beiden Großmächten des Abendlandes zu sichern, die sich anschickten, dem Heiligen Land zur Hilfe zu kommen. Da starb unerwartet am 15. März die Königin von Frankreich, Isabella von Hennegau. Die zarte blonde Fürstin hatte Zwillinge zur Welt gebracht, aber weder sie noch die Mutter überlebten. Sie wurden zusammen in Saint-Denis beigesetzt. In ihrem Grab findet sich das Siegel dieser zwanzigjährigen Königin, die ihren kapetingischen Nachkommen ihre blonde Schönheit und ihre Zartheit vererbte. Der Aufbruch wurde wegen des Ereignisses nicht verzögert.

Im Februar erhielt Richard den Besuch von Königin Eleonore und Adelaide, der Schwester des französischen Königs, in Begleitung zahlreicher Bischöfe aus dem Königreich England. Auch Johann ohne Land und Gottfried, der Halbbruder des Königs, gehörten zu den Besuchern. Richard bestätigte Titel und Macht des Kanzlers

Wilhelm Longchamp, des Bischofs von Ely, den er auch zum Gerechtigkeitspfleger ernannte. Hugo, der Bischof von Durham, sollte dieselbe Funktion ausüben, und zwar auf dem Gebiet zwischen den Flüssen Humber, Ouse und Trent auf der Höhe von Kingston-upon-Hull bis zum Land des Königs von Schottland. Er nahm seinen beiden Brüdern den Schwur ab, in den folgenden drei Jahren nur mit seiner Genehmigung nach England zurückzukehren. (Es wird sich zeigen, daß Eleonore es Johann unter dem Druck der Verhältnisse gestattete, doch nach England zu fahren.) Über die große Zahl von Privilegien, die er während seine Aufenthalts in Frankreich den Abteien auf seinen Besitzungen gewährte, kann man nur staunen: Am 3. Februar der Abtei de la Sauve in La Réole, am 7. Mai der Abtei La Grâce-Dieu in Saint-Jean-d'Angély und am Vorabend seiner Abreise der in Montierneuf. Inzwischen hatte er in Talmond das Kloster von Lieu-Dieu gegründet und in Fontenay das von Saint-André de Gourfaille. Für einen Kreuzfahrer waren solche Stiftungen üblich, und er hielt sich an diese Tradition.

Der Frankreich-Aufenthalt Richards, bei dem er die letzten Vorbereitungen für die Abreise traf, wurde durch eine Schreckensnachricht getrübt, die ihn im März 1190 erreichte. Wenige Tage vor Palmsonntag hatten die Juden von York aus Furcht vor einem Massaker sich im Turm verschanzt, um sich vor Verfolgung zu schützen. Das niedere Volk haßte sie, weil sie sich als Wucherer, Zinsverleiher betätigten und damit die Gläubiger vieler Leute waren, insbesondere in den Städten, wo es viele Bedürftige gab. Die Stadtregierung drohte, den Turm zu stürmen, worauf die Juden einen Massenselbstmord verübten, indem sie ihre Zuflucht in Brand steckten. Während dieser Zeit plünderten Einwohner der Stadt ihre Häuser und suchten die Schuldverträge, um sie zu verbrennen. Es war eine der ersten Amtshandlungen Wilhelm Longchamps als Gerechtigkeitspfleger, die Stadtregierung zu verhaften und die Verfolger ausfindig zu machen.

Der König von England hatte inzwischen eine Strafexpedition in die Gascogne unternommen, wo die Basken erneut Raub und Überfälle an den Santiago-Pilgern verübt hatten. Schon seit langem genossen die Basken den Ruf unverbesserlicher Banditen. Der Autor des *Führers für den Pilger zu Sankt Jakob*, Aimery Picaud, ergeht sich in Vorwürfen gegen die plündernden und räubernden Basken: »Es ist ein barbarisches Volk, das sich von allen anderen Völkern durch Sitten und Rasse unterscheidet, voll Bosheit, schwarz von Farbe, von häßlichem Gesicht, verkommen, pervers, betrügerisch, unloyal, korrupt, wollüstig, trunksüchtig« – die Aufzählung nimmt gar kein Ende! –, »geübt in jeglicher Gewalttat, blutdürstig und wild, grausam und streitsüchtig, unfähig zu jeder guten Regung, zu allen Lastern und Gemeinheiten bereit... Für einen einzigen Sou tötet der Navarreser und Baske, wenn er irgend kann, einen Franzosen.« Ob Richard diese düsteren Ansichten teilte? Die Expedition wurde diesmal in Eile durchgeführt. Guillaume de Chisy, bekannt für seinen Raub an Pilgern, wurde bei Erstürmung der Burg, von der aus er die Straßen überwachte, gefangengenommen und kurzerhand gehängt.

Danach kehrte der König zwecks letzter Reisevorbereitungen nach Chinon zurück.

6
Der Kreuzfahrer

»Als die Könige von Frankreich und England nach Jerusalem zogen, nahm der König Frankreichs den Weg nach Genua und der König von England den nach Marseille.« Mit diesen Worten beginnt das *Buch der Könige von England,* der Bericht über jene vier Jahre, die das Leben Richards und die Geschichte seines Reichs tiefer erschütterten als alles andere und die dem Mann, der nur ein Jahr zuvor noch Graf von Poitiers gewesen war, einen außerordentlichen Ruf eintrugen. Die Folgen dieser Ereignisse erwiesen sich als entscheidend für die künftige Geschichte des Abendlandes und des Nahen Ostens.

Die Abreise des französischen und englischen Königs war am 4. Juli 1190 in Vézelay feierlich begangen worden. Die mächtige Stimme des heiligen Bernhard schien immer noch von dem Hügel zu widerhallen. Sie hatte sich vor über vierzig Jahren dort erhoben, am 31. März 1146, als der französische König Ludwig VII. und seine Gemahlin Eleonore ins Heilige Land aufbrachen. Die große Menge, die sich versammelt hatte, um den Abt von Clairvaux sprechen zu hören, hatte die Gemüter so tief beindruckt, daß seitdem die Pilgerfahrt nach Übersee auf dem der Maria Magdalena geweihten Hügel von Vézelay ihren Ausgang nahm. Sie war die Heilige, die Jesus die Füße gesalbt hatte, bevor er sich zum Kalvarienberg aufmachte. In Vézelay machten auch die Pilger nach Santiago Station, und bekanntlich sollte im folgenden Jahrhundert Ludwig der Heilige im Lauf seines Lebens viermal dorthin pilgern.
    Richard und Philipp August hatten sich einige Zeit vorher in Tours getroffen, vermutlich, um die gegenseitig gegebenen Versprechen zu erneuern. Philipp hatte sich in die Abtei von Saint-Denis begeben, um dort traditionsge-

mäß die Pilgerflasche und den Stab entgegenzunehmen. Richard machte auf seinem Weg nach Vézelay Station in Azay, in Montrichard, wo er am 27. Juni war, in La Celle-sur-Loire und Donzy, wo er am 1. Juli anlangte. Erst in Vézelay empfing er die Pilgerflasche und den Stab, und man erzählt, daß der Stab zerbrach, als er ihn in die Hand nahm, was nur ein schlechtes Vorzeichen für seine Unternehmung sein konnte . . . Die Historiker aus Richards Umgebung wie Benoît von Peterborough (oder besser gesagt seine Quelle) berichten nicht davon, und es ist möglich, daß es sich um eine spätere Legende handelt.

Durchaus keine Legende war ein Unglück, das auf dem Kreuzzug Friedrich Barbarossa zugestoßen war. Als der französische und englische König auf dem Hügel von Vézelay feierlich ihren Aufbruch ins Heilige Land begingen, wußten sie noch nicht, daß der Kaiser des Heiligen Römischen Reichs in Armenien im Fluß Saleph ertrunken war.

Ereignet hatte sich das Unglück am 10. Juni 1190. Barbarossa war mit seinem ältesten Sohn Friedrich von Schwaben am 11. Mai 1189 in Regensburg aufgebrochen. Er stand an der Spitze einer »riesigen Armee«, wahrscheinlich der stärksten, die sich je ins Heilige Land aufmachte. Bis nach Skandinavien hinauf hatte die Kunde vom Verlust Jerusalems die Völker erschüttert. Truppen aus Norddeutschland, Dänemark und dem Rheinland sammelten sich. Im gesamten Reich wies man mit dem Finger auf alle, die nicht das Kreuz genommen hatten, erzählen damalige Chronisten. Man hatte den Landweg gewählt, der bis zur Grenze Armeniens führen sollte. Es war bald zu Auseinandersetzungen mit dem Kaiserreich Byzanz gekommen. Es gab Gerüchte, nach denen Kaiser Isaak Komnenos (von den westlichen Chronisten Kyrsac genannt) mit Sultan Saladin verhandelt hatte. Die deutsche Armee war nur langsam vorwärts gekommen, hier und da war sie Ziel der Angriffe von Plünderern geworden. Am 24. August hatte sie Philippopolis erreicht, und

Friedrich beschloß, dort das Winterlager aufzuschlagen. Schließlich entschied er sich in Adrianopel im März 1190, den Weg über die Dardanellen fortzusetzen, ohne Konstantinopel zu berühren. Anschließend überwältigte sein Heer die Truppen des Sultans von Rum und eroberte eine Festung, die zum ionischen Konya gehörte.

In dem Augenblick jedoch, in dem man sicher sein konnte, der Einzug in das Heilige Land werde ruhmreich sein, ertrank Barbarossa in jenem »riesigen Fluß, der mitten durch türkisches Land hindurchfließt und das Land von dem des Rupen [armenischer Prinz] trennt, also von Klein-Armenien, und in den Golf von Satalia fließt. Als der Kaiser dort ankam«, so heißt es weiter, »legte er am Flußufer seine Kleider ab und stieg ins Wasser, um zu baden, es war nämlich sehr heiß. Seinem Beispiel folgten viele andere, die ihre Waffen und Kleider ablegten, um in den Fluß zu steigen. Alle wollten bis ans andere Ufer schwimmen, was aber nur dem Kaiser gelang. Als er zurückkehrte, verließen ihn die Kräfte, und der reißende Strudel zog ihn hinab. Seine Gefährten waren erstaunt, bestürzt und weinten, zogen ihn an Land« und versuchten, ihn wiederzubeleben. Aber Barbarossa war tot, und so blieb ihnen nichts anderes übrig, als die makabre Operation auszuführen, die man an hochgestellten Kreuzfahrern, die in der Ferne ums Leben kamen, vornahm: Man zerteilte den Leichnam, begrub das Fleisch und behielt die Knochen, um sie in der Stadt Tyrus zu begraben. Nachdem sie ihr Oberhaupt verloren hatte, zerfiel die Armee. Große Teile zogen sofort nach Hause. Wie der Kreuzzugshistoriker Joshua Prawer schreibt, blieb »der Untergang dieser prachtvollen Armee ein unlösbares Rätsel«. Friedrich von Schwaben, Barbarossas Sohn, beschloß, die restlichen Truppen auf drei verschiedenen Wegen dennoch nach Syrien zu führen: die eine auf dem Seeweg in Richtung Tyros, die andere nach Antiochia, die dritte über den Landweg nach Antiochia. Die zunächst so eindrucksvolle Armee hat später keinerlei Rolle gespielt;

sie sollte den französischen und vor allem den englischen Kreuzfahrern noch bitter fehlen, die sich erst in dem Moment, als dies alles sich ereignete, auf den Weg machten und von ihr Verstärkung erhofften.

Gemeinsam erreichten die Franzosen und Engländer Lyon, wo sich ein weiterer Unfall ereignete: eine Rhonebrücke stürzte ein, während Kreuzfahrer sie überquerten, wahrscheinlich war ihre Last für die Brücke zu groß. »Viele Männer und Frauen wurden verletzt«, erzählt der Chronist. Richard hielt sich drei Tage in Lyon auf, vom 14. bis 17. Juli. Der Zug von Vézelay nach Lyon hatte acht Tage gedauert. Um den Weg zu erleichtern, trennten sich die beiden Armeen. Eine so große Menge zu ernähren und unterzubringen war nicht einfach. Philipp August zog nach Genua, wo er das Schiff besteigen wollte. Richard zog entlang der Rhône weiter bis Marseille. Dort fand er, wie die Chronik schreibt, »zahlreiche Pilger vor, die schon lange gewartet und all ihr Geld ausgegeben hatten. Sie boten dem König ihren Dienst an, und der König nahm viele von ihnen in sein Gefolge auf«.

Richard hoffte, in Marseille auf die Flotte zu stoßen, die er in England ausgerüstet hatte. Tag um Tag wartete er auf die Ankunft der Schiffe, und diese Verspätung brachte ihn fast zur Verzweiflung. Schließlich bestiegen er und seine Leute am 7. August Schiffe, die er vermutlich bei Marseiller Reedern charterte; zwanzig »gut mit Waffen bestückte« Galeeren und zehn große Frachtschiffe. Als er sich mit seiner Umgebung einschiffte, war Richard, wie es heißt, »kläglich und verwirrt«. Seine langerwarteten Schiffe hatten Dartmouth am 18. Mai verlassen, unterwegs war die Flotte jedoch nicht untätig gewesen: An der portugiesischen Küste hatten die Kreuzritter die Stadt Silves in der Algarve erobert, die damals von den »Sarazenen« besetzt war. Sie hatten eine in eine Moschee verwandelte Kirche restauriert, um sie wieder »der Ehre Gottes und der seligen Jungfrau Maria, der

Mutter Gottes« zu weihen und damit wieder ihrem ursprünglichen Zweck zuzuführen.

An der Weihe hatten mehrere portugiesische Bischöfe teilgenommen, und sie fand am Tag des Geburtstags der heiligen Jungfrau, am 8. September, statt. Danach passierte die Flotte am Michaelistag, dem 29. September, die Straße von Gibraltar.

Währenddessen fuhr Richard in kleinen Etappen an der Mittelmeerküste entlang. Seine Ungeduld war groß. Er hielt sich auf der Insel Saint-Honorat, also in Lérins, auf, die Cannes gegenüber liegt, sodann in Nizza und Ventimiglia. Am 13. August erreichte er Savona. Von dort begab er sich nach Genua, wo sich auch der französische König aufhielt, der erkrankt war. Richard zog weiter und verbrachte fünf Tage in Fort-Dauphin. Philipp hatte auch Schwierigkeiten beim Transport seiner Truppen und bat Richard, ihm fünf Galeeren zu leihen. Der englische König bot ihm drei an, aber Philipp lehnte ab.

Richard setzte seinen Weg entlang der italienischen Küste fort und erreichte Porto Venere und Pisa, wo sich auch der Erzbischof von Rouen, Gautier, aufhielt. Er assistierte dem Bischof von Evreux, der auch in Pisa weilte, und ebenfalls krank war. Der König beschloß nun, eine Strecke von zwei Meilen in Begleitung einiger Ritter zu Pferd zurückzulegen, offenbar herrschte kein günstiger Wind, und die Galeeren kamen nicht recht vorwärts. Schließlich kam wieder Wind auf, er bestieg erneut das Schiff und erreichte am 25. August Porto Ercole. Dort zerriß das Segel seines Schiffes, und er mußte ein anderes nehmen, um endlich den Hafen von Ostia an der Tibermündung zu erreichen, wo Bischof Oktavian ihn begrüßte. Die Chronisten berichten, daß es an diesem Ort »viele große Ruinen und antike Mauern« gab. Es ist wahrscheinlich, daß Richard, der sich sein Leben lang für die Archäologie interessierte (die man damals noch nicht so nannte), die bis heute beeindruckenden Ruinen von Ostia aufmerksam betrachtete.

Benoît von Peterborough, neben Roger von Hoveden der genaueste und ausführlichste Chronist dieser Phase des Kreuzzugs, erzählt bewundernd von dem Wald, durch den der König am 26. August ritt. »Eine marmorgepflasterte Straße, die mitten durch den Wald führte und sich über 80 Meilen erstreckte. Im Wald gab es reichlich Hirsche, Steinböcke und Damhirsche. Am selben Tag kam er an einem Schloß mit Namen Leicum vorbei. Dort befand sich ein Zufluchtsort, der früher mit Kupfer bedeckt war, und hier war der Eingang zu einer Höhle, durch die man von überall das Silber nach Rom brachte.«

Die Chronisten müssen über detaillierte Berichte verfügt haben, denn sie sind oft weitschweifig und liefern genaue Informationen sowohl über die Reise Richards als auch über die Fahrt der Flotte, auf die er vor lauter Ungeduld in Marseille nicht warten konnte. Es werden die Orte aufgezählt, an denen man vorbeifuhr, Kap Circeo und die Berge dort, die Stadt Terracina – all jene Orte, die jenseits der schönen Zisterzienserabtei Fossanova der Monte Cassino überragt, das Opfer schrecklicher Zerstörung im Zweiten Weltkrieg. Auch die Insel Ischia wird erwähnt, »von der immer Rauch aufsteigt« (offenbar waren die Krater damals noch nicht gänzlich erloschen), oder die Bucht von Bajä, der berühmte Badeort, an dem sich, so heißt es, »Virgils Bäder« befanden.

Richard erreichte Neapel am 28. August, besuchte die Abtei Saint-Janvier und blieb bis zum 8. September in der Gegend; er reiste dann auf dem Landweg nach Salerno, in dem es damals schon eine berühmte medizinische Schule gab. Vermutlich war nicht sie der Grund, weshalb der König dorthin fuhr. Er hielt sich, wie der Chronist bemerkt, »lange dort auf«, bis zum 13. September. Er hatte unbedingt den Vesuv besteigen wollen und war dabei so dicht an die Brennherde getreten, daß seine Begleiter zitterten.

Inzwischen hatte er erfahren, daß seine Flotte in Messina eingetroffen war, nachdem sie Marseille erst am 22.

August erreicht und dort acht Tage hatte bleiben müssen, um die Schiffe instand zu setzen und Vorräte zu laden. Sie hatte mehr als ein Abenteuer erlebt: einen Sturm im Golf von Biscaya, der nur durch das Eingreifen Thomas von Canterburys, der zwei Kreuzfahrern erschien, den Londoner Bürgern Wilhelm Fitz-Osbert und Gottfried der Goldschmied, besänftigt wurde. In der Gegend von Silves kämpften sie gegen den Sultan von Marokko, der das Schloß Santarem belagerte. Die Bürger von Silvia wollten die englischen Kreuzfahrer, als sie bemerkten, daß viele kräftige und gutbewaffnete junge Männer darunter waren, nicht mehr fortlassen, ohne daß sie ihrem König Sancho von Portugal Beistand leisteten. Man hatte sogar die Schiffe zerstört, um sie an der Weiterfahrt zu hindern. Der Chronist berichtet, daß der König schließlich ein Schiff nach dem anderen zurückgab und für die Kosten aufkam. Sodann erreichten die englischen Kreuzfahrer Lissabon und nahmen an den Kämpfen vor Terra-Nuevas und in der Umgebung des Schlosses von Tomar teil, das den Tempelrittern gehörte. Das Kriegsgeschehen nahm indes ein jähes Ende, als man erfuhr, daß der Sultan von Marokko schon seit drei Tagen tot und seine Armee auf der Flucht sei. Danach erreichte ein weiterer Flottenverband Lissabon, 63 Schiffe. Die Pilger an Bord waren jedoch nicht besonders willkommen, weil sich viele von ihnen in Lissabon nicht sehr anständig benahmen; sie beschimpften die Bewohner und behandelten sie herablassend, sie vergewaltigten sogar Frauen und Mädchen, plünderten Häuser von Juden oder Heiden, die im Dienst des Königs standen. Dieser wandte sich an die Führer der Flotte, Robert von »Sablul« und Richard von Camville, und während die Unordnung zunahm, so daß es zu Aufständen und Gemetzel kam, ließ der König siebenhundert Mann festnehmen und einsperren. Danach wurde ein Abkommen geschlossen, man vergaß, was geschehen war, es kehrte wieder Ordnung in der Flotte ein, bevor sie von der Tajo-Mündung ablegte.

Erneut trafen englische Schiffe ein, diesmal 106, die reichlich »mit kampfbereiten Männern, Proviant und Waffen« beladen waren.

Als Richard erfuhr, daß seine Flotte ankommen werde, freute er sich. Er selbst hatte in der Zwischenzeit auch manches Mißgeschick erlebt. Von Salerno aus war er nach Sant'-Eufemia geritten und von dort aus nach Mileto, vermutlich wegen seiner normannischen Vorfahren. Robert Guiscard hatte dort einen Holzturm gebaut, als er die Abtei Santa Trinita angriff, deren Kirche noch heute steht. An der äußersten Spitze des Stiefels von Kalabrien, gegenüber dem Leuchtturm von Messina, lag der berühmte Strudel Skylla, berüchtigt wegen der Wirbel, die durch Winde und Strömungen entstehen. Der König hatte mit nur einem Begleiter seinen Weg zu Fuß genommen und hörte in einem Ort aus einem Haus den Schrei eines Falken. Er ging hinein, nahm den Vogel, und es sah ganz so aus, als wolle er ihn behalten. Dies aber war den *rustici*, den dort lebenden Bauern, alles andere als recht. Sie riefen um Hilfe, und bald war der König von einer drohenden, mit Stöcken und Steinen bewaffneten Menge umgeben. Einer der Bauern stürzte sich mit gezücktem Messer auf ihn. Richard zog sein Schwert und versetzte ihm mit der flachen Seite einen so festen Hieb, daß das Schwert zerbrach. Er warf nun ebenfalls mit Steinen, trieb die Menge auseinander, machte sich mit Mühe los und lief nach La Bagnara, einem in einiger Entfernung gelegenen Schloß, auf dem seine Gefährten waren. Aber noch am selben Tag durchfuhr er die Meerenge, die man nach dem Leuchtturm von Messina »Faro« nennt, um dort in Frieden zu schlafen.

Am nächsten Tag, dem 23. September, erhielt er Genugtuung, denn er fuhr an der Spitze seiner Flotte feierlich in den Hafen der sizilianischen Stadt ein.

Seine Kriegsflotte war bestens bestückt; 100 Schiffe und 14 Frachtschiffe, von denen die Zeitgenossen mit Bewunderung sprechen: »Schiffe mit hoher Leistungsfähigkeit und großer Beweglichkeit«, »starke Schiffe, perfekt ausgerüstet«. Eine genaue Beschreibung lautet so: »Das erste dieser Schiffe besaß drei Steuer, 13 Anker, 30 Ruder, zwei Segel und Taue aller Arten in dreifacher Menge; mit Ausnahme des Mastes und der Schaluppe war auf jedem Schiff alles, was es brauchte, doppelt vorhanden. Auf jedem Schiff befand sich ein erfahrener Steuermann mit 14 Matrosen, die sorgfältig nach ihren Fähigkeiten ausgewählt worden waren.« In der Beschreibung heißt es weiter, daß auf jedem Schiff 40 kampferprobte Pferde transportiert werden konnten sowie alles, was zur Ausrüstung der Reiter benötigt wurde. 40 Fußkämpfer und 15 Seeleute, außerdem ausreichend Vorräte für Männer und Tiere für ein ganzes Jahr. Die Frachtschiffe, Fahrzeuge von großem Ausmaß, waren doppelt so hoch beladen wie die anderen Schiffe, und die Schiffskasse (nach Worten Richards von Devizes »von unschätzbarer Höhe«) war vorsichtshalber auf mehrere Fahrzeuge verteilt, damit, »falls ein Teil verlorenging, der Rest gerettet wurde«. Das Schiff, auf dem der König, seine Umgebung und die Heerführer reisten, fuhr vorneweg und erreichte als erstes die Häfen und Städte, in denen haltgemacht wurde. In dieser Marschordnung erreichte Richard, der König von England, an der Spitze der Flotte Messina in Sizilien »in solcher Pracht zum Klang der Trompeten und Hörner, daß alle Einwohner der Stadt Furcht ergriff«. Richard von Devizes ging noch weiter in seiner Bewunderung: »Der ruhmreiche Anblick derer, die näher kamen, war so groß, das Rasseln und Blitzen der Waffen so stark und der durchdringende Ton der Trompeten und der Messinghörner so laut, daß die Stadt vor ihnen zitterte und von Entsetzen gepackt wurde. Alt und Jung ging dem König entgegen, unzählige Menschen, die bewundernd sagten, der Köng sei viel ruhmreicher und schreckenerregender in die Stadt eingezogen als der französische König, der am 7. September mit seinen Truppen angelangt war.« Bei allem, was sich noch ereignen sollte, machte der französische König in der Tat neben dem von England eine blasse Figur . . .

Ihre erste Begegnung jedoch war herzlich: »An jenem Tag eilte der König von Frankreich, als er von der Ankunft seines Weggefährten und Bruders hörte, zu seiner Begrüßung, und bei all ihren Umarmungen und Küssen war schwer zu erkennen, welcher der beiden sich mehr über die Ankunft des anderen freute. Ihre Armeen applaudierten sich gegenseitig und sprachen miteinander, und man hätte glauben können, daß so viele tausend Männer nur einen Leib und eine Seele hatten. Dieser Festtag wurde mit größter Freude begangen. Dann trennten sich die beiden Könige, nicht weil sie genug voneinander hatten, sondern weil sie müde waren, und jeder begab sich wieder zu den Seinen.«

Philipp August hatte beschlossen, noch am selben Tag Messina zu verlassen und nach Akkon zu segeln. Er verließ den Hafen mit seiner Flotte, aber der Wind stand ungünstig, und so mußte er widerwillig und zu seinem großen Bedauern zurückkehren. Mittlerweile hatte sich Richard im Haus eines gewissen Regnaud von Mousquet (oder möglicherweise Moac) eingerichtet, wo man ihm außerhalb der Stadt eine Wohnung zur Verfügung gestellt hatte, »in den Weinbergen« der Vorstadt. Der König von Frankreich war im Palast Tankreds, des Königs von Sizilien, empfangen worden, innerhalb der Mauern, und man hatte vorsichtshalber dafür gesorgt, daß Barone und einfache Soldaten nicht vermischt und zusammengebracht wurden.

Da er als erster angekommen war (am 16. September), ließ sich der französische König in dem Schloß nieder, das ihm Tankred zum Wohnen überlassen hatte; es wäre groß genug gewesen, um beide Könige aufzunehmen, Richard gab sich jedoch zurückhaltend. Es war eine Geste der Höflichkeit von seiten des englischen Königs gegenüber dem Mann, der sein Reisegefährte war, aber zugleich sein Lehnsherr für seine Besitzungen auf dem Kontinent. Es war eine weise Vorsichtsmaßnahme, da allzu große wohnliche Nähe schon zu Zerwürfnissen geführt hatte.

Beide rechneten mit einem baldigen Aufbruch ins Heilige Land. Philipp Augusts Abreiseversuch beweist, daß beide Könige dies vorhatten. Niemand rechnete damit, daß sie sich lange in Sizilien aufhalten würden, wahrscheinlich gegen ihren Willen.

Am Tag nach seiner Ankunft saß Richard zu Gericht über die Leute aus der Schar, die ihm vorausgereist war, und die Plünderung, Raub und Vergewaltigungen verübt hatten. Er ließ Galgen aufstellen, und ohne Ansehen von Geschlecht, Alter und Nationalität unterwarf er sie dem Gesetz und dem königlichen Urteil, das für Kreuzfahrer vorgesehen war, die sich während der Reise irgendwelcher Vergehen schuldig machten. Der französische König zog es vor, die Verbrechen seiner Leute zu vertuschen und zu verschweigen, so daß nach der Chronik die »Greifen« – ein Name, mit dem zunächst bei den Kreuzfahrern die Byzantiner bezeichnet wurden und später alle, bei denen die Kreuzfahrer sich aufhielten – ihn »das Lamm« nannten und Richard »den Löwen«. Wie zutreffend dieser Name war, der bis heute diesen König von England kennzeichnet, zeigte sich während des Kreuzzugs, der sich tief in der historischen Erinnerung verankert hat.

Der tiefe Friede und die Freundschaft, die zwischen den beiden Königen bestanden, wurden durch ein Ereignis zum erstenmal gestört: Am 24. und 25. September hatten sie sich gegenseitig besucht und, wie Benoît von Peterborough feststellt, »es schein, als verbinde die beiden so große Zuneingung, daß das Band ihrer Liebe niemals reißen oder aufgelöst werden könnte«. »Eine Frau tauchte auf«... In der Tat traf Richard am 28. September seine Schwester Jeanne, die Wilhelm von Sizilien geheiratet und Frankreich im Alter von elf Jahren verlassen hatte, um, wie es damals üblich war, am Hof ihres Verlobten zu leben. Jeanne war inzwischen 25 Jahre alt. Seit einem Jahr war sie Witwe und mehr oder weniger Gefangene Tankreds von Lecce, eines unehelichen Sohns Herzog Rogers von Sizilien (des Onkels ihres Gemahls), der Anspruch auf die Thronfolge erhob. Die junge Frau muß hocherfreut über den Besuch ihres Bruders gewesen sein. Die Königsherrschaft Siziliens bereitete ihr weniger Probleme als die Intrigen von Constance, der Tante ihres verstorbenen Mannes und Tochter Rogers II. von Sizilien und Gattin des deutschen Kaisers Heinrichs VI., die ebenfalls um das begehrte Erbe kämpfte. Tankred hielt es für günstig, Jeanne in der Festung von Palermo einzusperren, als ihr Bruder, der König von England, unter den bewundernden Augen der Bevölkerung nach Messina einzog. Doch Richard gab ihm deutlich zu verstehen, er werde es nicht hinnehmen, daß seine Schwester als Geisel gehalten werde. Als sie am Hafen eintraf, empfing er sie und brachte sie ins Hospiz Sankt Johannes von Jerusalem, wo er eine ihr würdige Wohnung hatte einrichten lassen.

Das erwähnte Ereignis geschah einen Tag nach Jeannes Ankunft. Es war Michaelisfest, und der französische König besuchte den König von England. Beide begaben sich gemeinsam zum Hospiz Sankt Johannes. Als Philipp August Jeanne erblickte, war er wie verzaubert, denn sie war sehr schön. Die jüngste Tochter Eleonores von Aquitanien war ihr offenbar am ähnlichsten. Es ist kein Porträt von ihr überliefert, aber eine besonders schöne Skulptur eines Kopfes aus vergoldetem Kupfer, die aus Fontevraud stammt und sich im Museum Saint Jean von Angers befindet, soll eine Darstellung von ihr sein.[1] Sizilien, wo sie ihre Jugendzeit und ein paar glückliche Ehejahre verbracht hatte, bekam ihr offensichtlich gut – Wilhelm der Gute hatte einen hervorragenden Ruf –, und so war die junge Witwe so schön, wie man mit 25 nur sein kann. Sie hinterließ Eindruck bei Philipp August, der seit drei Monaten Witwer war, da die zarte Isabella von Hennegau gestorben war. »Der König von Frankreich sah so vergnügt aus, daß es im Volk hieß, er werde sie heiraten.« Die

---

[1] Dieses wunderbare Stück wurde 1962 in einer Ausstellung mit dem Titel »Kathedralen« im Louvre gezeigt (Nr. 163 des Katalogs).

Einwohner von Messina begriffen sehr schnell, welchen Eindruck die Königin auf ihn gemacht hatte. Es war Liebe auf den ersten Blick bei dem erst 27 Jahre alten König.

Auch Richard war nicht entgangen, wie sehr der Anblick Jeannes Philipp August beeindruckt hatte. Dies konnte unangenehme Folgen haben, nämlich eine Heirat zwischen Frankreich und England zu einer Zeit, in der er nicht ohne Mühe versuchte, sich aus der Verbindung mit Adelaide von Frankreich zu lösen. Seine Entscheidung fiel wie immer prompt. Am nächsten Tag durchfuhr er die Meerenge, die »Fluß von Faro« genannt wird, und nahm die Festung »La Bagnara« ein, die zugleich ein Konvent von Regularkanonikern war. Hier brachte er Ritter und Knappen in ausreichender Zahl unter und vor allem seine Schwester Jeanne. Dann kehrte er nach Messina zurück. Durch diese Maßnahme hatte er die Möglichkeit, im Bedarfsfall gegen Tankred von Lecce vorzugehen, der zu Unrecht das Erbteil der Königin mit dem goldenen Thron und die gesamte Hinterlassenschaft ihres verstorbenen Mannes zurückhielt. Nach der Chronik handelte es sich um »einen Tisch aus Gold«, zwölf Fuß lang, ein seidenes Zelt, hundert Galeeren, die mit Vorräten für zwei Jahre ausgestattet waren, 60 000 Maß Getreide, ebensoviel Gerste und ebensoviel Maß Wein, außerdem 24 Goldschalen und 24 Goldscheiben. Man kann sich vorstellen, was soviel Reichtum zu der Zeit bedeutete, als der König sich anschickte, das Heilige Land zurückzuerobern. Richard setzte seine Einschüchterungspolitik fort, indem er zwei Tage später eine Burg auf einer Insel im »Fluß von Faro« einnahm, die man das Kloster der Greifer (der Griechen) nannte.

Dieses Vorgehen mußte die Bürger von Messina beunruhigen. Zwischen ihnen und den englischen Kreuzfahrern kam es hier und da zu Unruhen, die Sizilianer verschlossen ihnen die Stadttore. Als die Auseinandersetzungen zu einem Sturm auf die Stadt zu werden drohten, ließ Richard seinen eigenen Leuten, die versuchten, die Mauern zu erklimmen oder die Tore aufzubrechen, Stockhiebe erteilen. Daraufhin legten sich die Raufereien. Am Morgen des 4. Oktober fuhr Richard per Schiff um die Stadt herum und traf mit Philipp August zu einer Besprechung zusammen. Die wichtigsten englischen, sizilianischen und französischen Barone und Prälaten nahmen auch daran teil. Währenddessen setzten die Gewalttaten vom vergangenen Tag wieder ein, und aus der Wohnung des Grafen von la Marche, Hugo le Brun, ertönte lautes Geschrei. Richard befahl daraufhin seinen Baronen, zu den Waffen zu greifen, und führte sie auf eine Anhöhe (»einen hohen und so steilen Berg, daß niemand geglaubt hätte, daß er ihn besteigen konnte«). Von dort schwangen sie sich auf die Tore und Mauern von Messina, wobei fünf Ritter und 20 Knappen seiner nächsten Umgebung umkamen, es gelang ihm jedoch, seine Standarte auf den Mauern von Messina zu hissen, das im Handstreich eingenommen wurde. Obwohl sie sich gemeinsam auf Pilgerfahrt befanden, unterstützten ihn die Franzosen nicht – dieser offensichtliche Mangel an Solidarität führte zu Protesten unter den englischen Kreuzfahrern.

Am 8. Oktober wurde dennoch das englisch-französische Abkommen erneuert. Weitere Vereinbarungen wurden getroffen, und beide Könige schworen vor ihren Gefährten und Baronen, sich gegenseitig stets zu helfen, die gesamte Kreuzfahrt hindurch, auf dem Hin- und Rückweg. Nach ihnen leisteten auch Grafen und Barone den Schwur.

Aus den neuen Vereinbarungen läßt sich ablesen, unter welchen Umständen all diese Männer, die sich für den Weg nach Übersee eingeschifft hatten, leben mußten. Zunächst wurde darin festgelegt, daß die Pilger, wer immer sie waren, per Testament über ihre Waffen und Ausrüstung verfügen konnten, für sich selbst und ihre Pferde. Die verschiedenen Güter, die sie mit sich führten, gehörten ihnen jedoch nur noch zur Hälfte, der Rest ging an den

Großmeister der Templer und den der Johanniter oder an zwei der wichtigsten Prälaten, die sie begleiteten, Gautier, der Erzbischof von Rouen, und Manassès, der Bischof von Langres, oder auch an den dem König von Frankreich nahestehenden Hugo, Herzog von Burgund, von dem in der Folge noch oft die Rede sein wird. Nur die Kleriker durften über alles verfügen, was sie mitgenommen hatten, »das Inventar der Kapellen und alles was dazugehörte, auch heilige Bücher«. Wir besitzen heute noch einige zu Herzen gehende Testamente von Kreuzfahrern, etwa das eines kleinen Kreuzfahrers aus Bologna, der auf einem späteren Kreuzzug sein Hemd einem seiner Gefährten vermachte, seinen Kettenpanzer einem Hospital der Deutschen, der während des 3. Kreuzzugs entstandenen Keimzelle des Deutschen Ritterordens, und alles, was er anhatte, seiner Frau Guillette. Diese Beispiele zeigen, daß es üblich war, sein Testament zu machen, bevor man in den Kampf zog.

Ein weiteres interessantes Kapitel des Alltagslebens der Kreuzfahrer waren die Glücksspiele. Sie war nur den Rittern und Schreibern erlaubt, und zwar unter der Voraussetzung, daß sie, wenn sie um Geld spielten, innerhalb von 24 Stunden einen Einsatz von 20 Sous nicht überschritten. Jedesmal wenn sie über diese Grenze hinausgingen, mußten sie 100 Sous Strafgebühr zahlen, was die Kassen des Erzbischofs und anderer Leute füllte, die ernannt worden waren, um über die Bedürfnisse der Soldaten zu wachen. Die beiden Könige durften zu Hause spielen, ebenso ihre Diener, aber auch hier galt die Begrenzung von 20 Sous für einen Tag und eine Nacht. Allen anderen war das Spielen verboten, und wenn sie erwischt wurden, konnten sie sich entweder mit einem Bußgeld freikaufen oder mußten drei Tage lang nackt umherlaufen. Matrosen wurden drei Tage hintereinander je einmal vom Schiff ins Meer geworfen. Diese Würfelspiele waren für die Kreuzfahrer die einzige Abwechslung, aber, wie man sieht, nicht für alle. Sie wurden in allen Kreuzfahrerheeren gepflegt. Eines Tages sollte Ludwig der Heilige seine Brüder beim Würfel- oder Schachspiel erwischen, ihnen das Spiel wegnehmen und ins Meer werfen ...

Es folgen andere Vorschriften, die auf eine gesunde und ausgeglichene Ernährung hinweisen. Die Zufuhr von Brot und Mehl wurde überwacht; selbst zu backen oder in der Stadt Gebäck zu kaufen, war offiziell verboten. Es war auch nicht gestattet, getötete Tiere zu kaufen, nur solche, die lebend ins Lager gebracht und dort getötet wurden, durfte man erwerben. Die Preise für Wein wurden festgelegt und auch der Geldwert festgesetzt: Ein englischer Denar war vier Anjou-Denare wert.

Nun mußte noch ein Abkommen mit Tankred von Sizilien geschlossen werden, weil Richard die Herausgabe der Mitgift von Jeanne forderte. Tankred bot ihm eine Entschädigung an: 20 000 Goldunzen für die Witwenrente, die ihr zustand, und 20 000 Unzen für das Erbe, das ihr Gemahl Wilhelm ihr hinterlassen hatte. Man nahm die Verhandlungen zum Anlaß, um die Ehe einer der Töchter Tankreds mit Arthur, dem jungen Herzog von Bretagne, zu vereinbaren. Er war Gottfrieds Sohn und damit Richards Neffe.

All diese Vorkehrungen wurden getroffen, weil sich wegen schlechten Wetters die Abreise aus Sizilien noch eine Weile herauszögerte. Richard schrieb darüber in dem Brief, in dem die Vereinbarungen festgehalten werden: »Wir sind gezwungen, uns in Messina, Ihrer Stadt, weiterhin aufzuhalten, obwohl wir dort eigentlich nur kurze Zeit bleiben wollten, aber die Winde und die See sind rauh und hindern uns an der Weiterfahrt.« Die gegenseitigen Schwüre von Richard und Tankred sollten auch die widrigen Umstände mildern, welche die Armee zwangen, den ganzen Winter auf der Insel zu verbringen. Richard informierte Papst Clemens III., erörterte bis ins Detail die verschiedenen Klauseln des Vertrags, den er mit dem König von Sizilien geschlossen hatte, und bat ihn, für sie der Gewährsmann zu sein. Zwei Vertraute Tankreds, der sogenannte Admiral Margarit und Jordan von Le Pin, ergriffen über Nacht mit ihren Familien die Flucht und nahmen ihr gesamtes Gold und Geld mit. Richard ließ ihren übrigen Besitz, Häuser und Galeeren beschlagnahmen. Danach gab er vorsichtshalber Anweisung, die Hälfte der Stadt, in der das Kloster der »Greifen« lag, mit einem tiefen Graben zu umgeben, um dort seinen Schatz und die Lebensmittel für die Armee aufzubewahren. Da zwischen ihm und der örtlichen Bevölkerung Mißtrauen herrschte, ließ er auf einem Berg, der die Stadt Messina überragte, eine Burg errichten, der er den vielsagenden Namen Mategrifon (»Greifenbändiger«) gab.

An diesen Ereignissen läßt sich ablesen, welcher Argwohn und Haß zwischen Byzantinern und Normannen bestanden. Dabei sollte im Sommer 1190 – und Tankred wußte dies genau – noch ein ganz anderer Rivale auftauchen. Der neue deutsche Kaiser erhob Anspruch auf die Rechte seiner Ehefrau Constance an Apulien und Sizilien, und über ein halbes Jahrhundert sollte Italien zum Objekt einer Begierde werden, die Kaiser Friedrich II. von Hohenstaufen zu ihrem Gipfel führte.

Auch als es Winter wurde, besserte sich das Wetter nicht. Am 19. Dezember brach an der Reede von Messina ein schreckliches Gewitter los, ein Blitz folgte auf den andern. »Die gesamte Armee der Könige von Frankreich und England war starr vor Schreck.« Der Blitz traf eine der Galeeren des englischen Königs und versenkte sie. Selbst ein Teil der Stadt wurde durch das Gewitter zerstört.

Weitere Ereignisse sollten den Kreuzfahrern in Erinnerung bleiben. Was müssen die Armee und das Volk empfunden haben, als sie sahen, wie sich König Richard ohne Kleider und mit drei Geißeln vor allen Prälaten und Erzbischöfen, die sich im Lager befanden, zu Boden warf und sich mit lauter Stimme der Sünden beschuldigte, die er begangen hatte »mit einer solchen Demut und Zerknirschung des Herzens, daß man glauben kann, daß dies das Werk dessen ist, der die Erde betrachtet und erzittern läßt«.

König Richard hatte sich, wie Benoît von Peterborough schreibt, durch göttliche Gnade angeregt, »der Scheußlichkeiten seines Lebens erinnert«. Er hatte sich zu homosexueller Betätigung hinreißen lassen, für die er öffentlich Buße tun wollte. »Er ließ von seinen sündigen Taten ab und erflehte die Vergebung der anwesenden Bischöfe.« In der Bibel heißt es, die Homosexualität, die Sünde der Leute von Sodom, werde mit göttlicher Strafe belegt. Ohne sich weiter über die Bestrafung zu äußern, die dem König öffentlich zugefügt wurde, bringt der Chronist seine persönliche Betroffenheit zum Ausdruck: »Selig ist, wer so hinfällt, um sich danach gestärkt wieder zu erheben, selig ist, wer nach der Buße nicht wieder seiner Sünde anheimfällt.« Allein die Wirkung erflehter und gewährter Verzeihung erregte seine Aufmerksamkeit ebenso wie die Roger von Hovedens, der mit ähnlicher Diskretion von dem Ereignis berichtet.

Diese für uns als Menschen des 20. Jahrhunderts so befremdliche Szene ereignete sich kurz vor Weihnachten 1190. Vielleicht ließ sich Richard wegen des herannahenden Festes zu dieser aufsehenerregenden Tat bewegen. Der Skandal war öffentlich bekannt geworden, aber seine Buße ebenso.

Das Weihnachtsfest begingen die Könige Richard und Philipp August gemeinsam, auf die liturgischen Feiern folgten Festlichkeiten auf der Burg von Mategrifon. Es nahmen Reginald, der Bischof von Chartres, Renaud von Monçon, Hugo von Burgund, Wilhelm, Graf von Nevers, Peter von Courtenay, Wilhelm von Joigny, Gottfried von Perche und die meisten Vertrauten des französischen Königs daran teil. Das Festessen wurde durch Schreie und Geheul unterbrochen, das vom Hafen heraufdrang. Auf den Schiffen des englischen Königs war es zwischen Pisanern und Genuesern zu Streit und Prügeleien gekommen. Könige und Barone stürzten sich auf die Kämpfenden, um sie auseinanderzutreiben, aber nur mit geringem Erfolg. Erst in der Nacht trennten sich die Streitenden. Als am nächsten Tag die Menge in der Kirche des Hospizes von Sankt Johannes versammelt war, zog ein Pisaner ein Messer heraus und erdolchte einen anderen, vermutlich einen Genueser. Wieder kam es zu Gewalttätigkeiten, diesmal jedoch traten der französische und englische König dazwischen, und es kehrte wieder Friede ein.

Ein weiteres denkwürdiges Ereignis fand wahrscheinlich im Januar 1191 statt: Eine bemerkenswerte Gestalt mit Namen Joachim trat auf. Es handelte sich um den Abt von Corazzo, eine Zisterzienserabtei in Kalabrien. Heute ist er unter dem Namen Joachim von Fiore bekannt. Nach ihm wurde auch der Mönchsorden benannt, den er 1192 gründete, kurz nachdem er in Sizilien den König von England besucht hatte. Die Begegnung des 34jährigen Königs Richard, der im Vollbesitz seiner Kräfte war, mit dem seherischen Greis, der auf die kommenden Jahrhunderte einen so besonderen Einfluß nehmen sollte, war recht außergewöhnlich. Joachim war fast 80 Jahre alt, zehn Jahre später, 1202 starb er. Es ist sehr wahrscheinlich, daß er auf Einladung des Königs nach Sizilien kam, denn in den Berichten über dieses Treffen heißt es, daß »der König von England seinen Weissagungen, seiner Lehre und Weisheit gerne lauschte«. Die beiden Chronisten, die darüber berichten, Benoît von Peterborough und Roger von Hoveden, erzählen von der Begegnung mit manchem Detail, zweifellos auf der Grundlage verschiedener Aussagen von Augenzeugen; dies spricht für die Echtheit der Berichte.

Joachims Spezialgebiet war die Kommentierung der Apokalypse des Johannes. Richard interessierte sich besonders für jenes Werk, mit dem das Neue Testament beschließt und das so häufig kommentiert worden ist. »Er und die Seinen hörten mit Freuden zu«, betont einer der Chronisten. Zuerst behandelten sie in ihrem Gespräch die

Vision: Ein Weib »mit der Sonne bekleidet und der Mond unter ihren Füßen und auf ihrem Haupt eine Krone von zwölf Sternen«. Für Joachim bedeutet jene Frau »die Heilige Kirche, bedeckt und bekleidet mit der Sonne der Gerechtigkeit, die der Herr Christus ist, und unter seinen Füßen liegt ... eine Welt mit ihren Lastern und unberechtigten Wünschen, die sie ständig mit Füßen tritt«. Der Drache, der sie mit seinen sieben Köpfen und zehn Hörnern bedroht, ist der Teufel, dessen Köpfe in Wirklichkeit unendlich sind, denn sie stellen die Verfolger der Kirche dar; die zehn Hörner sind die Häresien und Schismen, welche die Feinde der Kirche den Zehn Geboten Gottes gegenüberstellen. Die sieben Diademe sind die Könige und Fürsten dieser Welt, die ihnen glauben. Sein Schwanz, der ein Drittel der Sterne des Himmels hinwegfegt und sie auf die Erde schleudert, ist ein Zeichen dafür, daß er die, welche ihm geglaubt haben, am Ende ins Verderben führen und in die Hölle schicken wird. Außerdem bedeutet sein Schwanz das Ende der Welt; zu dem Zeitpunkt werden ungerechte Menschen aufstehen und die Kirche Gottes zerstören: »Zur Zeit des Antichristen werden viele Christen sich in Höhlen vergraben und sich in die Einsamkeit der Berge zurückziehen und gottesfürchtig dem christlichen Glauben dienen, bis der Antichrist ans Ende gekommen ist.«

Der Abt von Corazzo ging jedoch in seinen Interpretationen noch weiter. Er nannte die Namen der sieben wichtigsten Kirchenverfolger: »Herodes, Nero, Konstantin, Mohammed, Melsemut (oder Massamut, der als Gründer der Dynastie der Almohaden galt) und schließlich Saladin und den Antichrist.« Er sagt das baldige Ende Saladins voraus: »Und einer, nämlich Saladin, der Gottes Kirche unterdrückt hat und mit ihr das Grabmal des Herrn und die Heilige Stadt Jerusalem und das Land, das die Füße Jesu betreten haben, dieser wird bald das Königreich Jerusalem verlieren und getötet werden, und die Gier der Raubtiere (der Sarazenen) wird untergehen, und es wird ein riesiges Massaker unter ihnen angerichtet werden, wie es seit Beginn der Welt noch keines gegeben hat, ihre Wohnungen werden leer und ihre Städte verwüstet sein, und die Christen werden in ihr verlorenes Land zurückkehren und dort ihre Nester bauen.«

Solcherlei Prophezeiungen konnten einen König, der so große Hoffnungen hegte, Jerusalem zurückzuerobern, nur hoch erfreuen. Deshalb fragte Richard den Mönch sogleich: »Wann wird dies stattfinden?« Hierauf antwortete Joachim: »Wenn seit dem Tag, an dem Jerusalem erobert wurde, sieben Jahre vergangen sind.« – »Sind wir zu früh hergekommen?« – »Nein«, antwortete Joachim, »dein Kommen ist sehr wichtig, denn Gott wird dir den Sieg über seine Feinde schenken und deinen Namen über den aller irdischen Fürsten erhöhen.« Wenn dies keine trostreiche Aussicht ist... Der Mönch fügt noch hinzu: »Dies hat der Herr für dich vorgesehen, und ER läßt zu, daß es durch dich geschieht. Er schenkt dir den Sieg über seine Feinde, und Er selbst wird deinen Namen in Ewigkeit preisen. Du wirst IHN preisen, und ER wird durch dich gepriesen, wenn du das begonnene Werk vollendest.«

Eine solche Rede erscheint uns rückblickend als Garantie für die Echtheit der Begegnung, natürlich nicht dafür, daß die prophetischen Äußerungen Joachims von Fiore immer der Realität entsprachen. Man weiß heute, daß er mit seiner Lehre mehr Irrtümer als Wahrheiten verbreitete und daß seine Weissagungen bezüglich des Heiligen Geistes – in denen ein Teil der Franziskaner sich wiederzuerkennen glaubte – zu einer Vielzahl von Irrtümern führte. Kürzlich hat Pater H. de Lubac deutlich gemacht, wie sehr sie noch bis in unsere Zeit hineinwirken.[1] Man kann sich dennoch vorstellen, daß seine Voraussagen bei seinen Zuhörern ein Raunen der Bewunderung hervorriefen. Zu diesen gehörten Hubert Gautier, der Erzbischof von Salis-

---

[1] *La Postérité spirituelle de Joachim de Fiore.*

bury, der Erzbischof von Rouen, zwei weitere Erzbischöfe, Nicolas von Apamea und Girard von Auch, der Bischof von Evreux, Johann, und der von Bayonne, Bernard, »und viele andere ehrenwerte Leute, ebensoviele Männer der Kirche wie Laien«. Vor dieser Versammlung stellte Richard erneut die Frage: »Wo ist der Antichrist geboren, und wo wird er herrschen?« – »Man kann vermuten«, antwortete Joachim mit fester Stimme, »daß der Antichrist in Rom geboren ist und dort den päpstlichen Stuhl besteigen wird.« – »Wenn der Antichrist in Rom geboren ist«, antwortet der König, »und den päpstlichen Thron innehat, dann weiß ich, daß er der jetzige Papst ist.« Benoît von Peterborough bemerkt dazu: »Er sagte dies, weil er Papst Clemens III. haßte.«

»Ich dachte«, fuhr Richard fort, »der Antichrist würde in Babylon oder Antiochia geboren, ginge aus dem Stamme Dan hervor, herrschte über den Tempel Gottes in Jerusalem und ginge über das Land, das die Füße des Herrn betreten haben, daß er dort dreieinhalb Jahre herrschen würde, mit Henoch und Elia stritte und sie töten ließe, daß er dann stürbe und Gott nach seinem Tod eine Buße von 60 Tagen verhängen würde, während derer die, welche den Weg der Wahrheit verlassen hätten und durch die Predigten des Antichristen und seiner falschen Propheten verführt worden wären, bereuen könnten.«

Joachims Antwort überliefern die Chronisten nicht, Richards ausführliche Stellungnahme jedoch zeigt, daß er sich für solche Fragen begeisterte und selbst über die Weissagungen, die sie hervorrufen konnten, bereits nachgedacht hatte. Benoît von Peterborough und Roger von Hoveden fügen noch hinzu, daß »viele Kleriker, die die Heiligen Schriften gut kannten«, hinsichtlich der Äußerungen des Abtes von Corazzo über das Kommen des Antichristen »das Gegenteil zu beweisen suchten und hier und da viele möglicherweise zutreffende Meinungen geäußert wurden; dennoch ist die Debatte über das Problem nicht abgeschlossen«.

Der Besuch des Joachim von Fiore war eines der wichtigsten Ereignisse des Winters, den die Kreuzfahrer auf Sizilien verbrachten; seine »Disputatio« – um einen Begriff der Zeit zu verwenden – mit König Richard sollte ihnen in Erinnerung bleiben.

Kurz nach Mariä Lichtmeß, dem 2. Februar, geschah etwas, das als Scherz begann und beinahe tragisch geendet hätte. Es war an einem Samstag nach dem Mittagessen. Richard und Philipp, beide in Begleitung einiger ihnen nahestehender Ritter, trafen sich gewohnheitsgemäß wie an allen Festtagen und veranstalteten außerhalb Messinas Spiele. Unterwegs begegnete ihnen ein Bauer mit einem Esel, der mit langen Schilfrohren beladen war. Der englische König und ein paar Leute an seiner Seite nahmen sich welche, und jeder suchte sich einen Gegner aus und begann ihn mit dem Schilfrohr zu bekämpfen. Der englische König griff Wilhelm von Barres an, einen Ritter von hitzigem Temperament aus der Umgebung des französischen Königs. Durch einen Schlag Wilhelms zerriß der Umhang des Königs, worauf dieser sich auf Wilhelm stürzte, der mit seinem Pferd ins Wanken geriet. Richard, entschlossen, ihn vom Pferd zu werfen, erhob sich aus dem Sattel, griff ihn erneut an und versuchte, ihn zu Boden zu werfen. Wilhelm hielt sich am Hals seines Pferds fest; der König fuhr ihn wütend an. Da versuchte Robert von Breteuil, der Sohn des Grafen von Leicester, Wilhelm zu schützen und seinem König zu helfen. »Laß mich los!« schrie Richard. »Laß mich mit ihm allein!« Der König fuhr fort, Wilhelm mit Wort und Tat zu bedrängen, und rief ihm zu: »Verschwinde hier und nimm dich in acht, komm mir nicht mehr unter die Augen, denn du und die Deinen, ihr seid fortan für immer meine Feinde!« Wilhelm entfernte sich, bekümmert und verwirrt über den Zorn des Königs von England und seine Drohung. Er kehrte zu seinem Herrn, dem französischen König, zurück und bat ihn wegen des Geschehenen um Rat und Hilfe.

Richard, für seine Zornausbrüche berüchtigt, war offenbar wirklich erzürnt, denn am nächsten Tag wollte er, als der französische König zu ihm kam und um Frieden und Milde für Wilhelm bat, nichts davon hören. Am nächsten Tag kamen drei andere Herren, der Graf von Chartres, der Herzog von Burgund und der Graf von Nevers, zu ihm. Wilhelm von Barres hielt es für klüger, sich Richards Drohungen nicht auszusetzen und verließ Messina. Erst nach mehreren Tagen, als der Zeitpunkt gekommen war, die Segel zu setzen und mit den Schiffen ins Heilige Land zu fahren, als der französische König, die Bischöfe und Erzbischöfe, und die Grafen und Barone der Armee um Frieden und um Gnade für Wilhelm von Barres baten und den König darauf hinwiesen, wie unklug es wäre, auf einen Ritter von seinen Qualitäten zu verzichten, war Richard bereit, sich mit ihm zu versöhnen.

Es ist wirklich seltsam, daß Richard sich gegenüber einem Ritter, der ein wenig zu heftig gekämpft und ihm seinen Umhang zerrissen hatte, derart nachtragend gab. In anderen Fällen erwies er sich nämlich als ausgesprochen großzügig. Während des Aufenthalts in Messina schenkte er im selben Monat Februar dem König von Frankreich mehrere Schiffe seiner Flotte, da dieser nur wenige besaß, und im selben Monat beschenkte er all seine Begleiter, Grafen, Barone, Ritter und Knappen aus seinem Schatz, und zwar reichlicher als jeder seiner Vorgänger. Es hieß, nie habe jemand in einem Jahr soviel verschenkt wie er in einem Monat. In Richard findet sich die ganze Hitzigkeit der Plantagenets, gepaart mit einer Freizügigkeit, die ihn während des gesamten Zugs nach Übersee äußert beliebt machte.

Ein weiterer Zwischenfall ereignete sich, dessen Folgen erheblich schlimmer hätten sein können, bevor die Flotte Sizilien verlassen konnte. Am 1. März hatte Richard eine Unteredung mit Tankred und machte sich nach Taormina zu dessen Residenz auf. Unterwegs machte er in der Stadt

Catania halt, wo die Reliquien der heiligen Agathe verehrt wurden, einer der Schutzpatroninnen der Insel. Die englischen Chronisten vergessen nicht zu betonen, daß der Schleier der heiligen Agathe die Stadt vor einer drohenden Feuersbrunst bewahrte.

Als Tankred erfuhr, daß Richard unterwegs zu ihm war, ritt er ihm entgegen. Wenn man den Zeugen glauben will, sprangen beide, sobald sie sich aus der Ferne erkannten, vom Pferd »und liefen beide dem anderen entgegen, umarmten sich mehrmals, küßten und grüßten einander«. Danach bestiegen sie wieder ihre Pferde und ritten in die Stadt Catania ein. Klerus und Volk empfingen sie in einer Prozession, sangen Hymnen und Lieder. Nach einem Gebet am Grab der heiligen Agathe wurde der König von England in das Schloß von Tankred geladen; er sollte hier drei Tage bleiben und wurde, wie es ihm zukam, mit allen königlichen Ehren empfangen. Bei seiner Abreise machte Tankred Richard alle Arten von Geschenken: Gold- und Silberschalen, Pferde und Seidenstoffe, der König wollte jedoch nichts annehmen als einen kleinen Ring als Zeichen gegenseitiger Zuneigung. Er überreichte Tankred ein ganz besonderes Geschenk: das Artusschwert, das berühmte Excalibur, das man bei Ausgrabungen in der Abtei von Glastonbury, wie es heißt, in dessen Grab gefunden hatte; dieses Schwert war ein archäologisches Glanzstück, das beweist, welchen Wert damals die Erinnerung an König Artus hatte, den edlen Herrn der »Bretonen«, den Helden der Heldenlieder und Ritterromane, den Gottfried von Monmouth so prächtig beschrieben hatte. Man kann sich fragen, ob diese Erinnerungen für Tankred ebensoviel bedeuteten wie für Richard. Er schien jedoch mit seinem Geschenk zufrieden, denn er überließ dem englischen König vier große hochbordige Schiffe und 15 Galeeren, die sich der Kreuzfahrt anschließen sollten.

Gemeinsam ritten die Könige nach Taormina, und dort kam es durch eine vertrauliche Mitteilung Tankreds an den König von England zu Mißstimmigkeiten:

»Ich weiß aus sicherer Quelle, und manche Indizien beweisen es mir, daß das, was der König von Frankreich mich über den Herzog von Burgund sowie durch eigene Briefe über Euch hat wissen lassen, eher von Neid als von Zuneigung mir gegenüber bestimmt ist. Er hat mir berichtet, daß Ihr mit mir weder Frieden haben noch ein Bündnis schließen wollt, und daß Ihr die Abmachungen verletzt habt, die zwischen Euch geschlossen wurden, daß Ihr nur in dieses Königkreich gekommen seid, um es mir fortzunehmen, wenn ich jedoch mit meiner Armee gegen Euch vorgehen wolle, würde er all seine Macht daransetzen, um Euch und Eure Armee zu besiegen.«

Der König Englands ließ sich davon nicht erschüttern, weder innerlich noch in seinen Worten, und antwortete: »Sollen die Übeltäter bestraft werden! Ich kann nur mit Mühe glauben, daß er Euch dies hat sagen lassen, denn er ist mein Herr und Gefährte auf dieser Pilgerfahrt, zu der wir uns gemeinsam verpflichtet haben.«

Worauf Tankred erwiderte: »Wenn Ihr einen Beweis dafür erhalten wollt, daß das, was ich sage, wahr ist, dann bitte: Ich gebe Euch die Briefe, die der französische König mir durch den Herzog von Burgund überbracht hat, und falls der Herzog von Burgund dies leugnet, beweise ich es ihm durch einen meiner Gefährten, der mir die mit dem Siegel des französischen Königs versehenen Briefe überbracht hat.«

Der König von England nahm die Briefe an sich, die ihm sein Gesprächspartner reichte. Da erhielt man Kunde, daß der französische König soeben in Taormina eingetroffen sei, um mit Tankred zu sprechen.

Richard kehrte auf einem anderen Weg nach Messina zurück. Philipp August hielt sich nur eine Nacht bei Tankred auf und reiste am nächsten Tag wieder nach Messina. Richard war tief erzürnt über ihn, begegnete ihm nicht mit der üblichen Freundlichkeit und überlegte, wie er sich mit den Seinen zurückziehen könne. Philipp August, dem die Veränderung auffiel, ließ über den Grafen von Flandern und einige andere seiner Barone nachfragen, was geschehen sei. Richard ließ sie wissen, was ihm der König von Sizilien gesagt, und zeigte ihnen zum Beweis auch die Briefe, die er von ihm erhalten hatte. Als der französische König davon erfuhr, schwieg er voll Unbehagen und wußte nicht, was er antworten sollte. Schließlich fand er seine Worte wieder und sagte: »Dies alles ist falsch und erfunden, denn ich weiß und bin sicher, daß König Richard versucht, mir etwas zur Last zu legen. Glaubt er, mit solchen Lügen könne er sich meiner Schwester entledigen, die er geschworen hat zu heiraten?« Antwort des englischen Königs: »Ich habe nicht die Absicht, seine Schwester zu verstoßen, aber ich weigere mich, sie zur Ehefrau zu nehmen, denn mein Vater hat sie erkannt und einen Sohn mit ihr gezeugt.«

Der alte Streit lebte im Zusammenhang mit Tankreds Andeutungen wieder auf, und damit auch die Mißstimmung zwischen den beiden Königen. Sie stritten miteinander und tauschten heftig die verschiedensten Argumente aus, bis Philipp sich von mehreren Anwesenden überzeugen ließ, die Realität anzuerkennen. Er entband Richard von dem Eheversprechen mit Adelaide gegen eine Zahlung von 10 000 Mark Silber. Es wurde vereinbart, daß bei Philipps Rückkehr nach Frankreich seine Schwester frei sein und Gisors erhalten würde sowie alles, was im Hinblick auf die Hochzeit ausgemacht worden war. Der König von England könne dann heiraten, wen er wollte. »So wurden der König von Frankreich und der König von England an jenem Tag wieder Freunde und bestätigten alle Abmachungen, die zwischen ihnen durch Schwüre und mit ihren Siegeln versehene Briefe getroffen worden waren.«

Darauf verließ Philipp August am 30. März 1191, einem Samstag, mit seiner Flotte den Hafen von Messina. Bevor er Palästina erreichen konnte, verbrachte er drei Wochen auf See. Am 20. April, dem Samstag nach Ostern, gesellte er sich zu den Belagerern der Stadt Akkon.

Am selben Tag – und dies konnte kein reiner Zufall sein – erreichte Königin Eleonore, die Mutter Richards von England, Messina. Ihre Ankunft war bereits vor mehr als einem Monat angekündigt worden, gemeinsam mit der Philipps, des Grafen von Flandern, der sich zu den Kreuzfahrern gesellte. Dieser war sogleich nach Messina gelangt, aber die Leute von Messina hatten sich geweigert, die Königin und Regentin von England in Sizilien landen zu lassen, wegen, wie Benoît von Peterborough schreibt, »der Menge der Männer, die sie begleiteten«. Tatsächlich war Eleonore in Neapel mit einem beachtlichen Gefolge an Land gegangen. Sie mußte Kalabrien umfahren und bis Brindisi reisen, und dies ist wohl der Grund, weshalb Richard Tankred aufgesucht und von ihm Rechenschaft gefordert hatte.

Eleonore von Aquitanien war nicht allein. Die Tochter Sanchos, des Königs von Navarra, begleitete sie. Das Mädchen hieß Berenguela und war so etwas wie die Geheimwaffe der Königin, die sich sehnlich wünschte, daß ihr Sohn heiratete, aber beharrlich dagegen kämpfte, daß er die ihm versprochene Adelaide von Frankreich zur Frau nahm. Sie fürchtete wahrscheinlich die Exzesse, denen Richard sich bisweilen hingab – und wie sich gezeigt hat, hatte sie nicht unrecht, man denke nur an die öffentliche Buße, die in Messina stattgefunden hatte –, und an die Intrigen König Philipp Augusts, der immer noch darauf bestand, daß das Eheversprechen gegenüber seiner Schwester eingehalten wurde. So hatte sie sich für eine Lösung entschieden, die den einen zufriedenstellen und die Intrigen des letzteren beenden konnte. Ambroise schreibt, daß Richard »sie (Berenguela) sehr geliebt habe, als er Graf von Poitiers wurde«. Alle rechneten damit, daß Eleonore bleiben würde, um an der Hochzeit ihres geliebten Sohnes teilzunehmen. Aber sie war offensichtlich darauf bedacht, schnell wieder abzureisen. Die Neuigkeiten, die sie mitbrachte, waren nicht die besten, und vermutlich brachte sie Richard dazu, an den für seine Abwesenheit getroffenen Bestimmungen für die Regentschaft einiges zu ändern (später wird hiervon noch die Rede sein). So blieb sie nur vier Tage in Messina und reiste am 2. April wieder ab. Man weiß nicht, ob man mehr über ihre Sorgfalt bei der Wahrnehmung der Regentschaft während der Abwesenheit ihres Sohnes staunen soll oder über die körperlichen Leistungen dieser Frau in den Siebzigern. Die bewundernden Worte des Richard von Devizes, die wir bereits zitiert haben, sind nur zu verständlich: »Königin Eleonore, eine unvergleichliche Frau, schön und schamhaft, mächtig und bescheiden, demütig und redegewandt, lauter Eigenschaften, die bei einer Frau nur selten vereint sind!« Von der Tochter des Königs von Navarra sagt er, er finde sie »weiser als schön«. Richard hatte ihr wohl einige Jahre zuvor glühende Verse geschickt, aber man muß bedenken, daß in der höfischen Dichtung das Lob der Dame Pflicht ist.

Berenguela wurde der Fürsorge von Jeanne, der früheren Königin von Sizilien, anvertraut, während Eleonore über Rom nach England zurückfuhr. Sie gelangte dort an, als der Tod Papst Clemens' III. bekannt wurde, in dem Richard so gerne den Antichrist persönlich gesehen hätte. Am Tag seines Todes wurde Hyazinth Bobo zu seinem Nachfolger gewählt, der in den Schulen von Paris studiert und auch Abaelard kennengelernt hatte. Vielleicht hatte er sogar an der berühmten Begegnung in Sens teilgenommen, bei der man Abaelard in Anwesenheit König Ludwigs VII. Bernard von Clairvaux gegenübergestellt hatte. Damals war Hyazinth Bobo nur ein einfacher Diakon gewesen. Vier Tage nach seiner Wahl, am 14. April, wurde er unter dem Namen Zölestin III. zum Papst geweiht. Am nächsten Tag, dem Ostermontag, krönte er Heinrich VI., König von Rom, zum Kaiser, gemeinsam mit dessen Gemahlin Constance. Eleonore nahm vermutlich an der Feier teil, die nach den Worten Rogers von Hoveden nicht mit der wünschenswerten Feierlichkeit verlief. Er erzählt nämlich, der Papst (damals 85 Jahre alt) hätte die Krone des Kaisers mit Füßen getreten. Es war zu heftigem Streit über die Stadt Tusculum gekommen, die der Kaiser zerstören wollte.

Richard hatte an eben diesem 14. April Messina schon verlassen. Vorher hatte er die Burg Mategrifon zerstört, die er nicht zurücklassen wollte. 150 große Schiffe und 53 Galeeren brachen ins Heilige Land auf, um den Christen zur Hilfe zu kommen, die seit fast zwei Jahren Akkon belagerten. Doch am 12. April, dem Karfreitag, wurde die Flotte von einem »furchtbaren Wind« überrascht. Der Sturm zerstreute die Schiffe. Der König erreichte nur mit einem Teil von ihnen die Insel Kreta. Dies war aber nur eine von vielen Episoden seiner abenteuerlichen Reise ins Heilige Land.

Ihr Herren, von Alexanders Tod ...
Von den Abenteuern Tristans,
Paris' oder Helenas,
Die soviel Liebesleid erfuhren,
Auch von Artus, von Brittaniens Taten
Oder den alten Heldenliedern,
Mit denen die Spielmänner so schöne Feste gestalten,
Kann ich nicht lügen und auch nicht wahr reden ...
Was aber so viele Menschen sahen
Und was sie erlitten
Durch die Feinde bei Akkon, das Unglück
Im Herzen und im Kopf,
Die große Hitze, die bittere Kälte,
Die Krankheiten und Verwundungen,
Davon kann ich Wahres berichten.

So deklamiert Ambroise, der an der gesamten Expedition teilnahm. Man muß sagen, daß die in den *Chansons de geste* beschriebenen Taten dahinter weit zurücktreten.

Richard verbrachte nur einen Tag auf der Insel und fuhr am 18. April weiter. Am 22. machte er erneut halt, diesmal in Rhodos. Dort blieb er zehn Tage, wahrscheinlich, damit sich die Mannschaften erholen, Schäden beseitigt, und Wasser und Lebensmittel geladen werden konnten. Am 1. Mai fuhr er weiter.

An diesem Tag wurden vier Frachtschiffe, die zu seiner Flotte gehörten, durch den Sturm an die Küste Zyperns verschlagen. Drei von ihnen wurden zerstört und waren nur noch Wracks, als sie den Hafen von Limassol erreichten. Die meisten Passagiere waren ertrunken. Sie gehörten zu der Umgebung des Königs; es war auch sein Vize-Kanzler darunter, Roger Mauchat. Man fand seine Leiche mit einem Siegel des Königs um den Hals.

Isaak Komnenos, der sich 1184 zum »Kaiser« der Insel ernannt hatte, nutzte die Gelegenheit, um die Wracks zu plündern, und raubte alles, was er in den auf seinem Terrain gestrandeten Schiffen nur finden konnte. Die, welche den Schiffbruch überlebten, machte er zu Gefangenen, um Lösegeld zu erpressen. Eines der Schiffe landete nicht, sondern trieb in Sturm und Wellen. An Bord befanden sich die frühere Königin von Sizilien, Jeanne, und die Tochter des Königs von Navarra, Berenguela. Isaak verwehrte ihnen die Einfahrt in den Hafen.

Die Sache kam dem König von England zu Ohren. Alarmiert durch Hinweise von Zeugen oder durch Signale, fuhr er eilig mit seinen Galeeren und großen Schiffen, die immer noch eine beachtliche Flotte bildeten, auf die Insel und stieß in der Nähe von Limassol auf das Schiff, auf dem sich seine Schwester und künftige Ehefrau befanden. Er schickte Botschafter zum Kaiser von Zypern, einmal, zweimal, dreimal, und bat ihn mit großer Demut, den Pilgern, die er gefangenhielt, die Freiheit und auch ihren Besitz zurückzugeben. Isaak antwortete voll Geringschätzung, weder mit dem einen noch dem anderen sei zu rechnen, auch habe er keine Angst vor dem König von England und seinen Drohungen.

Man kann sich Richards Zorn vorstellen: »Nehmt die Waffen und folgt mir«, sagte er seinen Leuten, »rächen wir die Beleidigungen, die dieser Ketzer Gott und uns zugefügt hat. Er erniedrigt Unschuldige und verweigert ihnen die Freiheit. Wer sich nicht an das Recht hält und Geraubtes zurückgibt, wird es dem geben müssen, der mit Waffen gegen ihn vorgeht. Ich vertraue Gott, daß ER uns heute den Sieg über diesen Kaiser und seine Leute schenkt.«

In der Version des Chronisten Ambroise, der sie als Augenzeuge erlebte und teilweise in Versen beschreibt, ist sie noch spannender. Die Eroberung Zyperns spielt im Leben Richards und in späterer Zeit für die Beziehungen zwischen England und dem Nahen Osten eine so wichtige Rolle, daß man der Versuchung nicht widerstehen kann, den Bericht von Ambroise wiederzugeben:

An einem Montagmorgen, dem 6. Mai, hatte Gott vorbereitet, was der König nach seinem Willen tun sollte: Er sollte die Schiffbrüchigen retten, seine Schwester befreien und seine Freundin mit sich führen. Beide Frauen verfluchten den Tag, an dem sie dort angekommen waren, denn der Kaiser hätte sie genommen, wenn er gekonnt hätte. Als der König den Hafen erobern wollte, gab es nicht wenige Leute, die ihn daran hindern wollten, denn der Kaiser war selbst am Ufer mit allem, was er an Leuten hatte finden können, mit Hilfe von Geld und Befehlen. Der König sandte per Schiff einen Boten an Land und bat den Kaiser höflich, den Schiffbrüchigen ihren Besitz zurückzugeben und das Unrecht, das er den Pilgern angetan und das viele Waisen zum Weinen gebracht hatte, wiedergutzumachen. Der Kaiser aber verspottete die Boten hemmungslos. Er konnte seinen Zorn kaum dämpfen und sagte zu ihnen: »Pah, Sire!« Eine ehrenvollere Antwort wollte er nicht geben und lachte höhnisch. Der Bote kehrte zurück und berichtete dies dem König.

Als der König sah, wie man sich über ihn lustig machte, sagte er zu seinen Leuten: »Zu den Waffen!« Sie bewaffneten sich sogleich und fuhren auf den Beibooten ihrer Schiffe los. Kräftige Ritter und kühne Armbrustschützen waren es. Auch die Griechen hatten Armbrüste, und ihre Leute standen dicht am Ufer, auch hatten sie fünf gerüstete Galeeren. Als sie aber sahen, mit welcher Schnelligkeit sie herankamen, wurden sie unsicher. In der Stadt Limassol, in der der Kampf begonnen hatte, war keine Tür, kein Fenster und nichts übriggeblieben, was als Geschoß hätte dienen können, kein Faß, kein Geld, keine Tartsche, keine alte Galeere oder Barke, kein Balken oder Brett, keine Treppen: Alles trugen sie ans Ufer, um die Pilger anzugreifen. So standen sie bewaffnet am Wasser, höhnischer denn irgendwer sonst auf der Welt, mit Wimpeln und Fahnen aus buntem Stoff, auf großen, kräftigen und schnellen Pferden und auf starken, schönen Maultieren. Sie heulten uns entgegen wie Hunde; bald aber hatten wir ihren Hochmut besiegt. Wir waren im Nachteil, weil wir vom Meer kamen, wir saßen in kleinen, engen Boten, erschöpft von den Anstrengungen der Reise, ermüdet von den heftigen Wellen und den schweren Waffen, die wir trugen, und wir waren alle unberitten, sie hingegen waren in ihrem Land. Aber wir verstanden mehr vom Krieg als sie.

Ambroise schließt seinen Bericht so: »Was soll ich Euch mehr sagen? In vierzehn Tagen – und ich sage die Wahrheit – hatte der König, weil Gott alles so gerichtet hatte, Zypern für die Franken eingenommen.«

Es wird berichtet, die Pfeile seien auf die Kämpfer gefallen wie Regen auf die Saat. Richard wurde als *magnificus triumphator*, großartiger Sieger, bezeichnet und verhielt sich so geschickt, daß er »wenn es nicht allzu früh Nacht geworden wäre, den Kaiser lebendig oder tot ergriffen hätte«. Da er aber die Pfade und Wege in den Bergen nicht kannte, folgte er den Einheimischen nicht, als sie die Flucht ergriffen. Er kehrte mit einer riesigen Beute »von Menschen und Tieren« in das verlassene Limassol zurück. An diesem Tag konnten Jeanne und Berenguela, die in großer Not auf ihrem Schiff geblieben waren, in Begleitung der königlichen Flotte in den Hafen einfahren.

Aber dies war noch nicht alles. Als Richard erfuhr, daß sich der Kaiser und seine Leute in einem Umkreis von fünfzehn Meilen zerstreut hatten, machte er sich mit seiner Armee auf den Weg und bewegte sich lautlos vorwärts. Er erreichte die Leute des Kaisers und das Lager, das dieser errichtet hatte und in dem alle im Schlaf lagen. Durch die lauten Schreie der Angreifer wurden sie aus dem Schlaf gerissen und waren völlig hilflos, weil sie nicht wußten, was sie tun und wohin sie fliehen sollten. Der Kaiser entkam mit einer Gruppe von Leuten, ließ aber seine Schätze, Pferde, Waffen und sein Zelt zurück, das besonders schön war, sowie die kaiserliche Standarte, die ganz aus Gold gewebt war.

Der englische König entschloß sich sogleich, sie dem heiligen Edmund, dem ruhmreichen Märtyrer und Schutzpatron der englischen Könige, zu stiften.

Am 9. Mai erschien ein Teil der zypriotischen Adeligen bei Richard und schwor, gegen den Kaiser und alle seine Leute treu zu ihm zu halten. Sie übergaben ihm einige Geiseln. Am 11. Mai trafen einige hochgestellte Personen aus Palästina auf der Insel ein: Guy von Lusignan, der den Titel des Königs von Jerusalem trug, sein Bruder Gottfried, Onfroy von Toron, Raymond, der Fürst von Antiochien, und sein Sohn Bohemund, der Graf von Tripoli, und Leo, der Bruder oder Vetter Rupens, des Fürsten von Klein-Armenien, die sich allesamt als »Männer des Königs von England« bezeichneten und ihm Treue schworen.

Mit Isaak war er jedoch noch nicht fertig. Dieser begriff, daß ihn seine meisten Leute verlassen hatten, sandte Boten zum englischen König mit einem Friedensangebot und erklärte sich bereit, als Entschädigung für die Verluste der Schiffbrüchigen 20 000 Mark in Gold zu zahlen. Er versprach ihm außerdem, alle zu befreien, die mit ihrer Habe nach dem Schiffbruch gefangengenommen worden waren, und wollte sich mit hundert Rittern, 400 Turkosoldaten und 500 Fußknappen ergeben. Um wie üblich den Vertrag durch eine Heirat zu beschließen, bot er seine einzige Tochter als Gemahlin für den an, dem man sie geben wollte. Als Bestätigung, daß er den Vertrag treu respektierte, bot er mehrere Schlösser an. Richard nahm alle seine Vorschläge an. Wie es heißt, kam Isaak zu Richard und unterwarf sich ihm vor den Fürsten seines Gefolges. Er schwor dem König von England Treue, erklärte sich zu seinem Lehnsmann und versprach, das Abkommen mit bestem Willen und ohne böse Nebengedanken einzuhalten.

Nach dem anschließenden Mittagsmahl zog sich der Kaiser zurück. Die englisch-französischen Ritter, die im königlichen Auftrag seinen Schlaf bewachen sollten, hielten in aller Ruhe Mittagsschlaf, und Isaak ergriff die Flucht. Er bereute, daß er mit dem englischen König Frieden geschlossen hatte, und ließ Richard ausrichten, er werde weder den Frieden wahren noch sich an die Abmachungen halten. Richard, der umsichtig und argwöhnisch geworden war, sammelte sogleich eine schlagkräftige Armee und unterstellte sie Guy von Jerusalem und den anderen Fürsten mit den Worten: »Folgt ihm, ergreift ihn, wenn ihr könnt. Ich selbst fahre mit den Galeeren um die Insel herum und stelle überall Wachen auf, so kann der Meineidige mir nicht entkommen.«

So geschah es. Er teilte seine Schiffe in zwei Flotten auf, deren eine er Robert von Turnham unterstellte, die andere befehligte er selbst. Sie fuhren in entgegengesetzte Richtungen um die gesamte Insel herum und hielten alle Frachtschiffe und Galeeren an, denen sie begegneten. Als die Griechen und Armenier, welche die Städte und Schlösser des Kaisers und ihre Ausrüstung bewachen sollten, sahen, daß so viele bewaffnete Männer und Schiffe auf sie zukamen, ließen sie alles zurück und flohen in die Berge. Robert und der König nahmen sämtliche Schlösser, Städte und Häfen ein, wo sie niemanden antrafen. Sie versahen sie mit Leuten und Waffen, Lebensmitteln und Schiffen und kehrten nach Limassol zurück.

Am 12. Mai, einem Sonntag, dem Fest der heiligen Achilles und Pankratz, vermählte sich Richard, der König von England, vor seinem Kaplan Nikolaus mit Berenguela, der Tochter des Königs von Navarra. Am selben Tag ließ er in Limassol durch Bischof Johann von Evreux im Beisein zahlreicher Prälaten, Erzbischöfe und Bischöfe, die Kreuzfahrer geworden waren, darunter auch der Bischof von Bayonne, Berenguela zur Königin von England krönen.

Als Richard von England erfuhr, daß sich die Tochter des Kaisers in einem Wehrschloß mit Namen »Cherines« befand, zog er mit seiner Armee dorthin. Als er sich dem Schloß näherte, kam sie ihm aus freien Stücken entgegen und warf sich vor ihm zu Boden. Sie lieferte sich und ihr Schloß ihm aus und bat um Gnade. Danach wurde ihm eine andere, stark befestigte Burg mit Namen Buffavant übergeben, und nach und nach nannte er alle Städte und Reichtümer der Insel Zypern sein eigen.

Der unglückliche Kaiser versteckte sich in einer befestigten Abtei, die Kap San Andreas heißt. Als er erfuhr, daß der König sich in diese Richtung bewegte, warf er sich ihm zu Füßen und flehte um Gnade für sein Leben und seine Glieder, ohne das Reich zu erwähnen, denn er wußte bereits, daß alles in Händen Richards war. Er bat, ihm keine Eisen an Hände und Füße zu legen. Als der König diese Bitte hörte, übergab er den Kaiser seinem Kämmerer Raoul Fitz-Godefroy zur Bewachung, und befahl diesem, ihm statt Eisen Gold- und Silberketten anzulegen. Dies geschah im Juni auf Zypern am 1. des Monats, am Vorabend des Pfingstfests.

Nachdem Richard Anordnungen für die Bewachung des Kaisers erteilt und Wachen für die Städte und Schlösser hatte zusammenstellen lassen, übertrug er Richard von Camvil und Robert von Turnham die Vollmacht, in seinem Namen Zypern zu verwalten.

Der König von England verließ Zypern am 5. Juni auf seinen Galeeren, nahm den König von Jerusalem, den Fürsten von Antiochien, den Grafen von Tripoli und die anderen Fürsten, die zu ihm nach Zypern gekommen waren, mit sich. Raoul Fitz-Godefroy schickte er mit dem Kaiser aus Zypern nach Tripoli. Königin Berenguela, Jeanne von Sizilien und die Tochter Isaaks wurden auf einem anderen Schiff befördert.

Man kann sich den Ruhm vorstellen, den die schnelle, mit meisterhafter Hand durchgeführte Eroberung Zyperns Richard eintrug. Die Insel war die Palästina am nächsten gelegene Station, und die Kreuzfahrer erkannten sehr bald, welch unschätzbare Bedeutung sie auf dem Weg ins Heilige Land hatte. Die Schnelligkeit, mit der der König in bester Absicht und zum Schutz der Pilger, die ihn begleiteten, die Insel eingenommen hatte, war ein Überraschungscoup, an den man sich noch lange erinnern sollte. Von nun an umgab ihn die Aura eines tapferen Helden, und dies sollte immer so bleiben.

Als er sich Akkon näherte, gelang ihm zudem eine weitere Heldentat, die ihn noch berühmter machte. Am 7. Juni 1191 wurde auf dem Meer plötzlich ein großes Frachtschiff sichtbar, das die Farben des französischen Königs trug. Richard sandte Kundschafter zu dem Schiff, um zu fragen, wer sich darauf befand, woher man kam, wohin man fuhr. Sie erhielten zur Antwort, sie seien Christen, Leute des französischen Königs und kämen aus Antiochien, um ihm Nahrungsmittel und Waffen zu bringen. Sie seien auf dem Weg nach Akkon. Die Kundschafter wunderten sich, weil es sich ausschließlich um »Sarazenen« handelte und sie keinen einzigen von ihnen kannten. Richard wurde nachdenklich, als er ihre Antwort vernahm. »Der französische König besitzt keine Frachtschiffe von dieser Größe. Wenn sie jedoch zu ihm gehören, sollen sie herkommen und mit mir sprechen.« Als die Kundschafter zu dem fremden Schiff zurückkehrten, wurden sie mit Pfeilen und griechischem Feuer beschossen. Da begriff der König, mit wem sie es zu tun hatten, und befahl, sie zu verfolgen und ihr Schiff zu kapern. Er versprach all seinen Leuten, Matrosen und Pilgern, daß sie die Beute erhalten würden. In wenigen Stunden war das Schiff versenkt. Es befanden sich darauf etwa 1500 Passagiere, die in der Zitadelle von Akkon die Truppen Saladins verstärken sollten. Viele von ihnen wurden gefangengenommen. Die Fracht bestand in erster Linie aus Waffen, Nahrungsmitteln und Tonkrügen, die mit Erdöl gefüllt waren. Vor diesem fürchteten sich die Armeen der Kreuzfahrer, weil es den Sarazenen im Kampf entscheidende Vorteile brachte. Dieser Sieg bedeutete für Richard, den König von England, einen entscheidenden Prestigegewinn, und man kann sich vorstellen, in welchem Maß dieser Sieg die Leute ermutigte, die ihn empfingen, als er am nächsten Tag, dem 8. Juni 1191, in die Bucht von Akkon einfuhr.

Es war an der Zeit. Drei Jahre dauerte die Belagerung von Akkon nun bereits. Es war ein verzweifeltes Unterfangen, dessen Folgen noch ein Jahrhundert spürbar bleiben sollten. Niemand zweifelte mehr an der bevorstehenden Vertreibung der Abendländler, nachdem die Armeen Saladins bei den Hörnern von Hattin am Tag des heiligen Martin »des Gesottenen«, am 4. Juli im Jahr 1187 vollständig gesiegt hatten. Während, wie Joshua Prawer es ausdrückt, »die Knochen der Toten von Hattin zu Füßen der Hörner blichen« und sich der Sieger Jerusalems und der wichtigsten Stätten des Heiligen Landes bemächtigte und Städte und Schlösser der Kreuzfahrer schleifte, entstand durch bestimmte vereinzelte und unvorhersehbare Ereignisse ein Widerstand, der in der Belagerung Akkons deutlich zum Ausdruck kam.

So etwa die durch die Ereignisse in Tyrus. Konrad von Montferrat, in den Chroniken »Marquis« genannt, ein italienischer Adeliger und Abenteurer, bestieg in Konstantinopel zu etwa dem Zeitpunkt das Schiff, an dem sich die Katastrophe ereignete, die zum Verlust Jerusalems führte. Er wußte nicht, was geschehen war (sein eigener Vater, Wilhelm von Montferrat, war in Hattin gefangengenommen worden), und als er gerade in den Hafen von Akkon einfahren wollte, überraschte ihn an der Reede ein ungewöhnlicher Anblick. Normalerweise wurde, wenn sich ein christliches Schiff dem Hafen näherte, eilig die Bevölkerung informiert. Die Kirchenglocken läuteten zur Begrüßung, die Kleriker kamen den Pilgern aus dem Abendland in feierlicher Prozession entgegen. Daß die Glocken von Akkon nicht läuteten, war ein schlechtes Zeichen. In muslimischen Ländern war der Klang von Glocken verboten, da er als unheilbringend galt. Konrad zog sich klugerweise zurück. Er verließ den Hafen und fuhr wieder aufs Meer hinaus. Er wurde nicht verfolgt, denn die neuen Machthaber, deren Fahnen auf den Stadtmauern wehten und ebenfalls sein Mißtrauen geweckt hatten, hielten ihn für einen gewöhnlichen Händler. Er versuchte sein Glück im Hafen von Tyrus, wodurch diese Stadt, in der sich zahlreiche bis dahin völlig ratlose Flüchtlinge befanden, zum Zentrum des christlichen Widerstands wurde. Unterstützt durch ein Geschwader aus Pisa und etwa 200 sizilianische Ritter, angespornt durch die Gegenwart des furchtlosen »Marquis«, ertrug sie heldenhaft die Belagerung zu Wasser und zu Land und leistete den Armeen Saladins Widerstand. Kehrseite der Medaille: Als der Ex-König von Jerusalem, Guy von Lusignan, den Saladin auf Bitten seiner Gattin, der Königin Sybille, freigelassen hatte (gegen die Rückgabe der Stadt Askalon) vor den Mauern von Tyrus erschien, öffnete man ihm die Tore nicht. Konrad wollte selbst Herr der von ihm eroberten Stadt bleiben. Es fehlte nicht viel, und er hätte sich für den legitimen Erben des Königreichs gehalten, das Guy von Lusignan nicht hatte bewahren können.

Im darauffolgenden Frühjahr, 1189, bewies der ehemalige König seinen Mut, indem er selbst eine Offensive unternahm. Es gelang ihm, mit einer kleinen Armee, die aus Resten der Verteidiger des Heiligen Landes sowie Templern und Johannitern bestand, auf einem Hügel gegenüber dem östlichen Tor Akkons, Tell-Fukhar, Tell der Töpfer, eine befestigte Stellung zu errichten. Der Platz war gut gewählt, »Toron der Ritter« nannten die Chronisten die Stelle, an der wahrscheinlich die antike Stadt lag, die, etwa 1200 Meter von Stadt und Hafen entfernt, die Ebene überragte. Guy und seine Leute hielten sie monatelang, unternahmen mutige Vorstöße gegen die Mauern von Akkon und eroberten die kleinen Buchten der Umgebung, um den Nachschub über das Meer zu sichern. Nach und nach konzentrierten sich alle Versuche, das Heilige Land zurückzuerobern, auf Akkon. Das Lager der Franken auf dem Hügel und der näheren Umgebung vergrößerte sich durch dänische, friesische, flämische Pilger, um Franzosen im Gefolge von Jakob von Avesnes, dessen Qualitäten bald bekannt wurden, schließlich Leute des Landgrafen Ludwig von Thüringen, der Vorhut jener deutschen Pilgerfahrt, die später so bitter enttäuschte Hoffnungen weckte. Dies vollzog sich nicht ohne größte Schwierigkeiten, denn die Armee Saladins hatte die von den Kreuzrittern gehaltenen Stellungen umzingelt, so daß die Belagerung zu einer Art Stellungskrieg wurde und die armen Kreuzfahrer, die von Belagerern zu Belagerten geworden waren, immer wieder Hunger litten.

Im Winter 1190–1191 wurde die Situation tragisch. »Ein Brot, das kaum gereicht hätte, einen einzigen zu ernähren, kostete zehn Sous in der Münze von Anjou. Pferdefleisch war ein Leckerbissen, und eine Ladung Getreide kostete 200 byzantinische Goldmünzen. Anfang Februar 1191 rettete der Erzbischof von Salisbury die

Lage, indem er Kollekten für die Ärmsten der Kreuzfahrer einrichtete. Drei Tage später gelang es einem mit Getreide, Wein und Öl beladenen Schiff, die Blockade zu durchbrechen. Die Güter wurden sogleich in der Armee verteilt.

Lang ist die Liste derer, die während der Belagerung Akkons umkamen. Zu ihnen gehörten auch die Königin von Jerusalem, Sybille, und ihre beiden Töchter, die im Oktober 1190 starben. Da Guy von Lusignan nur über seine Frau Anspruch auf das Königreich Jerusalem hatte – Sybille war ihrem Halbbruder, dem leprakranken König Balduin IV., auf dem Thron gefolgt –, versuchte Konrad von Montferrat, ihn zu verdrängen. Zu diesem Zweck bat er um die Hand der Frau, die Anspruch auf die Nachfolge hatte, Sybilles Schwester Isabella. Eine Schwierigkeit gab es dabei: Isabella war bereits verheiratet und liebte ihren jungen Gemahl leidenschaftlich. Onfroy von Toron war von besonders gutem Aussehen. Die Barone zwangen Isabella, sich scheiden zu lassen und Konrad zu heiraten, der sich seither als Oberhaupt eines zu erobernden Königreichs betrachtete. Als der Papst hiervon erfuhr, exkommunizierte er sie. Die tragischen Geschehnisse, denen Konrad später zum Opfer fiel, wurden von den Kreuzfahrern als Strafe des Himmels für diese unstatthafte Heirat angesehen.

Die Ankunft Richards, der im Glanz seiner neuesten Eroberungen stand, trug dazu bei, die Kampfmoral der bunt zusammengewürfelten Armee zu erhöhen. Manche waren müde von der endlosen Belagerung, in deren Verlauf man mehrmals nicht gewußt hatte, wer die Belagerer und wer die Belagerten waren, so sehr störten die Truppen Saladins, die sich auf den Hügeln niedergelassen hatten, die Nachhut der Erstürmer von Akkon. Außerdem schuldeten die Kämpfer dem einen oder anderen Herrn Treue, was zu einem unentwirrbaren Durcheinander führte. Alle wollten auf seiten des Königs von Jerusalem sein, wer aber war König von Jerusalem? Guy von Lusignan war ausgeschaltet, Onfroy von Toron verstoßen, Konrad von Montferrat wurde nicht ohne Grund als skrupellos und ehrgeizig betrachtet. Die Verwirrung in den Reihen der Kreuzfahrer war vollkommen.

Richard wurde dessen sogleich gewahr. Er empfing nach seiner Ankunft eine Delegation von Pisanern und Genuesern. Beide waren in erster Linie Reeder und Händler. Sie wußten, daß Akkon höchstwahrscheinlich wieder eine »fränkische« Stadt werden würde. Im vorhinein wollten sie sich dort Niederlassungen und Handelsfreiheit sichern. Die Pisaner waren der Meinung, sie hätten einen Anspruch darauf. Schließlich hatte ein pisanisches Geschwader mit dem Erzbischof Ubaldo seit dem Frühjahr 1189 an den Kämpfen teilgenommen und die ersten Bemühungen Guys von Lusignan, nach Akkon vorzustoßen, unterstützt. So nahm der englische König die Treueversprechen der Pisaner gerne entgegen. Die Genueser hingegen wies er zurück, sie hatten nämlich sowohl dem französischen König als auch dem Markgrafen Konrad den Treueeid geleistet. Die Huldigung gegenüber dem englischen König zahlte sich später für die Leute von Pisa aus, denn er gestand ihnen alle Freiheiten zu, die sie vorher in Palästina genossen hatten, und erneuerte ihre Privilegien.

Akkon liegt auf einem Kap, das das Meer und die lange Sandküste überragt, die sich bis Haifa hinzieht. Durch sie schlängelt sich zwischen den Dünen der kleine, langsam fließende, schlammige Fluß Naman. Mit einem geschickten Handstreich war es Guy von Lusignan gelungen, sich der einzigen Erhebung in der Nähe Akkons zu bemächtigen, die später »Toron der Ritter« genannt wurde. Weiter im Osten erhoben sich zahlreiche Hügel, deren einer von den Kreuzfahrern den Namen »Toron Saladins« erhielt. Hier befand sich das Hauptlager der muslimischen Truppen. Es war bereits die Rede von der nördlich von Akkon gelegenen kleinen Bucht, dem Berg Musard der abendländischen Chroniken, an dem die fränkischen oder italienischen Nachschubschiffe den Kämpfenden Waffen und Lebensmittel bringen konnten. Die meisten fränkischen Truppen waren auf dem Berg Musard, der die Bucht überragte, versammelt, die Armeekorps lagerten nebeneinander entlang den Mauern: Templer, Johanniter, Genueser, Deutsche. Die Pisaner besetzten die Naman–Mündung im Süden Akkons. Saladin ließ nach einer der Schlachten im Oktober 1189 alle Leichen dort hineinwerfen, um die Luft der Niederung, durch welche der Fluß strömte, zu verpesten.

Im zweiten Jahr der Belagerung wurden die Angriffsmethoden geändert; im Winter 1190–1191 wurden neue Wurfmaschinen gebaut. Philipp August, der französische König, hatte neue Türme errichten lassen, deren einer, Malevoisine genannt, eine Replik auf einen von den Muslimen innerhalb Akkons erbauten Kampfturm mit Namen Malecousine war. Von beiden Türmen aus konnten Pfeile und Steine auf den Gegner geworfen werden. Richard hatte vor der Abreise aus Messina einen Vorrat von Wurfsteinen anlegen lassen, Meerkiesel von riesiger Größe, von denen einer zwölf Männer tötete. Hinterher wurde der Stein zu Saladin gebracht. Vom Lager der Muslime aus warfen die Soldaten, die auf dem Turm standen, auch gefährliche griechische Feuer, die so hießen, weil sie eine Erfindung der »Griechen«, also der Byzantiner, waren. Es handelte sich um mit Erdöl gefüllte Tongefäße, die man auf die Belagerer warf und hinterher in Brand setzte, indem man glühende Metall- oder Tonstücke nachfolgen ließ. Die Armee der Franken schützte sich davor, indem sie ihre Kriegsmaschinen mit frisch abgezogenen Tierhäuten oder Lehm bedeckte. Auch hatten die Soldaten bald gelernt, solche Feuer nicht mit Wasser, sondern mit Essig oder Erde zu löschen.

1191 hatten sich beide Seiten auf den Krieg eingerichtet. Joshua Prawer zitiert die Beschreibung des Marktes, der im muslimischen Lager aufgebaut worden war. »Der vor Akkon im Lager des Sultans errichtete Markt war riesig und nahm sehr viel Raum ein. 140 Hufschmiede waren dort. Bei einem einzigen Koch entdeckte ich 28 Kochtöpfe, in jeden paßte ein ganzes Schaf... Angeblich hatten sich die Soldaten Häuser gebaut: Schließlich waren sie lange an einem Fleck geblieben!« Er fügt hinzu, daß sich im Lager mehr als 1000 Badestellen befanden, die in den Boden gegraben und durch Matten abgeteilt waren.[1] Erwähnen wir noch, daß zwischen zwei Kämpfen Boten von einem zum anderen Lager gingen. Sultan Saladin, dessen Edelmut zu Recht immer wieder hervorgehoben worden ist, schickte öfter, wenn er erfuhr, daß der französische oder englische König da waren, Birnen aus Damaskus und andere Geschenke hinüber, besonders als er erfuhr, daß sie beide erkrankt waren.

Kurz nach seiner Ankunft wurde Richard von einer Krankheit befallen, »die man damals die leonardische nannte«, wie es bei Ambroise heißt. Wahrscheinlich handelte es sich um Schweißfieber oder Malaria. Wenig später wurde auch Philipp von der Krankheit befallen, die in der ganzen Armee wütete. Die Kranken verloren dabei ihre Haare – die von Philipp wuchsen nie mehr nach –, außerdem die Fuß- und Fingernägel, viele starben. Beide Könige wurden wieder gesund, Richard ein wenig früher als der französische König. All dies brachte Unordnung und Ungewißheit mit sich. Da Philipp es versäumt hatte, seine Wurfmaschinen bewachen zu lassen, wurden diese von den Belagerten verbrannt, vielleicht während eines nächtlichen Ausgangs. Richard hingegen hatte die mitgebrachten Kriegsmaschinen Tag und Nacht sorgfältig bewachen lassen.

Die Belagerungsmaschinen sind bis ins Detail beschrieben worden. Außer Steinschleudern und Wurfmaschinen, die Steinkugeln und Pfeile schleuderten, verwendete man während der Belagerung Akkons offenbar auch Rammböcke. Der Chronist Ambroise beschreibt einen

---

[1] *Histoire du royaume latin de Jérusalem,* Bd. II. S. 59.

davon, sein Konstrukteur war, wie er glaubt, der Erzbischof von Besançon. »Dieser Rammbock sah aus wie ein bedachtes Haus und sollte der Zerstörung von Mauern dienen. Im Inneren befand sich ein langer Schiffsmast mit eiserner Spitze. Die Männer stießen ihn gegen die Mauer, dann glitt er nach hinten und stieß mit noch größerer Wucht dagegen. Er zerstörte die Mauer oder schlug durch wiederholte Stöße ein Loch hinein. Die Männer, die den Rammbock betrieben, schlugen unaufhörlich gegen die Mauer. Sie waren innerhalb der Maschine gegen jede Gefahr, die ihnen von oben hätte begegnen können, geschützt.«[1] Wenn es gelang, nahe genug an die Mauer zu kommen und unter dem Schutz des Daches zu bleiben, zeigte der Rammbock große Wirkung. Die Franken hatten sich auf den an der Nordwestecke der Mauer gelegenen Turm konzentriert, den sie den »Turm der Verfluchung« nannten. Zugleich waren sie emsig damit beschäftigt, die Mauer zu untergraben. Ein Teil der Gräben, die es unmöglich machten, näher an die Mauer zu gelangen, wurde mit Erde aus den Wällen gefüllt, so entstanden ringförmige Aufschüttungen, die den Zugang zu den Stadtmauern erleichterten.

Diese Vorbereitungen wurden im Juni durchgeführt, dann jedoch unterbrochen, weil Richard am 15. und Philipp August am 23. erkrankte. »Durch Gottes Barmherzigkeit erholten sich beide Könige von ihrer Krankheit und kehrten daraus gestärkt und eifriger im Dienst des Herrn zurück«, schreiben die englischen Chronisten. Mehrere Anstürme hatten kein Ergebnis gebracht. Am 14. und 17. Juni war es der Armee des Sultans, der selbst die Stadt Akkon verteidigte, gelungen, auf die Nachhut Angriffe durchzuführren, welche die Kreuzfahrer zwangen, sich zurückzuziehen. Anfang Juli griffen die Franken den Turm der Verfluchung an, ein Teil der Armee wurde zurückgehalten, um die Angriffe des Sultans abzuwehren.

---

[1] Zit. bei Prawer, Bd. II, S. 53 Nr. 74.

Die Eroberer hatten einige Freunde in der Stadt, die sich als Spione betätigten. An manchen Pfeilen, die bei ihnen eintrafen, waren Botschaften befestigt, aus denen hervorging, wie die Lage in der Stadt aussah und welche Entscheidungen die Belagerten getroffen hatten. Die Chronisten schreiben, »ein frommer gottergebener Mann habe, weil er die Heiden fürchtete, heimlich« Botschaften verschickt, auf die er schrieb: »Im Namen des Vaters und des Sohnes und des Heiligen Geistes.« Niemand unter den Christen erfuhr, um wen es sich handelte, weder vor noch nach der Einnahme der Stadt. Vielleicht war er überrascht worden oder während der Belagerung umgekommen...
Mehrfach waren diese Hinweise sehr nutzbringend für die Kreuzritter, besonders als Saladin die Garnison von Akkon heimlich evakuieren wollte. Sein Plan wurde auf diese Art vorher bekannt und scheiterte.

Es geschah in der Nacht vom 4. auf den 5. Juli. Bereits am 3. Juli war ein großer Angriff unternommen worden. Erneut waren der Turm der Verfluchung und die angrenzenden Mauern Ziel des Ansturms gewesen, und Saladins Versuch, die Truppen von hinten abzulenken, war gescheitert. Ambroise berichtet ausführlich von den heldenhaften Eroberungen Aubry Cléments, des Marschalls von Frankreich. Mit einigen Begleitern gelang es ihm, in der Nähe des berühmten Turms mit Leitern die Mauer zu erklettern. Sie wurden jedoch zurückgedrängt. Aubry und seine wenigen Begleiter wurden getötet. Er war der Sohn Robert Cléments, des Beraters König Ludwigs VII.

Trotz des Scheiterns dieser Versuche machten die Belagerer Fortschritte, und den Verteidigern Akkons blieb nichts übrig, als sich zu ergeben. Anfang Juli begannen Verhandlungen, um Bedingungen für eine ehrenhafte Kapitulation zu vereinbaren. Allen war bewußt, was der Preis eines solchen Siegs sein würde, und bei den arabischen und abendländischen Chronisten finden sich zahlreiche Details über die auf beiden Seiten errungenen Erfolge. Besonders Baha-ad-Din, der Chronist Saladins, erzählt von einem Kreuzritter von beeindruckender Größe, der an der Verteidigung des christlichen Lagers gegen die Angriffe Saladins teilnahm, unaufhörlich Steine auf die muslimische Armee warf und selbst unverletzlich schien, bis zu dem Augenblick, in dem er »durch eine Flasche Erdöl, die einer unserer Offiziere auf ihn schleuderte, lebendig verbrannte«. Er berichtet auch von einer Frau in grünem Umhang, die kämpfte wie ein Mann und ständig Pfeile auf die Muslime schoß, bis sie überwältigt und selbst getötet wurde. »Wir brachten ihren Bogen als Trophäe zum Sultan«, erzählt er.

Zwei »heidnische Fürsten, die sich in der Stadt Akkon aufhielten«, erschienen am 4. Juli bei den Christen und boten an, die Stadt mit Waffen und allem Gold und Silber, das sich darin befand, zu übergeben, wenn sie dafür unversehrt in die Freiheit gelangten. Der französische und englische König verlangten jedoch mehr. Sie wollten nicht weniger als die Rückgabe aller Gebiete, die den Kreuzfahrerstaaten seit der Katastrophe von Hattin verlorengegangen waren, außerdem wollten sie das wahre Kreuz zurückerhalten und forderten Freiheit für alle Christen, die Saladin und seine Leute seit 1187 gefangengenommen hatten. Die Vertreter der Belagerten, die in der Chronik Mestoch und Karracois (El Meshtoub und Karakush) heißen, konnten solche Bedingungen nicht annehmen, ohne sich mit Saladin zu beraten. Sie zogen sich zurück, hinterließen einige Geiseln, der Sultan jedoch wollte nichts von den Vorschlägen wissen, und so begaben sie sich wieder in die Stadt. Die Verhandlungen wurden abgebrochen. In der Stadt führten sich die Franken bereits wie Sieger auf.

In der folgenden Nacht versuchte Saladin, die äußeren Gräben des christlichen Lagers zu stürmen. Er wollte dadurch einem Teil der Verteidiger Akkons die Flucht ermöglichen, da jedoch die beiden Könige von dem Vorhaben erfahren hatten, wurden die Mauern sorgfältig bewacht. Sämtliche Truppen wurden in Alarmbereitschaft versetzt, so daß Saladins Vorstoß zu erheblichen Verlusten führte. Wenig später, am 5. Juli, wurde von den Leuten des englischen Königs mit Hilfe der Kampfmaschinen eine große Bresche in eine der Mauern geschlagen. In der folgenden Nacht stürzte der Turm ein, und am nächsten Tag, dem 6. Juli, wurde ein neuer Vorstoß gegen die Stadt unternommen. Die beiden Abgesandten der Belagerten, Mestoch und Karracois, sowie ein dritter mit Namen Elsedin Jardic nahmen die Verhandlungen wieder auf. Richard war inzwischen völlig genesen und bot jedem Kämpfer, der ihm einen Stein des Turms der Verfluchung brächte, ein Goldstück an. An der Untergrabung der Mauer wurde weitergearbeitet.

Schließlich entschlossen sich die Belagerten gegen das Verlangen Saladins, der den Widerstand gerne verlängert hätte, erschöpft und am Ende ihrer Kraft, zur Kapitulation unter Vermittlung der Johanniter und Konrads von Montferrat. Am Freitag, dem 12. Juli »sah man Kreuze und Fahnen auf den Stadtmauern«, schreibt der arabische Chronist Abu-Shama:[1] »Ein riesiges Geschrei brach auf seiten der Franken los. Sie waren von Entsetzen gepackt, starr vor Staunen, und das Lager hallte wider von Schreien, Klagen, Schluchzen und Stöhnen. Es war ein widerwärtiger Anblick«, fährt er als guter Muslim fort, »als der Marquis mit vier Fahnen der christlichen Könige in die Stadt Akkon einzog, eine auf der Zitadelle aufpflanzte, eine weitere auf dem Minarett der großen Moschee – es war Freitag! –, eine dritte auf dem Turm des Kampfes an Stelle der islamischen Fahnen.« Der Chronist Ambroise beschreibt voll Triumph, was geschah, als die »Sarazenen« Akkon erobert hatten:

Vier Jahre zuvor hatten die Sarazenen Akkon erobert, und ich erinnere mich deutlich, daß es uns am Tag nach dem Fest des heiligen Benedikt zurückgegeben wurde, trotz

---

[1] Zit. bei René Grousset, Bd. VI, S. 155.

ihrer verfluchten Rasse. Man hätte die Kirchen sehen müssen, die noch in der Stadt übriggeblieben waren! Sie hatten sie geschändet, die Malereien zerstört, die Altäre umgestürzt, die Kreuze und Kruzifixe in Stücke geschlagen, aus Mißachtung unseres Glaubens und um ihren Unglauben zu befriedigen sowie um Platz für ihre Mohammedanerien (Moscheen) zu schaffen.

Und die Altäre wurden umgeworfen.
Und Kreuze und Kruzifixe zerstört.
Ohne Rücksicht auf unseren Glauben.

Es war mit den Verteidigern von Akkon vereinbart worden, daß ihr Leben geschont werden sollte und sie später gegen Zahlung eines Lösegelds von 200 000 Golddinar die Freiheit erhalten würden. 2500 christliche Gefangene sollten freigelassen und das Wahre Kreuz zurückgegeben werden. Saladins Truppen entfernten sich, verwüsteten jedoch alles, was auf ihrem Weg lag. Bis nach Kaipha wurden Weinstöcke und Obstbäume abgeschlagen und Festungen und große und kleine Städte zerstört.

Am nächsten Tag teilten die beiden Könige Stadt und Gefangene untereinander auf. Philipp August unterstellte die seinen Dreux von Mello, Richard vertraute sie Hugo von Gournay an. Saladin bot anscheinend nach westlichen Chronistien der abendländischen Armee ein Bündnis an und bat um militärische Hilfe gegen den Sohn Nur-ad-Dins und schlug vor, das Gebiet um Jerusalem bis zum Jordan zurückzugeben. Er hatte sich in die Gegend von Ephoria zurückgezogen, und zwischen seinem Lager und der Stadt Akkon, wo Franzosen und Engländer mit dem Abbau ihrer Belagerungsmaschinen beschäftigt waren, wurden ständig Botschafter hin- und hergeschickt. Geschenke wurden ausgetauscht. Richard sandte Saladin Jagdhunde und Falken. Der Sultan ließ Richard »große und kostbare Geschenke« bringen, wie Benoît von Peterborough berichtet, leider nicht sehr genau. Alard, der Bischof von Verona, der Erzbischof von Tyrus und die

Bischöfe von Chartres, Beauvais, Pisa und überhaupt alle, die da waren, machten es sich zur Aufgabe, sämtliche Kirchen von Akkon, die in Moscheen umgewandelt worden waren, zu besuchen und überall die Heiligtümer zu reinigen und den christlichen Kult wiederherzustellen. Danach wurden in den Kirchen feierliche Messen abgehalten, während die Armee die Mauern ausbesserte und die zerstörten Häuser wiederaufbaute.

Der französische König hatte sich in der Zitadelle niedergelassen und der englische König im Ordenshaus der Templer. Die anderen Ritter waren in den Häusern der Stadt untergebracht. Ein Problem, das man bisher übersehen hatte, wurde offenkundig, als die früheren Bewohner Akkons bei König Philipp vorstellig wurden, weil sie ihren Besitz wiederhaben wollten. »Sire, Ihr seid hierhergekommen, um das Königreich Jerusalem zu befreien. Dies ist kein Grund, daß Ihr uns enterbt. Die Ritter halten sich in unseren Häusern auf und sagen, sie hätten sie von den Sarazenen erobert. Deshalb bitten wir Sie, Sire, den Streit zwischen uns zu schlichten.« Philipp August scheint sich auf die Seite der ehemaligen Bewohner gestellt zu haben. Er traf im Schloß von Akkon mit Richard zusammen, um sich mit ihm zu beraten:

> Er begann zu sprechen und legte das Anliegen der Bürger von Akkon dar. Sie hätten ihn gebeten, eine Entscheidung zu fällen, bei der sie ihren Besitz nicht verloren, sie hätten ihn nie verkauft oder verliehen, sondern er sei ihnen gewaltsam von den Sarazenen weggenommen worden. »Ich sage Euch«, so sprach er, »daß wir nicht gekommen sind, um andere ihres Erbes oder ihrer Häuser zu berauben. Wir sind für Gott hierhergekommen, um unsere Seelen zu retten und das Königreich Jerusalem zu erobern, das die Sarazenen den Christen weggenommen hatten. Wir müßten sie zurückgeben und den Christen überlassen. Da Gott uns die Kraft gegeben hat, diese Stadt zu erobern, scheint es mir nicht

gerecht, daß die, welche dort Besitz haben, ihn verlieren sollen. Dies ist meine Meinung, und vielleicht schließt Ihr Euch ihr an.«

Richard erklärte sich sogleich einverstanden und die Barone mit ihm. Es wurde beschlossen, all jenen ihr Haus zurückzugeben, die beweisen konnten, daß es ihnen gehörte. Sie sollten jedoch die Kreuzritter darin beherbergen, die die ganze Zeit über gekämpft hatten oder im Dienst des Heiligen Landes dort lebten.

Es gab auch Händler aus Pisa, welche das Versprechen einforderten, Niederlassungen in Akkon zu erhalten. Ferner verlangten die Grafen und Barone beider Armeen – von denen manche seit mehr als zwei Jahren an der Belagerung Akkons teilgenommen hatten – eine Verteilung der Beute, aber die Könige schienen dabei keine Eile zu haben. Am 20. Juli, dem Fest der heiligen Margareta, konferierte Richard erneut mit dem französischen König und schlug vor, beide sollten den Eid ablegen, drei Jahre im Heiligen Land zu bleiben, um die Feinde des Kreuzes Christi zu bekämpfen, außer es gelänge ihnen, von Saladin Jerusalem und das gesamte umliegende Land zurückzuerhalten. Philipp August weigerte sich, einen solchen Eid zu schwören. »Er hatte bereits im Sinn, nach Hause zurückzukehren«, schreibt Benoît von Peterborough.

König Richard ließ seine Ehefrau, die Königin von England, seine Schwester, die Königin von Sizilien, sowie die Tochter des Kaisers von Zypern, die er als Geisel behalten hatte, in sein Schloß in der Stadt Akkon bringen. Wahrscheinlich waren sie während der Kämpfe auf einer Galeere des englischen Königs geblieben, in dem nicht weit entfernten sicheren Hafen nahe dem Berg Musard. Am nächsten Tag, dem Fest der heiligen Magdalena, dem 22. Juli, sprach eine Delegation französischer Barone beim König von England vor. Es waren Philipp von Dreux, der Bischof von Beauvais, Hugo, der Herzog von Burgund sowie Dreux und Wilhelm von Mello.

Sie traten vor den König und richteten Grüße des französischen Königs aus. Dann begannen alle zu weinen, soviel sie konnten, und sprachen kein Wort. Die, welche sie sahen, hätten gerne mitgeweint, so schlimm war ihr Zustand. Als dies andauerte, wandte sich der englische König ihnen zu und sagte: »Weint nicht. Ich weiß, worum ihr mich bitten werdet. Euer Herr, der König von Frankreich, will in sein Land zurückkehren, und ihr kommt in seinem Auftrag, damit er meinen Rat erhält und ich ihm gestatte, sich zurückzuziehen.« Daraufhin sagten sie mit einem Ausdruck der Verzweiflung: »Sire, Ihr wißt alles, wir sind zu Euch gekommen, damit er die Erlaubnis und den Rat erhält, fortzugehen. Er sagt, er werde sterben, wenn er dieses Land nicht so bald wie möglich verläßt.« Der König von England antwortete: »Es ist eine ewige Schande für ihn und das Königreich Frankreich, wenn er sich zurückzieht, bevor das Werk vollendet ist, das er tun wollte. Wenn es nach mir geht, verläßt er uns nicht. Wenn er jedoch sterben muß, falls er nicht in sein Land zurückkehrt, dann soll er tun, was er will, und so handeln, wie es ihm und den Seinen am einfachsten erscheint.«

Die Verzweiflung der Barone war sicher nicht gespielt. Mitansehen zu müssen, wie sich der König von dem Unternehmen zurückzog, obwohl es gerade erst begonnen hatte, empfanden sie und der englische König als ehrenrührig. Unter Rittern war es das schlimmste Vergehen, sein Wort nicht zu halten. Außerdem zweifelte niemand, als er sich auf die Kreuzfahrt begab, daran, daß ihr Ziel die Rückeroberung des Heiligen Landes war, also Jerusalems und der umliegenden Gegend.

Philipp August mangelte es sicher nicht an Mut. Es hieß, an den letzten Tagen der Belagerung sei er wie ein Eichhörnchen auf den Mauern umhergelaufen. Es steht jedoch außer Zweifel, daß er an nichts als die Heimkehr dachte, da er doch schon gegen seinen Willen hergekommen war. In seinen Augen reichte die Rückeroberung Akkons aus. Auch muß man einräumen, daß ihn die Krankheit geschwächt hatte und er das Klima, die Hitze des Orients, schlecht vertrug. Mehrfach legte er ein Verhalten an den Tag, das auf übergroße Nervosität hinweist. Mit Richard konnte er sich nicht messen ... Der französische König litt unter nervösen Anfällen, einer Art Verfolgungswahn, ständig glaubte er sein Leben in Gefahr. Hinzu kommt, daß die persönlichen Erfolge von Richard Löwenherz bei ihm tiefen Neid erregen mußten: Alle Chronisten berichten von der Eifersucht zwischen den beiden Königen.

Als König Richard von England
Ins Heilige Land gekommen war
So muß ich auch Euch erzählen
Von seiner Ritterlichkeit, Tapferkeit und
Großherzigkeit, die er dort zeigte.
Der König Frankreichs hatte
Seinen Leuten für jeden Tag
Drei Byzantiner Gold aus seinem Schatz versprochen.
Und er hielt Wort.
Als König Richard kam
Und von dieser Sache hörte,
Ließ er erklären
Daß jeder Ritter, der Land besaß
Und es verkaufen wollte
Vier Byzantiner erhalten würde...
Als sie dies hörte
Freute sich die ganze Armee
›Nun ist er gekommen, der tapferste der Könige
Der größte Eroberer der ganzen Christenheit
Gottes Wille geschehe!‹

Philipp August hatte keine Scheu, von Richard gleich bei dessen Ankunft die Hälfte der Insel Zypern zu fordern. Hatten sie nicht vereinbart, alles, was sie während der Kreuzfahrt eroberten, zu teilen? Richards Antwort war eindeutig: Philipp solle ihm die Hälfte Flanderns geben, dann könne er gerne die Hälfte seiner neuen Eroberung erhalten. Tatsächlich war gerade Graf Philipp von Flandern gestorben, und der französische König beanspruchte das Erbe seines Grafen. Dies war ein weiterer Grund für seinen Wunsch, in sein Land zurückzukehren. Im übrigen konnten nur gemeinsam erlangte Errungenschaften geteilt werden, Philipp aber hatte an dem meisterhaften Handstreich Richards auf der Insel Zypern keinerlei Anteil.

Außer der persönlichen Rivalität zwischen beiden gab es noch die zwischen dem früheren König von Jerusalem, Guy von Lusignan, und dem Marquis Konrad von Montferrat. Der englische König hatte sich als guter Poiteviner auf die Seite des ersteren geschlagen, der französische König auf die Konrads. Und so kam es zwischen ihnen zu einer ganzen Reihe von Zwistigkeiten und Rivalitäten. Es heißt immer wieder, es habe große Vertrautheit zwischen Philipp August und dem »Marquis« geherrscht, »auf dessen Rat hin er viele Dinge getan hat, durch die zahlreiche Menschen Schande und Verletzung erfuhren und an ihrer Seele Schaden nahmen«.

Sehr bald verbreiteten sich in der Armee Gerüchte, Philipp August plane seine Abreise. Dies brachte ihm, wie Ambroise schreibt, mehr Fluch als Segen ein. Die wichtigsten Barone kamen und baten ihn, nicht aus dem Dienst für Gott zu desertieren und sich seiner Vorfahren würdig zu erweisen. Philipp schien zu zögern; vielleicht mit dem Hintergedanken, einen angemessenen Grund für seine Abreise zu finden, wiederholte er seine Forderung, die Hälfte Zyperns zu erhalten. Dies war Anlaß zu einem neuen heftigen Streit mit Richard. Auf Vermittlung von Kirchenfürsten und anderen Leuten in beider Umgebung von Weisheit und Ansehen, wenigstens auf moralischem Gebiet, versöhnten sie sich wieder.

Der unbekannte Autor der Fortsetzung der Chronik des Wilhelm von Tyrus erzählt in diesem Zusammenhang eine interessante Episode. Vor seinem Tod hatte der Graf Philipp von Flandern den französischen König angeblich gebeten, ihn zu treffen. Auf dem Totenbett hätte er ihm eröffnet, er solle sich

vor Gefahr hüten, in der Armee gebe es Leute, die geschworen hätten, ihn zu töten. Der König nahm sich diese Worte zu Herzen und war so erschüttert, daß er schwer krank wurde und beinahe starb. Während er auf dem Krankenbett lag, besuchte der englische König ihn und fragte, wie es ihm gehe. Da antwortete der französische König, er fühle sich heftig angegriffen. Da sagte König Richard: »Sire, nehmt eure Kräfte zusammen, Gott hat Euren Sohn Ludwig zu sich gerufen.« Ich weiß nicht, fährt der Chronist fort, ob König Richard dies aus Arglist tat, um den französischen König zu erschüttern, oder ob er dies wirklich gehört hatte. Als der französische König es vernahm, sagte er: »Ja, ich muß meine Kräfte sammeln, denn wenn ich in diesem Land sterbe, ist das Königreich Frankreich ohne Erben.« Sobald der französische König wieder aufgestanden war, fährt der anonyme Chronist fort, rief er den Herzog von Burgund und Wilhelm von Barres und die anderen, die zu seinen engen Beratern zählten, zusammen und forderte sie auf, ihm in aller Ehrlichkeit, die sie ihm schuldeten, zu sagen, ob sie vom Tod seines Sohnes Ludwig gehört hätten. Da sagte der Herzog von Burgund: »Sire, seit Ihr zu den Belagerern Akkons gestoßen seid, hat kein Schiff von Übersee eine solche Nachricht gebracht. Der englische König hat dies nur aus Bosheit gesagt, um Eure Krankheit zu verschlimmern.« Als der König von Frankreich dies hörte, ließ er sich nichts anmerken, rief die Ärzte zu sich, gab ihnen schöne Juwelen und bat sie, sich um seine Heilung zu bemühen; sie machten sich an ihre Aufgabe, und Gott war gnädig, so daß er in kurzer Zeit genas.

Diese Anekdote haben die meisten Historiker nicht übernommen, was ganz natürlich ist, denn der Graf von Flandern, von dem die vertrauliche Mitteilung stammt, die den König so erschreckte, war bereits am 1. Juni 1191 tot, vor der Einnahme von Akkon und selbst vor der Ankunft von Richard Löwenherz. Es ist übrigens schwer zu glauben, daß dieser eine solch infame Lüge gebrauchte. Bei aller Mißstimmung mit Philipp August wünschte er dessen Abreise keineswegs, sondern hoffte im Gegenteil, daß er im Heiligen Land bliebe. Er wußte nämlich sehr wohl, daß er den Kreuzzug ohne die Hilfe der französischen Armee kaum fortsetzen konnte, von der ein Teil dem König im Glauben, das Versprechen eingelöst zu haben, unweigerlich folgen würde. Der Chronist berichtet dennoch, daß die feindseligen Gefühle zwischen den Königen noch wuchsen und daß König Philipp von Angst getrieben war. Von einem wesentlich materielleren Motiv spricht er nicht: dem Erbe des Herzogs von Flandern. Dies nämlich war einer der Gründe, das Heilige Land so schnell wie möglich zu verlassen.

Ein anderer Streit mußte umgehend geschlichtet werden, der zwischen dem früheren König von Jerusalem, Guy von Lusignan, und Konrad von Montferrat ausgebrochen war. Beide wußten, daß sie auf Unterstützung rechnen konnten, die des französischen Königs einerseits, die des englischen andererseits. Am 27. Juli fand ein Treffen aller wichtigen Autoritäten statt. Guy und Konrad trugen beide vor einer Versammlung von Baronen und Prälaten, deren Vorsitz die beiden Könige führten, ihr Anliegen vor. Der erste beanspruchte die Nachfolge auf den Königsthron von Jerusalem mit dem Hinweis auf seine verstorbene Gattin, Königin Sybille, die keine Erben habe, der andere hob die Rechte ihrer Schwester Isabella hervor, die er – trotz geringer Begeisterung ihrerseits – geheiratet hatte. Beide waren bereit, sich dem Urteil des französischen und englischen Königs und ihrer Umgebung zu unterwerfen. Sie erklärten, daß fortan zwischen ihnen Friede und Eintracht herrschen sollten, und beide schwuren, dem Schiedsspruch, der am folgenden Tag, dem 28. Juli, verkündet werden sollte, zu folgen.

Nachdem beide Fürsten ihren Schwur erneuert hatten, gaben die Könige ihren Entschluß bekannt. Guy von Lusignan sollte das Königreich Jerusalem zu seinen Lebzeiten erhalten, den Titel jedoch nicht vererben könnnen. Selbst wenn er sich wieder verheiraten und Söhne und Töchter haben sollte, durfte keiner von ihnen einen Anspruch auf die Nachfolge stellen. Nach seinem Tod sollte die Nachfolge auf Konrad und seine Gemahlin Sybille, die Schwester der Königin, übergehen, falls diese noch lebten. Deren Erben sollte die legitime Nachfolge als Herrscher des Königreichs zufallen. Bis dahin sollten – solange sie lebten – alle Einkünfte aus dem Land zwischen König Guy und Konrad von Montferrat geteilt werden. Letzterer sollte jetzt über Tyrus, Sidon und Beirut herrschen. Gottfried von Lusignan, der Bruder des Königs, sollte die Grafschaft Jaffa erhalten und im übrigen die Herrschaft des Königs von Jerusalem anerkennen. Die Parteien erkannten das Urteil an und besiegelten es mit einem Schwur.

Am nächsten Tag übertrug Philipp August dem Marquis Konrad seinen Anteil an der soeben eroberten Küste von Akkon. Am 29. Juli traten die Könige erneut zu einer Beratung zusammen. Philipp August konnte seine Ungeduld, das Land zu verlassen und heimzukehren, kaum im Zaum halten. Die englischen Chronisten betonen, daß der König von Frankreich »entgegen dem Rat und dem Willen seiner wichtigsten Barone« den König von England um die Freiheit bat, nach Hause zurückzukehren, und diese auch erhielt, nachdem er vor dem ganzen Volk auf das Heilige Evangelium geschworen hatte, nichts Böses zu tun und es niemandem zu gestatten, dem König von England, seinem Land und seinen Leuten zu schaden. Er werde, so erklärte er, im Gegenteil alle seine Leute und Länder in Frieden und gutem Zustand erhalten und gegen jede feindliche Invasion, soweit es in seiner Macht stehe, verteidigen und sich so um sie kümmern, als gelte es, seine eigene Stadt Paris gegen irgendwelche Angriffe zu verteidigen. Einen solchen Eid durfte Richard nach feudalem Denken von Philipp August, seinem Herren, der auf französischem Gebiet zugleich sein Rivale war, fordern. Er wußte nur zu genau, daß dieser ein Auge auf die Normandie geworfen hatte, und wußte auch, wie sehr dem König an seiner Stadt Paris lag, in der er lieber wohnte als seine Vorfahren.

Der König von Frankreich traf Vorbereitungen für seine Abreise. Er unterstellte den Teil der Armee, der unter dem Kommando des englischen Königs im Land zu bleiben gedachte, Hugo, dem Herzog von Burgund. 100 Ritter und 500 Knappen sandte er dem Fürsten von Antiochien, Bohemund III., zu Hilfe, Richard tat das gleiche mit seinen Soldaten. Das Amt des Konnetabel wurde einem seiner Vertrauten, Robert von Quincy, übertragen. Richard sandte noch fünf große mit Waffen, Proviant und Pferden beladene Schiffe nach Antiochia. Am nächsten Tag wurden die Gefangenen von Akkon zwischen dem englischen und dem französischen König aufgeteilt, und am 31. Juli, dem Fest des heiligen Germanus, schiffte sich Philipp August in Richtung Tyrus ein, seinem ersten Halt auf der Rückreise. Er nahm den Bischof von Langres, Manassès, mit, Regnault, den Bischof von Chartres, und Peter von Courtenay, den Grafen von Nevers.

Die Pilgerreise des Königs von Frankreich ins Heilige Land war beendet.

Und gnade Gott, welche Rückkehr
Als der, welcher so viele Leute zusammenhalten sollte
So schlecht herausgeputzt
Fort wollte.

ruft Ambroise aus, als er von der Abreise Philipp Augusts berichtet.

Der Historiker Joshua Prawer hat die Bedeutung der Eroberung der Stadt Akkon gewürdigt, die für genau hundert Jahre Hauptstadt jenes Landes wurde, das man weiterhin Königreich Jerusalem nannte, von 1191 bis zum endgültigen Fall im Jahr 1291. René Grousset seinerseits definierte den Charakter der Kreuzzüge mit dem Hinweis, daß diese durch den Glauben der ersten Kreuzfahrer angeregt und gewonnen wurden und daß das Überleben der Christen im Heiligen Land im 2. Jahrhundert dem Gewürzhandel zu verdanken war...

Wie immer es sich verhielt, die Abreise Philipp Augusts war ein Geschenk an die muslimischen Armeen und an Saladin, dem sehr an Jerusalem lag, das er vier Jahre zuvor zurückerobert hatte. Ihm war mehr als jedem anderen bewußt, was der Besitz der Heiligen Stadt bedeutete. Der Abfall des französischen Königs und eines Teils seiner Truppen dämpfte den Elan der christlichen Truppen und beschnitt ihre Handlungsfähigkeit. Daß Philipp der Kreuzzugsidee abtrünnig wurde, hat man ihm nie vergessen, Richards Ruhm hingegen wurde durch das Ereignis um so größer.

In den Tagen nach dem unseligen Abschied bereiteten sich die Truppen auf eine neue Seereise vor. Wurfmaschinen und anderes Kriegsgerät wurden auf die Schiffe geladen, ebenso Wein, Getreide, Öl und alles, was Menschen und Pferde benötigten. Richard hatte bekanntgegeben, daß er nach Askalon aufbrechen wolle, und ließ die Armee entsprechende Vorbereitungen treffen. Insbesondere behielt er durch gute Zahlungen sämtliche Bogenschützen in seinem Dienst. Das Gerücht davon erreichte auch Saladins Lager, wo man es mit der Angst bekam. Es war bekannt, daß Askalon der beste Ausgangspunkt war, um nach Ägypten einzufallen.

Für den 9. August war der Gefangenenaustausch geplant, so wie es mit der Armee der Belagerten bei der Übergabe der Festung besprochen worden war. Mittlerweile war es zu ersten Schwierigkeiten mit dem Marquis

Konrad gekommen, der sich durch die Unterstützung Philipp Augusts stark fühlte. Richard sandte Hubert Gautier, den Bischof von Salisbury, zu ihm, um die Gefangenen, die der französische König Konrad anvertraut hatte, abzuholen. Zu ihnen gehörte jener Anführer, der von den Chronisten Karracois genannt wird. Der Marquis weigerte sich, die Gefangenen herauszugeben, und wies darauf hin, der französische König, der bereits abgereist sei, habe sie ihm übergeben. Man kann sich Richards Zorn vorstellen, als der Bischof ihm diese Antwort überbrachte. Er überlegte, ob er die Stadt Tyrus belagern sollte, um Konrad zur Vernunft zu bringen. Dem Herzog von Burgund gelang es jedoch, ihn zu besänftigen, indem er bat, selbst nach Tyrus reisen zu dürfen, um mit dem berühmten »Marquis« zu verhandeln.

Am 9. August erwartete man die Übergaben des Heiligen Kreuzes und den Austausch der Gefangenen.

Als der Tag gekommen war, an dem er (Saladin) dies ausführen sollte, bat er die Christen um einen Tag Aufschub, da die Vorbereitungen noch nicht abgeschlossen seien. Unsere Leute, die sich das Heilige Kreuz und die Freilassung der Gefangenen sehnlichst wünschten, gestanden es ihm zu. Als der festgesetzte Tag gekommen war, bereiteten sich die Könige und Ritter und alle Waffenleute vor... Die Priester und niederen Geistlichen und Mönche waren bekleidet, aber an den Füßen nackt. Sie verließen in großer Demut die Stadt und kamen an den Ort, den Saladin ihnen genannt hatte. Als sie dort angekommen waren und glaubten, Saladin werde ihnen das Heilige Kreuz zurückgeben, brach er sein gegebenes Versprechen... Als sie dies begriffen, fühlten sie sich betrogen. Große Trauer herrschte unter den Christen, und viele Tränen wurden vergossen.

So schreibt der Autor, der die Chronik Wilhelms von Tyrus fortsetzt.

Als unsere Leute fragten
Wann denn das Kreuz käme
Sagte einer: es ist schon da
Ein anderer sagte:
›Ich habe es in der Armee der
Sarazenen gesehen.‹
Sie logen, und das war das Ende.
Denn Saladin half ihnen nicht,
Sondern ließ die Gefangenen im Stich,
Denn er glaubte,
Mit dem Kreuz
einen besseren Frieden abschließen zu können.

So häuften sich die Mißstände nach dem Sieg, der auf so erstaunliche Weise die Hoffnung neu erweckt hatte, eines Tages das lateinische Reich von Jerusalem wiederzuerrichten, das man für immer zerstört geglaubt hatte. Hier soll noch auf ein Ereignis hingewiesen werden, das nur einige Chronisten erwähnen, das jedoch für die weitere Geschichte Richards nicht ohne Bedeutung ist. Es geschah, als die beiden rivalisierenden Könige die in Akkon gemachten Gefangenen aufteilen wollten. Richard von Devizes erzählt, einer der Anführer, Mestoch, sei dem englischen König zugefallen, und der andere, Karracois, sei »wie ein Tropfen kalten Wassers in den weitaufstehenden Mund des durstigen französischen Königs gefallen«. Der Herzog von Österreich, der zu den ältesten Belagerern Akkons gehörte, stellte sich neben dem englischen König auf und erhob seinerseits Anspruch auf einen Anteil an den Gefangenen. Er ließ seine Standarte vor sich her tragen, um zum Ausdruck zu bringen, daß er auch am Sieg beteiligt werden wollte. Dies mißfiel dem Gefolge Richards. Wurde die Standarte des Herzogs auf seinen Befehl in den Graben geworfen? Man kann sich vorstellen, daß diese Geste der Mißachtung seinen Gefühlen und auch denen seiner Vertrauten entsprach. Manche gingen so weit, daß sie zum Zeichen des Spotts die Standarte mit

159

Füßen traten. Das erbitterte den Herzog von Österreich aufs äußerste (*atrociter*, wie der Chronist schreibt). Da er sich aber nicht sogleich rächen konnte, ignorierte er die Beleidigung, kehrte in sein Zelt zurück und verbrachte die Nacht damit, den Affront hinunterzuschlucken. Er kehrte alsbald *plenus rancoris* (voller Rachegefühle) nach Hause zurück.

Viel später sollten diese Rachegefühle voll zum Ausbruch gelangen.

Ein zweites Treffen war für den 20. August anberaumt worden, um die Gefangenen auszutauschen und das Wahre Kreuz zurückzugeben. Vorher sollte eine Begegnung zwischen Richard und dem Bruder Saladins stattfinden. Als aber der König mit einigen Begleitern zwischen die Gräber hinaustrat, wartete er vergeblich auf den angekündigten Gesprächspartner. Die Berichte weichen ein wenig voneinander ab. Anscheinend wurden verschiedene Treffen festgelegt. Die Erregung und Ungeduld Richards hatten ihre Grenze erreicht. Von der Last, die die Ernährung und Bewachung der Gefangenen bedeutete, ganz abgesehen.

> Er befahl, daß man ihm die Sarazenen brachte, die er für sich beanspruchte, heißt es bei dem Nachfolger von Wilhelm von Tyrus... Als man sie ihm brachte, ließ er sie zwischen die Armeen der Christen und der Sarazenen führen. Sie standen so nahe, daß die Sarazenen sie gut sehen konnten. Dann befahl der König, ihnen die Köpfe abzuschlagen. Sie (die Christen) legten Hand an sie und töteten sie vor den Augen der Sarazenen.

Es war ein furchtbares Massaker. Benoît von Peterborough berichtet, Saladin sei mit christlichen Sklaven ebenso verfahren, und nach dem Zeugnis der arabischen Chronisten steht fest, daß er nach Hattin selbst an der Hinrichtung der christlichen Gefangenen, insbesondere der Templer, die alle enthauptet wurden, teilgenommen hatte. Dies entschuldigt nichts. Man schätzt die Zahl der so hingemetzelten Gefangenen auf 2 700. Für uns trübt dieses Gemetzel Richards Ruhm und seine glanzvollen Taten. Wie alle Barbareien dieser Art brachte auch diese nichts als negative Ergebnisse. Alle Verhandlungen waren damit zunichte, und der Krieg, der bald wieder aufflammte, war von größerer Brutalität als zuvor. Nur die beiden Delegierten, die um die Bedingungen der Kapitulation Akkons verhandelt hatten, ließ man am Leben. Sie hatten dem König von England versprochen, ihm Jerusalem und Askalon wiederzugeben. Einige der Honoratioren von Akkon, der Konnetabel, der Kämmerer und auch der sogenante »Kahedin, der Schriftsteller in Akkon war« (wahrscheinlich ein Notar), entgingen dem Massaker.

Zwei Winter und einen Sommer
Hatte die Armee in Akkon verbracht
Dies bedeutete viel Unglück und hohe Kosten
So viele Waisen gab es
So viele verlorene Mädchen
So viele Witwen
So viele Pfründen.
Bistümer und Kirchen
Blieben ohne Hirten,
So viele Fürsten und Grafen starben
Und auch mittlere und kleine Leute.
Möge Gott sie retten und sie
In sein Reich aufnehmen.

Richard war klar, daß er den Kampf wiederaufnehmen mußte, und so vertraute er die Stadt Akkon Bertrand von Verdun an sowie Stephan von Longchamp, der wahrscheinlich ein Bruder des Bischofs von Ely war. Er brachte die drei Damen, die sich nicht von ihm getrennt hatten, seine Schwester Jeanne, seine Gemahlin Berenguela und die Tochter des Kaisers von Zypern, in einem Haus unter, gab ihnen Wächter und eine bewaffnete Truppe zu ihrem Schutz und machte sich nach Haifa auf.

Man kann sich fragen, warum er nicht gleich nach Jerusalem zog. Doch war ihm wohl klar, daß er die Heilige Stadt mit der kleiner gewordenen Armee nicht würde erobern können. Im Lauf des Feldzugs, der immer wieder von Unentschiedenheit gekennzeichnet war, stellte sich dieses Problem mehrfach. Vermutlich wußte er als Feldherr, was ein zweites Akkon bedeuten würde: eine endlose Belagerung, ohne die Voraussetzungen, die ihm schließlich den Sieg gebracht hatten: eine einfache und schnelle Verbindung zum Meer für die Verstärkung und den Nachschub. Wahrscheinlich machte er sich deshalb an die Eroberung der Küste Palästinas, weil er auf diese Unterstützung nicht verzichten wollte.

Die heutigen Historiker weisen immer wieder darauf hin, daß die ersten Kreuzfahrer nicht mit solcher Umsicht handelten. Sie waren nach Jerusalem gezogen und hatten die Heilige Stadt, deren Besitz für die Christenheit so wichtig war, erobert. Sie war, wie sie meinten, ihr Lehen, ihr bevorzugtes Land, auf das sie Rechte besaßen, die ihnen nichts und niemand mehr wegnehmen sollte. Richard handelte als umsichtiger Stratege, der auch an die Schwierigkeiten von morgen denkt – anders als Gottfried von Bouillon, der nach der Eroberung Jerusalems mit dreihundert Rittern dort blieb, und erlebte, wie er vom Belagerer zum Belagerten wurde. Tatsächlich hätten die Angriffe der Armeen des Sultans beinahe die drei Jahre beschwerlicher Reise zu Pferd und die enorme Mühsal, die die Eroberung der Heiligen Stadt bedeutet hatte, wieder zunichte gemacht. Er hatte vor, die Abendländer, die Jerusalem belagerten, von ihren Verbindungen zum Meer abzuschneiden, da niemand mit einer so schnellen Eroberung der Heiligen Stadt gerechnet hatte. Vielleicht fehlten Richards Armee jene Verwegenheit und blinde Zuversicht der ersten Kreuzfahrer, vom strategischen Standpunkt aus jedoch war seine Vorsicht gerechtfertigt.

Der Feldzug begann am 22. August und verlief zunächst ohne größere Schwierigkeiten. Richards Truppen überquerten den Fluß bei Akkon, den Naman, und zogen entlang der Küste gen Haifa. Außer den Soldaten, Rittern, Knappen, Bogen- und Armbrustschützen gehörten zahlreiche Hilfstruppen der Armee an, wie Zimmerleute und Pioniere mit entsprechendem Gepäck. Die schwersten Geräte wie Wurf- und andere Kriegsmaschinen waren auf die Schiffe geladen worden, die gleichzeitig mit den Truppen von Akkon aufbrechen und bis Jaffa an der Küste entlangfahren sollten. Sollte der Sultan mit überlegenen Kräften heftig angreifen, konnte die Flotte der Truppe als Zuflucht dienen. Außerdem konnte sie Proviant für die Truppe bereitstellen. Zu Anfang verlief der Vormarsch ohne allzu große Schwierigkeiten. Die Küste war zwar sandig und mit Brombeeren überwuchert, die das Vorwärtskommen erschwerten, auch rechnete man ständig damit, daß Saladin den gesamten Zug aufhalten könnte; zudem war die Hitze im Monat August groß, man kam nur mit Mühe vorwärts, aber die Marschordnung war sinnvoll angelegt.

Zunächst hatte man eine Vorsichtsmaßnahme ergriffen. Ambroise, der an der Expedition teilnahm, erzählt davon: Es war nicht einfach gewesen, die Soldaten den Genüssen Akkons zu entreißen, denn in der Stadt gab es »viele gute Weine und Mädchen, von denen manche sehr schön waren; man gab sich dem Wein und den Frauen und überhaupt jeder Torheit hin«. Die »törichten Frauen«, wie man sie damals nannte, wurden förmlich aufgefordert, in der Stadt zu bleiben, in der Armee wurden nur »gute alte Pilgerinnen behalten, Arbeiterinnen und Wäscherinnen, die Wäsche und Haare wuschen und beim Enfernen von Flöhen ebenso geschickt waren wie Affen«. Richard übernahm gemeinsam mit Guy von Lusignan den Befehl über die Vorhut. In der Mitte befanden sich die normannischen Ritter, um die Verteidigung zu gewährleisten; der Nachhut gehörten die meisten französischen Ritter an, Hugo von Burgund, Jakob von Avesnes und Wilhelm von Barres, der die Scharmützel mit dem englischen König vergessen zu haben schien. Zu Beginn des Feldzugs hatte die Nachhut viel zu tun, denn die Armee Malik al-Adils, des Bruders von Saladin, hatte sich in einem südlich von Akkon gelegenen Weiler verschanzt, den die Kreuzritter Rainemunde nannten. Nur mit Mühe konnten sie seinen Angriff abwehren, aber durch den schnellen Marsch und die strenge Disziplin in den Reihen der Soldaten widerstanden sie ihm. In der arabischen Chronik von Imad ad-Din[1] heißt es: »Die Kavallerie und Infanterie der Franken bewegten sich entlang der Küste vorwärts, das Meer lag rechts und die Ebene links. Die Infanterie bildete eine Art Mauer um die Armee. Die Männer trugen Oberteile aus Filz und so enge Ringhemden, daß keine Pfeile eindringen konnten. Sie waren mit starken Armbrüsten bewaffnet und verwundeten unsere Reiter aus großer Entfernung.«

In Wirklichkeit störten die Armeen des Sultans den Zug dauernd. Die Türken wandten dabei die seitdem den Kreuzfahrern wohlbekannte Taktik an, mit Reitereinheiten von Bogenschützen den Zug von der Seite anzugreifen und auseinanderzutreiben, indem sie die marschierenden Soldaten mit Pfeilen beschossen, wobei sie »wie die Fliegen« um sie herumwirbelten und sich hinterher zurückzogen. Wenn sie sich neu formiert hatten, griffen sie an anderer Stelle wieder an. Bei Kämpfen auf freiem Feld praktizierten die »Sarazenen« im Gegensatz zu den Truppen aus dem Abendland eine Umzingelungstaktik und versuchten nicht, die Reihen des Gegners zu durchbrechen. Aber diese Mobilität, die ihre Stärke ausmachte, wurde durch den sandigen Boden gebremst, außerdem waren die Christen durch die Ringhemden vor schweren Pfeilschußverletzungen geschützt. Baha ad-Din, ein Augenzeuge wie Ambroise, erzählt, er habe einen Soldaten gesehen, der in aller Ruhe marschierte, obwohl man in seinem Rücken zehn Pfeile zählen konnte:

---

[1] Zit. bei René Grousset Bd. VI, S. 165.

Der Kampf zwischen den beiden Armeen ließ nicht nach, aber vergeblich schossen die Muslime Pfeile in die Flanken des Feindes, um ihn zum Kampf zu reizen. Er blieb unerschütterlich und setzte seinen Weg in der alten Ordnung und mit gemäßigtem Tempo fort... In der Mitte des Zuges sah man einen Wagen, der einen Turm beförderte. Dieser war so hoch wie ein Minarett, und es war eine Standarte daran befestigt.

Der Wagen mit der hoch oben aufgepflanzten Standarte diente der Armee als Orientierungspunkt, auch als möglicher Sammelplatz der Truppen, falls sie zerstreut würden. »Ihre Schiffe«, fügt Baha ad-Din hinzu, »fuhren parallel zu der Armee auf dem Meer und machten zur gleichen Zeit wie sie halt. Die Etappen lagen nah beieinander, um die Infanterie zu schonen, denn in Ermangelung von Lasttieren mußten Zelte und Gepäck von den Reservetruppen getragen werden.« Mehrere andere arabische Chronisten waren ebenso erstaunt wie er über die strikte Disziplin, welche die Armee auf dem Vormarsch unempfindlich für die Provokationen und Attacken der Türken oder gar der Beduinen machten, die »schrecklich und schwärzer als Ruß waren, schnell und äußerst behende agierten und... die Armee quälten, ohne ihr einen Augenblick Ruhe zu gönnen«. Weiter heißt es : »Unsere Armee umgab die Franken vergeblich von allen Seiten und beschoß sie mit einem wahren Pfeilhagel... Sie blieben unerschütterlich in ihrer Marschordnung, ohne sich irritieren zu lassen, und ihre Infanterie reagierte auf unseren ständigen Beschuß, indem sie unsere Kavallerie mit Armbrust- und Bogenschüssen verletzte.«

Richards Armee erreichte schließlich Kaifas, die erste Etappe, wo sie sich unter Palmen erholte, da die eigentliche Stadt von Saladin geschleift worden war. Dieser verfolgte aufmerksam den Weg der Franken, um sie zu überraschen, und schlug sein Lager an einer Stelle auf, die er Kaimoun nannte. Der Weg war enger geworden und führte nun zwischen Meer und dem Karmelgebirge hindurch. Um die Straße zu schützen, war früher eigens eine Festung errichtet worden, die »Destroy«, die Petrus Enchises genannt wurde und hinter einer anderen Festung lag, an einem Ort, der Kapernaum am Meer hieß. Beide waren jedoch von Saladin geschleift worden, der überall eine Politik der »verbrannten Erde« praktizierte. So war die Hilfe der Flotte, welche die Armee begleitete, höchst kostbar, denn sie ermöglichte ihr eine Ruhepause von zwei Tagen, bevor sie durch die Schlucht zog. Die Schiffe konnten sich auf einer nicht weit entfernten Halbinsel in zwei Buchten niederlassen, oberhalb derer zwanzig Jahre später, 1218, die Templer in weniger als vier Monaten die großartige Festung von Athlit anlegen sollten – das Pilgerschloß der Menschen aus dem Abendland –, die erst 1291 als letzte Festung nach Sankt Johann von Akkon fiel. Die Ruinen existieren noch heute und sind ein wichtiger strategischer Punkt für Israel, den man nicht besichtigen kann (der große Saal, der aus gotischer Zeit stammt – Margarete von Provence, Gemahlin Ludwigs des Heiligen, brachte hier zwei ihrer Kinder zur Welt –, steht Touristen nicht offen).

Am 30. August setzte die Armee ihren Marsch fort. Diesmal übernahmen die Templer die Vorhut und die Johanniter die Nachhut. Zunächst mußten sie den Angriff eines Teils der Saladin-Armee abwehren, die sich allerdings bald wieder zurückzog. Vermutlich wartete der Sultan, bis die Armee aus den Schluchten herauskam, in denen normale Manöver nur schwer durchzuführen waren. So zogen sie weiter an der Küste entlang, überquerten den Fluß, den die Chronisten *Flum as cocatriz,* Fluß der Krokodile, nennen. Tatsächlich wurden auch zwei Soldaten von den schrecklichen Ungeheuern gefressen, die den Nahr Zerka genannten Wasserlauf unsicher machten.

Im Lauf des Tages erreichte die Armee Cäsarea am Meer, auch dieser Ort war vollständig durch die Armeen des Sultans zerstört worden. Danach entfernten sie sich ein wenig vom Ufer, weil es von Sümpfen durchzogen war, und marschierten auf die Hügel zu, die an die Sharon-Ebene grenzen. Vorher hatten sie sich noch südlich von Cäsarea, nahe beim Toten Fluß, der heute Nahr-Hedera heißt, ein Scharmützel mit dem Feind geliefert, das nicht ganz ohne Folgen blieb. Richard, der den Templern zu Hilfe kam, wurde dabei leicht verletzt. Die große Hitze hemmte den Lauf der Soldaten, die Filzhemden trugen, ähnlich den Torwarthemden unserer Tage, und auch ihre Ringhemden nicht ablegten, um sich vor den ständigen Angriffen der Türken zu schützen. Sie brauchten noch zwei Tage Erholung am Ufer des »Salzflusses«, des Nahr Iskanderuna.

Die folgende Strecke führte durch einen Wald im Norden von Arsuf, wo er genau liegt, weiß man noch nicht. Die Furcht war groß, denn in diesen ersten Septembertagen war es ein leichtes, den Wald in einen riesigen Brandherd zu verwandeln (»der Tag war sehr heiß«). Mehr als einer erinnerte sich, auf welche Weise das Desaster von Hattin erfolgt war. Die Sarazenen hatten das Unterholz in Windrichtung angezündet und die Franken schließlich zur totalen Kapitulation gezwungen.

Dennoch vollzog sich der Marsch durch den Wald ohne Hindernisse. Die Armee erreichte den Nahr Fâlik. Einer der englischen Chronisten berichtet, wie überrascht der König war, als er dorthin gelangte: Die Armeen Saladins versperrten ihm den Weg. »Als der englische König bemerkte, daß er und seine Armee noch in dieser Nacht verdursten konnten und das Vieh ebenso, wenn man ihm den Zugang zum Wasser versperrte, und außerdem erkannte, daß sie, wenn sie zurückgehen würden, von den Heiden eingekesselt würden und ein Rückzug unmöglich war, schickte er seine Armee in verschiedene Schlachten und ermahnte sie, tapfer gegen die Feinde des Kreuzes Christi zu kämpfen, und die Heiden gewaltig zu schlagen.« Zuvor hatte er versucht, Verbindung mit Saladin aufzunehmen, und dieser hatte eilig die Gelegenheit ergriffen, zu verhandeln und währenddessen auf Verstärkung durch die Türken zu warten. Am 5. September kam es zu einem Treffen mit Malik al-Adil, dem Bruder des Sultans. Onfroy von Toron diente erneut als Dolmetscher. Richard forderte die Rückgabe des Königreichs Jerusalem, was ihm jedoch verweigert wurde. Das Massaker an den Gefangenen, die als Lebende ein politisches Druckmittel gewesen wären, erschwerte offensichtlich den diplomatischen Weg. So blieb nur der Kampf.

In der Armee gab es niemanden,
Der, so mutig er auch war,
Nicht gewünscht hätte, daß die Reise vorbei wäre,

gestand Ambroise in dieser aufregenden Lage. Eine genaue Schlachtordnung wurde festgelegt: In der Vorhut befanden sich die Templer, Bretonen und Angeviner, dann folgte Guy von Lusignan mit den Poitevinern, seinen Landsleuten, danach die Normannen und Engländer, schließlich die Johanniter, welche die Nachhut bildeten. »Es war vereinbart worden, daß wir an drei Orten sechs Trompeten postieren sollten, die in dem Moment bliesen, in dem wir uns den Türken zuwenden sollten, zwei in der Hauptarmee, zwei hinten und zwei in der Mitte.« Das Geschehen wurde durch die türkische Kavallerie ausgelöst:

Mehr als 30 000 Türken warfen sich in vollem Lauf auf die Armee, sie ritten auf blitzschnellen Pferden und wirbelten Staub auf. Vor den Emiren gingen die Trompeter, die Schellenträger und die Trommler, die auf ihre Trommeln schlugen und Schreie und Geheul ausstießen: Man hätte Gott nicht donnern hören können, soviele Trommeln ertönten... Hinter ihnen kamen die Neger und Sarazenen und Beduinen, behende Infanteristen mit Bögen und leichten Schilden... Von der Meer- und Landseite aus griffen sie die Armee aus solcher Nähe und mit derartiger Stärke und Wildheit an, daß sie

ihr großen Schaden zufügten, besonders durch das Töten von Pferden.

Der Kampf hatte noch nicht lange begonnen, als das
Oberhaupt der Johanniter, Bruder Garnier von Nablus,
im Galopp zum König geritten kam: »Sire, wir verlieren
alle Pferde!« – »Geduld, Meister«, antwortete der König,
»man kann nicht überall sein.« Einer der Johanniter und
ein Engländer brachten diese Geduld nicht auf und griffen
entgegen Richards Weisung zu früh an. Der König sah
seine Armee schon am Rande der Niederlage. Erneut
tauchte das Gespenst von Hattin an diesem glühendheißen
Tag auf. Aber, wie René Grousset anmerkt, war der König von England »weder ein Renaud von Châtillon noch
ein Guy von Lusignan«. Er warf seinen Angriffsplan um
und ließ die Reihen der Infanteristen sich öffnen, damit sie
im Sturm auf die Muslime losgingen. Eigentlich wollte er
erst angreifen, nachdem die Truppen der Muslime ihren
Aufmarsch beendet hatten, dennoch erfüllte der Sturman-
griff seinen Zweck.

Baha ad-Din hat diesen Tag anschaulich beschrieben
und dabei vor allem die angreifenden Reiter im Auge
gehabt:

> Da sammelte sich die fränkische Kavallerie, und da sie
> wußte, daß sie außer einer äußersten Anstrengung
> nichts mehr retten konnte, beschloß sie, anzugreifen.
> Ich sah selbst alle diese Reiter, die innerhalb eines von
> ihrer Infanterie gebildeten Gürtels Aufstellung genom-
> men hatten. Sie ergriffen ihre Lanzen, stießen alle ge-
> meinsam einen Kriegsschrei aus, die Reihe der Infante-
> rie öffnete sich, um sie hindurchzulassen, und sie stürz-
> ten sich in alle Richtungen. Eine ihrer Divisionen warf
> sich auf unseren rechten Flügel, eine andere auf den
> linken, eine dritte auf unsere Mitte, und alles bei uns
> wurde in die Flucht geschlagen.

Ambroise gibt einen parallelen Bericht, der ebenso beeindruckend ist:

> Die Johanniter, die besonders gelitten hatten, griffen in ordentlicher Aufstellung an. Der Graf von Champagne mit seinen tapferen Gefährten, Jakob von Avesnes mit seiner Gruppe griff ebenfalls an. Der Graf Robert von Dreux und der Bischof von Beauvais (seinem Bruder Philipp werden wir bei der Schlacht von Bouvines wiederbegegnen) griffen gemeinsam an. Die Türken waren überrascht, denn die unseren stürzten sich auf sie wie der Blitz und wirbelten Staub auf. Und all denen, die zu Fuß herbeigeeilt waren und uns mit ihren Bögen soviel Schlimmes angetan hatten, wurde der Kopf abgeschlagen. Sobald die Ritter sie zu Boden geworfen hatten, brachten die Knappen sie um. Als König Richard bemerkte, daß die Reiter die Reihen der Infanterie verlassen hatten und, ohne länger zu warten, den Feind angriffen, gab er seinem Pferd die Sporen und ritt in schnellem Lauf davon, um die vorderen Kämpfer zu retten. Er vollführte an diesem Tag derartige Heldentaten, daß vor und hinter ihm ein breiter Weg toter Sarazenen lag und die anderen zur Seite wichen und der Streifen von Toten eine halbe Meile maß. Man sah die Leichen der Türken mit ihren bärtigen Gesichtern so dicht nebeneinander liegen wie Garben.

Es gelang Saladin dennoch, die Flüchtenden wieder zu sammeln, und als die fränkische Reiterei sich aus Angst, in einen Hinterhalt zu geraten, zurückzog, versuchten die Sarazenen einen neuen Angriff. Baha ad-Din faßt die Schlacht in folgenden Sätzen treffend zusammen: »Als der Feind die Muslime angriff, zogen sie sich zurück. Als er stehenblieb, weil er fürchtete, in einen Hinterhalt zu geraten, hielten sie an, um ihn zu bekämpfen. Während seines zweiten Angriffs kämpften sie und flohen zugleich.« Während dieses zweiten Angriffs wurde Jakob von Avesnes, der tapfere Ritter, hingemetzelt. Die englischen

Chronisten erweisen ihm Ehre; er sei ein Ritter »katholischen Glaubens und im Krieg voll Eifer« gewesen.

Der zweite Angriff der fränkischen Reiterei führte diese nah an das Lager Saladins, das sich auf den bewaldeten Hügeln von Arsuf befand. Es schien ihnen zu gefährlich, sich weiter nach vorne zu wagen, und die Muslime verzichteten darauf, sie erneut zu verfolgen.

Ein sehr großer Sieg war diese Schlacht von Arsuf am 7. September 1191, der nur durch das militärische Geschick Richards errungen wurde. Ohne ihn hätte es zu einem neuen Desaster kommen können. Der Ruhm, den er diesem Sieg verdankte, war wirklich verdient. Manche Historiker meinen, daß dieser Sieg ebenso wie die Wiedereroberung von Akkon und vielleicht noch mehr als diese zu einer Umkehr des Kräfteverhältnisses zwischen Christentum und Islam führte. Dies haben die Chronisten gespürt, die berichten, daß am Abend der Schlacht Sultan Saladin von Mutlosigkeit ergriffen wurde. »Nur Allah konnte ermessen, welch heftigen Schmerz er nach dem Kampf im Herzen spürte«, schreibt Baha ad-Din. Als er später an die Verteidigung Askalons dachte, widersprachen seine Emire ihm. »Wenn du Askalon verteidigen willst, dringe selbst dort ein oder schicke einen deiner Söhne, sonst wird keiner von uns dorthin gehen, nach allem, was den Verteidigern von Akkon widerfahren ist.« Dem Sultan fiel keine andere Lösung als die Zerstörung von Askalon ein. Mit Cäsarea und Jaffa war er ebenso verfahren. Dies war seine Antwort auf die erneut aufflammende Kampfeslust, die er in der feindlichen Armee spürte. Baha ad-Din gibt eine lebhafte Beschreibung der systematischen Zerstörung einer Stadt, die

den Augen schmeichelte und das Herz bezauberte. Ihre Mauern waren fest, ihre Gebäude groß und der Aufenthalt in ihr sehr begehrt. Als die Einwohner erfuhren, daß ihre Stadt zerstört werden sollte und sie ihre Häuser verlassen müßten, stießen sie vor Schreck laute Schreie aus und verkauften zu Billigpreisen alles, was sie nicht mitnehmen konnten... Ein Teil von ihnen floh nach Ägypten, ein anderer nach Syrien. Es war ein schwerer Schicksalsschlag, und es geschahen entsetzliche Dinge.

Eine Taktik der »verbrannten Erde« gegenüber der christlichen Armee war fortan Saladins wirksamstes Mittel. Als er Ende September nach Jerusalem zurückkehrte, machte er nicht nur Askalon dem Erdboden gleich, sondern auch das Schloß von Ramla und die Kirche von Lydda, die am Weg lagen.

An dieser Stelle kann man über Richards Haltung nur staunen. Die arabischen Chroniken (Ibn al-Atir) schreiben Konrad von Montferrat einen Vorwurf zu, der höchstwahrscheinlich echt ist:

> Du hörst doch, daß Saladin Askalon zerstört, und du bleibst untätig! Als du erfuhrst, daß er die Stadt zu vernichten begann, hättest du eilig gegen ihn marschieren und ihn aus Askalon vertreiben müssen, und dann hättest du es ohne Kampf und Belagerung eingenommen!

Die Auswirkungen des wetterwendischen Charakters des Königs von England haben ihm bekanntlich den Namen *Oc e no* eingebracht. Vielleicht war es auch eher seine Impulsivität, die ihn dazu trieb, sich nach einem gefaßten Entschluß für das Gegenteil zu entscheiden. In ganz Palästina rechnete man nach dem brillanten Sieg von Arsuf auf muslimischer wie auf christlicher Seite damit, daß er nach Askalon und danach nach Jerusalem marschieren würde. Die Moral seiner Truppen befand sich auf dem Höhepunkt, die Muslime waren in der Defensive. Während man Richards Zögern nach der Eroberung Akkons noch verstehen kann, bleibt unerklärlich, warum er sich nach dem Sieg von Arsuf nicht zum Handeln entschloß. Der Chronist, der das Werk Wilhelms von Tyrus fortsetzte, wagt eine Hypothese, die von niemandem sonst bestätigt wird: Angeblich hatte Hugo, der Herzog von Burgund, beschlossen, sich aus der Armee zurückzuziehen:

> Er versammmelte alle hohen Herren Frankreichs und die, welche den König liebten, und sagte: »Ihr Herren, Ihr wißt, daß Euer Herr, der König von Frankreich, fortgegangen ist. Die ganze Blüte seiner Ritter ist geblieben, und der König von England hat im Vergleich zu den Franzosen nur wenig Leute. Wenn wir weiter vorrücken und Jerusalem einnehmen, wird es heißen, nicht die Franzosen hätten es erobert, sondern der König von England, der französische König aber sei geflohen. Dies würde Schande über den König und das ganze Land bringen. Es darf aber nie ein Vorwurf auf Frankreich lasten. Deshalb schlage ich vor, daß wir nicht weiter vorrücken.« Manche stimmten ihm zu, andere nicht. Da sagte der Herzog: »Wer mir folgen will, der folge.« Der König von England wußte nichts von diesem Treffen und bereitete sich am nächsten Morgen auf den Marsch nach Jerusalem vor, während der Herzog von Burgund die Franzosen bewaffnete und sich nach Akkon zurückzog.

Es folgt ein pathetischer Bericht, der nie vergessen wurde. Er kann leicht von jedem überprüft werden, der »die heilige Reise nach Jerusalem« unternommen hat, heute und zu vergangenen Zeiten:

> Als der König den Berg der Freude erreicht hatte, der etwa zwei Meilen vor Jerusalem liegt, und die Heilige Stadt Jerusalem sah, stieg er hinab, um zu beten, denn es ist Brauch unter den Jerusalem-Pilgern, hier Gebete abzuhalten, weil man den Tempel und das Grab erkennen kann.

In einer anderen Schrift heißt es: »Der König irrte gleich nach seiner Ankunft in Sankt-Samuel umher, das Berg der Freude genannt wird.« Es handelt sich hierbei um einen Bergvorsprung, der heute noch Nebi Samwil heißt und allen Pilgern gezeigt wird. Man weiß, welche Bedeutung auf Pilgerfahrten, ganz gleich ob es sich um die Reise nach Santiago de Compostela, nach Rom oder Jerusalem handelt, dem Ort zukommt, von dem aus man zum erstenmal das Ziel der Pilgerreise sehen kann. Im Mittelalter, als die Pilger in Gruppen reisten und nicht wie in Palästina Angriffe fürchten mußten, beeilten sie sich auf der letzten Etappe immer besonders, und der, welcher als erster ankam und vor den anderen die Türme von Santiago de Compostela oder die Hügel von Rom erblickte, wurde zum »Roy du Pèlerinage«, König der Pilgerfahrt, ernannt – dieser Begriff ist zu einem Familiennamen geworden und gilt als Ursprung der Namen Roy, Rey oder Leroy, den so viele französische Familien tragen. Nach dem anonymen Fortsetzer der Chronik Wilhelms von Tyrus erfuhr Richard ausgerechnet hier, am Berg der Freude, daß der Herzog von Burgund abtrünnig geworden war:

> Da erreichte ihn eine Nachricht, in der ihm einige seiner Freunde aus der Armee mitteilten, daß der Herzog von Burgund und der größte Teil der Franzosen sich nach Akkon zurückzögen. Als der König dies hörte, war er hart getroffen und weinte aus Kummer. Dann kehrte er nach Jaffa zurück.

Der Bearbeiter der Chronik scheint, absichtlich oder nicht, zwei verschiedene Ereignisse des Kreuzzugs miteinander zu verwechseln, denn er fügt hinzu: »Als der Herzog von Burgund nach Akkon kam, starb er bald darauf. Er wurde auf dem Sankt-Nikolaus-Friedhof beigesetzt.« Dies macht seinen Bericht ein wenig unglaubwürdig, denn 1192 lebte der Herzog von Burgund noch. René Grousset weist zu Recht darauf hin, daß der Chronist Ambroise diese Gelegenheit, die Franzosen zu verunglimpfen, sich nicht hätte entgehen lassen, wie er es bei jedem sich bietenden Anlaß tat.[1] Es ist im übrigen kaum

---

[1] Bd. VII, S. 184.

vorstellbar, daß es Richard Löwenherz in jenem September gelang, bis auf zwei Meilen an Jerusalem heranzukommen ...

Nach dem Sieg von Arsuf am 7.9.1191 führte Richard seine Armee erst einmal nach Jaffa. Stadt und Hafen waren auf Befehl Saladins verwüstet worden, und es war nützlich, sie wieder aufzubauen und mit Festigungsanlagen zu versehen. Jaffa wurde in der Folge der am meisten von Kreuzfahrern benutzte Hafen, und man weiß, daß Tel-Aviv, die Nachfolgerin der Altstadt, heute immer noch der Ort ist, über den man üblicherweise nach Israel gelangt. Es liegt nahe bei Lod, wo sich der Flughafen befindet, unweit der antiken Stadt Lydda: Hier scheint ein Zugang heute wieder so traditionell geworden sein wie im 12. und 13. Jahrhundert.

Der Wiederaufbau dauerte lange und beschäftigte die Armee länger als zwei Monate. Die Bauarbeiter waren ständig auf der Hut und wurden dauernd bewacht. Selbst König Richard, der eines Tages aufgebrochen war, um Belagerer zu vertreiben, auf die man ihn aufmerksam gemacht hatte, wurde im Mittagsschlaf überrascht und hatte gerade noch Zeit, auf sein Pferd zu springen. Wenn nicht Wilhelm von Préaux, einer der Ritter, die ihn begleiteten, laut geschrieen hätte: »Sarazenen, ich bin der Melek« – »der Melek ist der König«, fügt Ambroise hinzu –, wäre er sogar gefangengenommen worden. »Die Türken ergriffen ihn sogleich, und brachten ihn zu ihren Truppen.«

Sie hatten ihn für Richard gehalten, der ihnen dank der Ergebenheit seines Begleiters entkam.

Gegen Ende Oktober 1191 war Jaffa weitgehend wieder aufgebaut. Ein Teil dieser Kreuzfahrerstadt besteht heute noch. Ludwig der Heilige ließ sie ein halbes Jahrhundert später erneut befestigen.

Im Schutz der Mauern von Jaffa richtete sich die Armee der Christen bequem ein und genoß alle Reize und Vergnügungen der Stadt.

»Vor Jaffa, in den schönen Gärten, hatte die Armee Gottes ihre Banner aufgestellt«, schreibt Ambroise. »Es gab dort weites Grünland, Weintrauben, Feigen, Granatäpfel und Mandeln im Überfluß an den Bäumen, und man konnte davon nehmen, soviel man wollte. Die Armee labte sich daran.«

Außer dem Überfluß an Herbstfrüchten wurde den Soldaten noch ein anderes Vergnügen zuteil: »Die Frauen reisten der Armee von Akkon kommend nach und benahmen sich schändlich. Sie kamen in Schiffen und Barken. Erbarmen! Was für ungeeignete Waffen, um das Erbe Gottes zurückzuerobern!«

Es handelte sich um Prostituierte, die Richard nur mit Mühe aus der Armee entfernt hatte, bevor er sich auf den Weg entlang der Küste machte. Es kam sogar zu Desertionen, manche Kreuzfahrer hatten keine Bedenken, nach Akkon zurückzukehren, um sich dort ein schönes Leben zu machen.

Neue Verhandlungen begannen, bei denen immer noch Malik al-Adil, der Bruder des Sultans, und Onfroy von Toron, der Arabisch sprach wie ein Einheimischer, die Hauptrollen spielten. Es ging darum, den als Franken bezeichneten Kreuzfahrern das gesamte bisher eroberte Uferstück zu überlassen. Anscheinend ließ Saladin sich darauf ein.

Richard hatte die Idee, nach Jerusalem zu ziehen, noch nicht aufgegeben. Ende Oktober nahm er den Feldzug wieder auf und überließ den Wiederaufbau und die Verteidigung von Jaffa zwei Leuten seiner Umgebung, Johann, dem Bischof von Evreux, und Wilhelm, dem Grafen von Châlons. Nachdem er die in Akkon auf Irrwege geratenen Soldaten wieder versammelt hatte – auf Guy von Lusignan, der vorher bereits dorthin geschickt worden war, hatte niemand gehört –, griff Richard zuerst die Vorhut der Armee Saladins in Jasur an. Entschlossen, die Straße von Jaffa nach Jerusalem zu befestigen, weil dort der normale Pilgerweg entlangführte, machte er sich mit Hilfe der Templer an die Restaurierung zweier Burgen, von denen die eine Casal der Ebene und die andere Casal Moyen oder Maen hieß. Heute trägt der Ort den Namen Beit-Dejan. Am 6. November kam es wie durch Zufall zu einem Scharmützel, das beinahe in einen richtigen Kampf ausgeartet wäre. Zwei Tempelritter stießen beim Einkauf von Vorräten nordöstlich von Jasur mit Beduinen zusammen. Die kleine Gruppe wäre umgebracht worden, wenn nicht fünfzehn Ritter aus dem Gefolge des einen Tempelritters, Andreas von Chauvigny, vorbeigekommen wären. Es eilten aber auch Muslime herbei, die man alarmiert hatte, und die Christen sandten weitere Verstärkung: Hugo von Saint-Pol, Robert von Leicester, Wilhelm von Cayeux und Eudes von Trasignies. Auf muslimischer Seite kam eilig eine diesmal große Truppe (nach Ambroise 4 000) zur Verstärkung herbei, und das ganze wäre in einen großen Kampf ausgeartet, wenn nicht König Richard selbst in Begleitung einiger Ritter erschienen wäre. Er kämpfte wie wild, bis er Robert von Leicester und Hugo von Saint-Pol befreit hatte. Nach diesem Zwischenfall zogen sich beide Seiten zurück, es war der erste auf dem Weg nach Jerusalem.

Danach begegnet uns Richard auf einer bekannten Etappe dieses Weges, nämlich in Ramla, einem für die mittelalterlichen Pilger historischem Ort. Hier war der Pilgertrupp des Bischofs von Bamberg, Gunther, an einem Karfreitag im Frühjahr 1065 angegriffen worden, und nach einigen Autoren waren alle Teilnehmer bis auf wenige umgebracht worden, ein paar Jahrzehnte vor der ersten Expedition zur Befreiung Jerusalems. Das Blutbad – Gunther hatte angeblich zehntausend Pilger in seiner Begleitung gehabt, von denen keiner bewaffnet war, und das Massaker dauerte zwei Tage, nämlich von Karfreitag bis Ostersonntag – war nicht ohne Einfluß auf die Reaktion Urbans II. gewesen, der dreißig Jahre später auf dem Konzil von Clermont zur Verteidigung der Pilger ins

Heilige Land aufgerufen hatte. Der Name Ramla, der sich auf Autobahnschildern findet, löst heute noch bei denen, die die Geschichte des Mittelalters kennen, lebhafte Gefühle aus...

Richard begab sich an einen Ort zwischen Ramla und der Stadt Lydda. Saladin, gemäß seiner Taktik der verbrannten Erde, hatte beide eilig zerstören lassen. Er hatte einen parallel verlaufenden Weg genommen, und bewegte sich auf die Festung Toron der Ritter an der Stelle des heutigen Latrun zu (heute befindet sich dort ein Trappistenkloster). Die Armee kampierte, so gut es ging, in den Ruinen von Ramla, als der Herbstregen einsetzte. Sinflutartige Niederschläge hielten etwa sechs Wochen lang an und zwangen die Soldaten, wohl oder übel vom 15. November bis zum 8. Dezember 1191 dort zu bleiben, »in größter Widrigkeit und Unbill«, wie Ambroise betont. Dabei war man hier vor Überraschungsangriffen nicht sicher. Einmal gelang es Robert von Leicester mit einer Handvoll Männer, einen Angriff des zahlenmäßig weit überlegenen Feindes gerade noch abzuwehren. Erst durch die Ankunft Andreas von Chauvignys und seines Gefolges jedoch konnten die Feinde wirklich vertrieben werden. Während dieser Zeit ließ Malik al-Adil in Jerusalem eilig die Befestigungsanlagen wiederherrichten, wobei sie vergrößert wurden, so daß der Berg Zion nun innerhalb der Mauern lag. Außerdem stattete Malik die Stadt mit allem aus, was für den möglichen Fall einer Belagerung vonnöten war.

Da das ungünstige Wetter die Armee am Vordringen hinderte, mußte sich Richard mit der Besetzung Latruns zufriedengeben und in Bait Nuba, das die Kreuzfahrer Betenoble nannten, Weihnachten verbringen. Etwa an dieser Stelle endet die Ebene, und die Berge von Judäa beginnen. Hinter jedem Hügel konnte sich ein feindlicher Trupp verbergen und ein Gemetzel anrichten. Ambroise schreibt:

Es war kaltes Wetter, der Himmel bedeckt. Es regnete viel und wegen der Unwetter verloren wir zahlreiche Tiere. Regen und Hagel fielen auf uns herab und stürzten die Zelte um. Gegen Weihnachten verloren wir viele Pferde. Unmengen von Keksen wurden durch das Wasser aufgeweicht. Das gepökelte Schweinefleisch verfaulte wegen der Unwetter, und die Panzerhemden wurden von Rost bedeckt, der nur schwer zu entfernen war.

Alle spürten die Nähe Jerusalems, und die Aussicht, bald die Heilige Stadt zu sehen, beflügelte sie.

Viele waren wegen fehlender Nahrung krank, aber ihre Herzen waren fröhlich, weil sie hofften, bald zum Heiligen Grab zu gelangen. Sie wünschten sich so sehr Jerusalem zurück, daß sie die Lebensmittel für die Belagerung mitgebracht hatten. Das Lager füllte sich mit Leuten, die in großer Freude herbeikamen und alles so gut machen wollten wie möglich. Kranke ließen sich auf Tragbetten legen und in großer Zahl ins Lager bringen, sie waren beherzt und zuversichtlich... Im Lager herrschte die größte Freude. Es wurden Ringpanzer hergestellt, und die Leute erhoben ihr Haupt und sagten: »Gott, hilf uns, Heilige Jungfrau Maria, hilf uns, laß uns dich anbeten und dir danken, daß wir das Heilige Grab sehen können.« Überall herrschte nur Freude und Heiterkeit, und alle sagten: »Gott, endlich sind wir auf dem richtigen Weg, deine Gnade leitet uns.«[1]

Nur wenige Meilen von dort war man mit großem Eifer dabei, die Mauern der Heiligen Stadt wiederaufzubauen, um der, wie man glaubte, bald beginnenden Belagerung durch die Franken trotzen zu können. Es heißt, der Bruder Saladins, Malik al-Adil, habe selbst Steine auf seinem Sattel transportiert, um den Arbeitern, welche die Mauern

---

[1] René Grousset, Bd. VI, S. 180.

ausbesserten, zu helfen. Saladin selbst war inzwischen damit beschäftigt, in Ägypten eine Armee aufzubauen, um Palästina zurückzuerobern.

Warum entschloß man sich nicht zum Sturm auf Jerusalem? Muß man auch hier die Verzögerung und Verspätung dem Charakter König Richards anlasten, auf dessen ungestümes Handeln immer Phasen des Rückschritts folgten? (*»Oc e no«.*) Es waren bereits viele Gelegenheiten versäumt worden, und viele Barone seiner Umgebung zögerten. Es waren nicht nur diejenigen, die man mit einem arabischen Lehnwort als »Bauern« bezeichnete, also jene Ritter, die im Heiligen Land geboren waren und jedes schnelle Handeln ablehnten – sie wollten sich nicht leichtfertig den Gefahren aussetzen, die sie besser kannten als jeder andere. Es waren auch die Johanniter und selbst die Templer, die eigentlich für ihre Tapferkeit berühmt waren. Man hatte eindeutig den günstigen Moment verstreichen lassen, und die Lage zwischen den Bergen Judäas, wo der Vormarsch der Truppen an jeder Kurve aufgehalten werden konnte, und der Küste und der weiten Ebene, wo man jeden Augenblick mit dem Auftauchen einer neuen Armee Saladins rechnen mußte, war alles andere als sicher. Ambroise nennt noch einen weiteren Grund, den man nicht außer acht lassen darf: »Sie (die im Lande Geborenen) sagten, selbst wenn die Stadt eingenommen würde, sei das Unternehmen dennoch gefährlich, wenn die Stadt nicht augenblicklich mit Menschen bevölkert würde, die dort auch blieben. Die Pilger würden ja, wenn das Ziel ihrer Pilgerfahrt erfüllt sei, sogleich nach Hause zurückkehren, und dann wäre das Land erneut verloren.«

Die Leute aus der Gegend wußten aus Erfahrung, daß es schwer sein würde, die Stadt auf die gleiche Weise zu halten, wie Gottfried von Bouillon es ein Jahrhundert zuvor getan hatte. Wie sollte man in einem Land leben können, das auf Befehl Saladins systematisch verwüstet worden war? Selbst wenn manche Kreuzfahrer bereit wären, ihre Gelübde zu verlängern und noch im Land zu bleiben, wie es oft im vergangenen Jahrhundert geschehen war, würden die immensen Zerstörungen sie daran hindern, dort zu leben.

Konnte man aber nach dem Schwung der Begeisterung, der die Armee der Christen beflügelt hatte, ihnen eine Enttäuschung bereiten, die künftig jeden Elan brechen würde? An dieser Stelle berichtet Ernoul, einer der Fortsetzer der Chronik Wilhelms von Tyrus, eine Begebenheit, nach der Hugo III., Herzog von Burgund, lieber Richard verriet, als ihm allein den Vorteil des Sieges zu überlassen.

Am Fest des heiligen Hilarius [13. Januar 1192]
verfluchten alle den Tag
An dem sie geboren waren und daß sie lebten

Denn ihre Freude darauf
zum Heiligen Grabmahl zu gelangen
wurde zunichte.

Da sah man viele, die klagten
Und das lange Warten verfluchten.
Als Jerusalem nicht belagert wurde
und nicht erobert werden konnte.

Im Januar 1192:

Viele Franzosen zogen enttäuscht in verschiedene Richtungen, die einen gingen nach Jaffa und blieben eine Weile dort, andere kehrten nach Akkon zurück, wo das Leben nicht teuer war. Wieder andere begaben sich zum Marquis von Montferrat nach Tyrus, weil er sie darum gebeten hatte. Wieder andere zogen aus Zorn oder Scham mit dem Herzog von Burgund geradewegs nach Casal der Ebene und blieben dort acht Tage. König Richard machte sich voll Kummer mit dem, was von der Armee übrig war, und seinem Neffen, Graf Heinrich von Champagne, und den Seinen nach Iblin auf; der

Weg dorthin war jedoch so schlecht und die Unterkunft so mangelhaft, daß sie düsterer Stimmung waren.

Richard hatte indessen wieder Verhandlungen mit Malik al-Adil aufgenommen. Er hatte den Fürsten bereits mehrfach getroffen und unterhielt herzliche Beziehungen zu ihm, obwohl sie Feinde waren. Der arabische Chronist Ibn al-Atir beschreibt eine Begegnung, die am 8. November 1191 stattgefunden hatte, folgendermaßen:

> Al-Adil hatte Speisen mitgebracht, dazu Süßigkeiten, Getränke, Kunstgegenstände und alles, was ein Fürst üblicherweise einem Fürsten schenkt. Der König von England besuchte ihn in seinem Zelt und wurde auf die ehrenvollste Weise empfangen, dann führte er ihn zu seinem eigenen Zelt und ließ ihm die besten Gerichte seiner Heimat vorsetzen. El-Adil aß davon, und der König und seine Gefährten aßen die von El-Adil überreichten Speisen. Ihre Begegnung dauerte länger als einen halben Tag, und sie trennten sich mit der gegenseitigen Versicherung bester Freundschaft und aufrichtiger Ergebenheit.

Es war auch eine Sängerin da, die sich mit der Gitarre selbst begleitete und der Richard sichtlich mit größter Freude zuhörte...

Während man in der Armee gegen den Botschafteraustausch murrte, »wobei Beschimpfungen gegen ihn (Richard) geäußert wurden und heftige Worte«, wie Ambroise bezeugt, schlug der König von England eine geradezu märchenhafte Lösung des Problems vor, die ihm soeben in den Sinn gekommen war: Warum sollte Malik el-Adil nicht seine Schwester Jeanne heiraten, Jeanne die Schöne, die frühere Königin von Sizilien? Sie würden gemeinsam über die gesamte Küstenregion Palästinas herrschen und in Jerusalem residieren und so eine Art christlich-muslimischer Doppelherrschaft errichten, die es den Mitgliedern des lateinischen Klerus, also allen katholischen Geistlichen, ermöglichte, das Heilige Grab zu pflegen, und den Muslimen, in ihren Moscheen zu beten. So könne man das Problem der Heiligen Stätten lösen. Offenbar fand der seltsame Vorschlag – für Menschen des Abendlandes nicht ungewöhnlich, da bei Friedensschlüssen auch immer eine Heirat vereinbart wurde – im Gegensatz zu dem, was man heute erwarten würde, ein offenes Ohr. Zumindest auf muslimischer Seite. Jeanne hingegen war zutiefst verletzt, daß man von ihr verlangte, einen Andersgläubigen zu heiraten. Sie wollte nur in die Heirat einwilligen, wenn Malik al-Adil Christ wurde.

Richard machte ihm einen entsprechenden Vorschlag, und dieser schien nicht abgeneigt. Als Saladin davon erfuhr, lehnte er den Vorschlag entsetzt ab. Die Emissäre, welche die Botschaften zwischen Akkon und Jerusalem, der früheren Stadt der Kreuzfahrer, hin- und hertrugen, erreichen also nichts.

Nachdem die märchenhafte Lösung einer christlich-muslimischen Heirat gescheitert war, blieb nichts übrig, als wieder zu den Waffen zu greifen, was Richard diesmal ohne die Unterstützung des Herzogs von Burgund und seiner Leute tat. Er schickte diese nach Askalon, um die zerstörte Stadt wiederaufzubauen. Die Arbeit begann am 20. Januar, und die französischen Kreuzfahrer stießen erst einen Monat später wieder bei Askalon zur Armee.

In Akkon kam es zu Unstimmigkeiten zwischen Genuesern und Pisanern, wobei erstere die Unterstützung Konrads von Montferrat genossen und letztere die Guys von Lusignan. Richard mußte selbst eingreifen, um den Frieden zwischen den Rivalen wiederherzustellen. Der Markgraf hatte offenbar persönliche Beziehungen zu Saladin aufgenommen, und der englische König spürte, daß ihm die Situation entglitt. So kam es zu einem Gespräch mit Montferrat, das jedoch zu keiner Versöhnung führte. Er stand nämlich auf Seiten des Herzogs von Burgund, der mit seiner Armee nach Akkon zog. Philipp August hatte bei seiner Abreise das Bleiben der französischen

Truppen nur bis zum 1. April 1192 zugesagt. Richard verwehrte ihnen den Einzug nach Akkon, und so zogen sie unter Führung des Markgrafen nach Tyrus. Entrüstet berichtet Ambroise von ihrem Benehmen in der Stadt:

> Sie verbrachten die Nächte mit Tanzen, auf den Köpfen trugen sie Blumenkränze: Sie ließen sich vor den Weinfässern nieder und tranken bis zum Morgen. Sie gingen in die Freudenhäuser, brachen die Türen auf, redeten törichtes Zeug, fluchten, soviel sie konnten.

Zu allem Unglück kamen schlechte Nachrichten aus England. Richard rief in Askalon Barone und Ritter zusammen und kündigte seine Abreise an, die wegen des Verhaltens seines Bruders Johann ohne Land unumgänglich war. Er beschloß, 300 Ritter und 2000 Fußsoldaten im Heiligen Land zurückzulassen. Wer jedoch sollte sie befehligen? Wer sollte Nachfolger der Könige von Jerusalem sein? Die Versammlung sprach sich einstimmig gegen Guy von Lusignan aus. So blieb Richard nichts anderes übrig, als Konrad von Montferrat die Rechte zuzuerkennen, die der Markgraf sich schon seit der Rückeroberung von Tyrus angemaßt hatte.

Da geschah etwas, womit niemand gerechnet hatte: Am 28. April 1192 ging Konrad, während seine Gemahlin Isabella noch in den Bädern weilte, zum Abendessen zu Philipp von Dreux, dem Bischof von Beauvais. Unterwegs wurde er in einer engen Gasse von zwei Einheimischen aufgehalten, die ihm eine Bittschrift überreichten. Während er sie las, stieß ihm einer der beiden einen Dolch ins Herz. Konrad starb auf der Stelle.

Es handelte sich um zwei Assassinen; der Name kommt von »Haschischin« und bedeutet Haschisch-Verzehrer. So nannte man die Mitglieder einer gefürchteten muslimischen Sekte in den Bergen von Kadmus, welcher der sogenannte »Alte vom Berg« vorstand. In dieser schiitischen Sekte war politischer Mord gang und gäbe. Die Sektenmitglieder wurden unter Haschisch gesetzt und führten alles gehorsam aus, was man von ihnen verlangte. Die beiden Fremden, die den Mord an Konrad verübten, hatten sich am selben Tag taufen lassen, um keinen Verdacht zu erregen. Ihre Paten waren Balian von Ibelin und Konrad selbst gewesen.

Dieser hatte ein Handelsschiff beschlagnahmen lassen, das den Ismaeliten gehörte – so nannte man jenen Teil der Siebener Schiiten, zu denen auch diese Sekte gehörte. Der Alte vom Berg hatte zweimal die Herausgabe des Schiffes und seiner Ladung gefordert. Der Verwalter von Tyrus, Bernard vom Ordenshaus der Templerritter, hatte Konrad auf das Schiff mit der besonders kostbaren Ladung aufmerksam gemacht und ihm versichert, er könne es sich aneignen, »ohne daß jemand etwas davon erfährt«. Aber er ließ, so fährt der Chronist fort, »in einer Nacht die Matrosen im Meer ertränken«. Daher der Zorn des Alten vom Berge, dessen zweimal erfolglose Warnungen zum Mord an Konrad geführt hatten. Eine arabische Chronik, die von Ibn al-Atir, lastet den Mord Saladin an, einen andere, die Baha ad-Dins, dem König von England.

Wieder war die Zukunft des Königreichs Jerusalem in Frage gestellt. Der energische Mann voller Tatkraft, der seine Eignung für dieses Amt bewiesen hatte und dem man es hatte anvertrauen wollen, lebte nicht mehr. Es mußte ein anderer gefunden werden, da die Versammlung sich einstimmig gegen Guy von Lusignan ausgesprochen hatte.

Die Barone nominierten Heinrich von Champagne, der nach Tyrus gekommen war, als er von dem Mord hörte. Über seine Mutter Marie von Champagne, die Tochter Eleonores von Aquitanien, war er Richard Löwenherz' Neffe, über den Grafen von Champagne, seinen Vater, war er der Neffe Philipp Augusts. Niemand war geeigneter, beide Armeen miteinander zu versöhnen, deren Zerwürfnis sich in jüngster Zeit erneut bestätigt hatte. Alle stimmten der Wahl zu, auch Richard, der daraufhin mit seinem Neffen ein Gespräch führte: »Er sagte dem Grafen von Champagne, daß jene Dame (Isabella) vom Marquis schwanger sei.« Dies bedeutete, daß im Fall eines männlichen Erben dieser Nachfolger des letzten Königs würde. »Der Graf antwortete ihm: ›Dann werde ich sie am Halse haben.‹« Er änderte seine Meinung allerdings prompt, nachdem er Isabella begegnet war, »denn sie war so schön und edel«. Am 5. Mai 1192 heiratete Heinrich Isabella, nachdem sich alle mit der Zustimmung der Barone einig wußten.

Eine Seite war umgeschlagen worden, nun begann eine Zeit des Einvernehmens unter den Christen, die im Heiligen Land blieben. Heinrich von Champagne zog mit seiner Gemahlin Isabella nach Akkon. Sie war »weißer als eine Gemme«, schreibt der Chronist.

Auch Guy von Lusignan bot sich eine unverhoffte Gelegenheit. Da König Richard nicht die Möglichkeit hatte, die Insel Zypern zu regieren, hatte er sie nach der plötzlichen Eroberung den Templern für eine Summe von 100 000 Dukaten angeboten. Diese aber störte die Feindseligkeit der Einwohner. Am 5. April 1192, dem Vorabend des Osterfestes, kam es in Nikosia zu einem Aufstand der Bevölkerung, der so heftig war, daß die Templer den Mut verloren. Da kam Richard auf die Idee, die Insel Guy von Lusignan, dem König ohne Königreich, als Lehen zu übertragen. Im Mai 1192 ließ sich der Baron aus dem Poitou dort nieder und zahlte eine Summe von 40 000 Dukaten, die er sich bei einem reichen Bürger der Stadt Tripoli geliehen hatte. Ohne es zu wissen, gründete er eine Dynastie, die zwei Jahrhunderte, bis 1474, die Insel beherrschen sollte.

Richards Reise war noch lange nicht zu Ende. Am 17. Mai begann er nach einigen kleineren Kämpfen in der Nähe von Askalon mit der Belagerung der Festung von Daron, die die Küstenebene auf dem Weg zur Wüste Sinai überwachte und jüngst von den Muslimen mit 17 Türmen bestückt worden war. In fünf Tagen eroberte er die Festung, zu dem Zeitpunkt, als auf der einen Seite Heinrich von Champagne zu ihm stieß, der von seinen Hochzeitsfeierlichkeiten in Akkon zurückkehrte, auf der anderen Seite die Truppen Hugos von Burgund. Die vereinten fränkischen Kräfte feierten zusammen in Daron des Pfingstfest, das in diesem Jahr auf den 24. Mai fiel.

Der Angriff auf Jerusalem mußte nun unmittelbar bevorstehen. »So beschloß der König, umgeben von all seinen Leuten, Jerusalem zu belagern, und bot an, auf das Heilige Evangelium zu schwören, daß er die Belagerung erst aufgeben würde, wenn es kein Pferd oder kein anderes Tier mehr zu essen gebe, es sei denn, die Stadt hätte sich vorher ergeben oder sei durch Gewalt eingenommen worden«, heißt es in einem anglo-normannischen Prosabericht, der sich mit dem Kreuzzug und dem Tod des Königs beschäftigt.[1] Diese Entscheidung scheint trotz der schlimmen Nachrichten aus England getroffen worden zu sein. Die in Askalon versammelte Armee machte sich auf den Weg zu einer Burg, die Weißer Wächter hieß und auf dem Tell es-Safieh, einem Hügel, lag, der den Hafen überragte, sodann nach Latrun und Bait Nuba.

In der Heiligen Stadt herrschte indessen große Erregung. Die arabischen Chronisten beschreiben die Angst der Bevölkerung. Man mußte Gewalt anwenden, um eine Massenflucht zu verhindern. Auch Saladin selbst wurde von der allgemeinen Unruhe ergriffen und die Emire seiner Umgebung noch mehr, besonders, als man erfuhr, daß König Richard und einige seiner Ritter während eines Streifzugs bis auf etwa fünf Kilometer an die Mauern der Stadt herangekommen waren und dabei den Ort Abu-Gosh geplündert hatten, in dem sich eine berühmte Quelle und eine Karawanserei befanden. Die Templer hatten dort eine Kirche errichtet, die heute re-

---

[1] R. C. Johnston, *The Crusade and death of Richard I,* Oxford, 1961; nach zwei Manuskripten in der Sammlung der anglo-normannischen Texte, XVII.

stauriert ist. Es ist einer der Orte, die man für das biblische Emmaus hält.

Hier ereignete sich etwas, das die Kreuzfahrer ermutigen mußte und das in dem bereits erwähnten anglo-normannischen Text erzählt wird:

> In dieser Nacht begab sich König Richard mit 50 Rittern zu einem Eremiten, der in einem Felsen auf dem Berg des heiligen Samuel lebte und prophetische Fähigkeiten besaß. Er hatte seine Höhle nie verlassen und nichts gegessen außer Gräsern und Wurzeln und nichts getrunken als Wasser und keine andere Decke verwandt als seinen Bart und seine Haare, seit die Sarazenen in das Gelobte Land gekommen waren und sich das Heilige Kreuz angeeignet hatten. Er sprach sehr gütig mit dem König und sagte, die Zeit sei noch nicht gekommen, daß Gott sein Volk derart segnen wolle, daß er ihm das Heilige Land und das Heilige Kreuz zurückgebe. Dann hob er einen Stein in seiner Höhle auf und zog ein Holzkreuz aus einer Öffnung. Es war ein Teil des Heiligen Kreuzes. Er gab es König Richard und sagte: ›Heute in sieben Tagen werde ich sterben, und deshalb will der Herr unser Gott, daß Ihr die Reliquie in Besitz nehmt, weil Ihr Mühe und Last auf Euch genommen habt aus Liebe zu dem, der am Kreuz für Euch und die anderen Sünder starb.‹ Der König kniete nieder und nahm das Kreuz feierlich entgegen. Dann führte er den weisen Mann in seine Unterkunft und versorgte ihn bis zum siebten Tag, an dem er starb, wie er vorausgesagt hatte.

Der Bericht über dieses Treffen ging wie ein Lauffeuer durch die Armee, in der große Ungeduld herrschte. Aber die Heerführer wollten die Verstärkung aus Akkon abwarten, und so gingen die Tage dahin...

Erneut stand die Armee kurz vor Jerusalem und versuchte nicht, die Stadt zu stürmen, was bei der Unruhe des Sultans und vor allem seiner Umgebung vielleicht gelungen wäre!

In einem glücklichen Handstreich eignete sich König Richard eine große Karawane an, die aus Bilbais in Ägypten kam. Er war durch Beduinen, die Spionagedienste für ihn leisteten, auf sie aufmerksam geworden. In der Nacht machte sich Richard nach Karatieh auf – das man Galatia nannte – und fiel bei der »Runden Zisterne« über die Karawane her. Diese wurde durch 2000 Soldaten geschützt, dennoch fiel sie Richard vollständig in die Hände, und die Bewacher wurden zerstreut. »Die Leute, die die Karawane führten, ergaben sich den Knappen und Rittern und führten am Zügel die schwerbeladenen Kamele herbei und auch die Maultiere und Maulesel, die so kostbare Güter und soviel Reichtum trugen.« 4700 Kamele, so hieß es, und dazu noch Maultiere und Esel, »man konnte sie gar nicht zählen«, und »in keinem Krieg war in diesem Land je so reiche Beute gemacht worden« an Gold, Silber, kostbaren Stoffen, Rüstungen und Gewürzen, die man ihnen bereitwillig vorzählte.

Dieser unerwartete Erfolg mußte die Anführer der Kreuzfahrer ermutigen, aber in ähnlicher Weise erschütterte er die Moral der Emire in Jerusalem. In der Stadt war es zu allem Überfluß zu so ernsten Unstimmigkeiten zwischen Kurden und Mamelucken gekommen, daß selbst der Chronist Ambroise darüber berichtet. Baha ad-Din erzählt, daß Saladin in den Tagen nach dem Angriff auf die Karawane höchst beunruhigt gewesen sei.

Die französischen Truppen und selbst der Herzog von Burgund waren diesmal entschlossen, einen Angriff auf Jerusalem zu führen. Unverständlicherweise verweigerte sich Richard diesem Unternehmen. »Wenn die Sache schlecht ausginge, würde man das immer mir anlasten, und ich würde einen großen Ehrverlust erleiden«, läßt Ambroise ihn sagen. Erneut wurde eine Versammlung einberufen. Zwanzig Männer als Repräsentanten der Franzosen, der englischen Armee, der Ritterorden der Templer und Johanniter sowie der Barone aus dem Heiligen Land entschieden sich schließlich dafür, die Stadt nicht zu belagern. Dies geschah am 4. Juli, genau fünf Jahre nach der Niederlage von Hattin.

> *Da saht Ihr so schmerzlich Klagende,*
> *Die das lange Warten verfluchten,*
> *Weil Jerusalem nicht belagert wurde*
> *Und nicht erobert werden konnte,*
> *Denn an keinem Tag hatten sie nicht davon geträumt,*
> *daß Jerusalem befreit würde.*

Trotz seiner Bewunderung für Richard erinnert der Chronist Ambroise hier nicht ohne Traurigkeit an diejenigen,

> *Deren Geschichte man immer noch erzählt,*
> *Jene, denen Gott den Sieg schenkte,*
> *Bohemund und Tankred,*
> *Sie waren verdiente Pilger.*

Es wurden Verhandlungen aufgenommen. Währenddessen rächte man sich im Lager für den heißen Sommer und sang Spottlieder auf Richard und den Herzog von Burgund.

Der König von England kehrte nach Akkon zurück und bereitete sich auf den Marsch nach Beirut vor mit einer Armee, die »müde und desillusioniert« war.

> *Und der König war in seinem Zelt*
> *Zur Vesperzeit und wartete.*
> *Da kam ein Schiff nach Akkon*
> *Und legte an.*
> *Die aus dem Schiff stiegen,*
> *Kamen sogleich zum König*
> *Und berichteten ihm, daß Jaffa erobert werde,*
> *Wenn er nicht schnell zu Hilfe käme...*

Saladin hatte die Stadt am 26. Juli überraschend angegriffen. Die Verteidiger hatten die Stadt aufgegeben und waren in die Burg geflüchtet. Nach verzweifeltem Widerstand waren sie bereit, sich zu ergeben, als am Morgen des 1. August Schiffe am Horizont auftauchten. Auf dem ersten war gemäß dem Brauch das königliche Banner aufgesteckt. Nachdem ihn ungünstiger Wind drei Tage in der Bucht von Haifa festgehalten hatte, kam Richard Jaffa zu Hilfe.

Zunächst zögerte er ein wenig, da er nicht wußte, wo er am günstigsten angreifen könnte. Aber ein Mönch verließ eilig die Burg und rannte über den Strand und berichtete über die Lage in der Stadt. Daraufhin begab sich Richard mit den Seinen aufs Meer, und es gelang ihm unter dem Pfeilbeschuß der Sarazenen eine Barrikade aus Schiffsteilen und Booten zu errichten, in deren Schutz der König und seine Leute sich dem Turm der Templerburg nähern konnten.

Er ließ die Tore öffnen und die Banner schwingen und stürzte sich auf die Armee Saladins, die in der Stadt untergebracht war. Sie töteten alle, die sie angreifen wollten. Die anderen flohen aus der Stadt. Haufenweise Reiche ergaben sich, und so wurde die Stadt aus den Händen der Sarazenen befreit.

Die Furchtlosigkeit der Franken, die Ruhe und Genauigkeit ihrer Bewegungen veranlaßten den arabischen Chronisten Baha ad-Din zu folgender Würdigung: »Was für bewunderungswürdige Krieger sind diese Leute doch! Wie tapfer sind sie, und was haben sie für Mut!«

Saladins Armee war bis nach Jasur geflohen. »Der König«, so heißt es bei Ambroise, »ließ sein Zelt an eben der Stelle aufrichten, an der Saladin nicht gewagt hatte, auf ihn zu warten. Dort kampierte Richard der Große . . . Niemals verhielt sich jemand wie er, nicht einmal in Roncesvalles . . .«

Der Feind hatte sich indessen wieder gefangen. Da Saladin wußte, daß Richard nur über 2000 Mann verfügte, darunter nur 50 Ritter – ohne Pferde, weil man auf dem Weg nach Jaffa nicht die Zeit gefunden hatte, sie auf die Schiffe zu verladen – beschloß er, Rache zu nehmen.

Die Franken lagerten außerhalb der Mauern von Jaffa. Am frühen Morgen erblickte ein zur Hilfsflotte gehörender Genueser, als er sich ein wenig vom Lager entfernte, in der Ferne im Morgengrauen blitzende Rüstungen. Er alarmierte das Lager. Richard erhob sich sogleich, stellte eilig eine kleine Truppe in Schlachtordnung auf und schwor, er werde eigenhändig den ersten enthaupten, der zurückweiche. Er stellte abwechselnd einen Armbrustschützen neben einen Pikenträger, beiden wurde von Knappen assistiert, die eine zweite Armbrust luden, während mit der ersten geschossen wurde. Der Angriff feindlicher Ritter zerbrach an den langen Spießen; während die Feinde sich auf den nächsten Ansturm vorbereiteten, ging ein Hagel von Armbrustpfeilen auf sie nieder und tötete Männer und Pferde. »Die Tapferkeit der Franken war derart groß, daß unsere Truppen, entmutigt durch ihren Widerstand, sich damit begnügten, sie aus der Ferne einzukreisen.« Saladin bemühte sich vergebens, sie zu demoralisieren.

Richard griff selbst heftig an und verteilte so viele Schläge, daß ihm, wie Ambroise schreibt, die Haut an den Händen aufsprang.

Er versetzte, wie mir scheint,
Mit Arm und Kopf zugleich
Einem eisengerüsteten Emir
Einen solchen Schlag, daß dieser in die Hölle fuhr!

Als er zurückkam, waren »er, sein Pferd und sein Panzer derart mit Pfeilen bedeckt, daß er aussah wie ein Igel«. An dieser Stelle geschah etwas wahrhaft Ritterliches. Saladins Bruder Malik al-Adil beobachtete den Kampf. Auf seinen Befehl hin teilte sich die Menge der Krieger und ließ einen Mamelucken passieren, der zwei prachtvolle Araberpferde führte und vor Richard stehenblieb, »denn es ziemt sich für einen König nicht, zu Fuß zu kämpfen.«

Am Abend des 5. August zogen sich Saladin und die Reste seiner Armee nach Jasur zurück, dann nach Latrum, mehr entmutigt denn je zuvor, weil sie diesmal in einer

Übermacht von zehn zu eins gekämpft und sowenig erreicht hatten. Die Friedensverhandlungen begannen unmittelbar nach der Schlacht und zogen sich über einen Monat hin. Saladin wußte, daß sein Gegner schnell in sein Königreich zurückkehren wollte, da er schlechte Nachrichten erhalten hatte, und begriff, daß jede Verzögerung ihm zugute kommen würde. Zugleich bedachte er Richard, der wieder an Malaria litt, mit aller ritterlichen Aufmerksamkeit, und sandte ihm mehrmals Früchte aus dem Libanon und Speiseeis.

Man einigte sich schließlich darauf, daß die Christen den Küstenstreifen behalten sollten, nördlich von Tyrus bis südlich von Jaffa. Diese so tapfer verteidigte Stadt blieb durch die Zeiten hindurch der Ort, an dem die Pilger eintrafen. Noch im 14. und 15. Jahrhundert, als das Heilige Land verlorenging, sah man Pilgerzüge dort ankommen, deren Mitglieder in den Höhlen an der Küste Schutz suchten, den Weg nach Ramla und Jerusalem zu nehmen.

Durch den am 2. September 1192 abgeschlossenen Vertrag wurde es den Abendländlern und allen Christen gestattet, die Heiligen Stätten zu besuchen, ohne Steuern oder Zölle zahlen zu müssen.

Und so endet das Kapitel der Kämpfe und Schlachten, in denen die Feinde miteinander fochten, sich aber auch gegenseitig schätzen lernten, mit der tröstlichen Vision einer Menge von Pilgern auf dem Weg nach Jerusalem. Saladin versprach, selbst darauf zu achten, daß die Pilger nicht belästigt wurden. Es setzten sich sogleich drei Pilgerzüge in Bewegung, während sich Richard um die Freilassung der christlichen Gefangenen bemühte. Unter ihnen war auch Wilhelm von Préaux, »der sich für ihn hatte fangen lassen«. Richard weigerte sich, selbst zum Heiligen Grabmal zu ziehen, weil er »es nicht den Händen der Feinde hatte entreißen können«. Aber Ambroise, sein Chronist, der in der zweiten Gruppe pilgerte, zeichnet voller Anteilnahme die »Stationen« auf, die er passierte:

Der Sultan hatte seine Leute
Bestellt, die die Wege bewachten,
Wenn die Pilger vorüberkamen.
So zogen wir sicher durch die Berge
Und erreichten den Berg der Freude
Mit großer Freude im Herzen,
Weil wir Jerusalem sahen!
Wir fielen auf die Knie
Wie Schuldner und
Sahen den Ölberg,
Wo sich der Zug formierte,
Als der Herr sich zum Leiden aufmachte.
Dann kamen wir in die Stadt,
Wo Gott sein Erbe eroberte.
Wir konnten das Heilige Grab küssen...
Dann zogen wir auf die nächste Fahrt
Direkt nach Golgatha
Wo der starb, der sich erniedrigte und Mensch wurde,
Und wo er ans Kreuz geschlagen wurde.

Halten wir uns eine Weile bei den Kämpfen im Heiligen Land auf, die Richard dreimal in greifbare Nähe Jerusalems führten. Es scheint sicher, daß die Heilige Stadt, wäre nicht der französische König abgezogen, wieder in die Hände der Christen gefallen wäre und die Weltgeschichte eine andere Richtung genommen hätte.

Man kann das Zögern des englischen Königs zum Teil der Tatsache anlasten, daß er sich allein gelassen fühlte. Um handeln zu können, mußte er sich des Sieges sicher sein. Um zu handeln, nicht um zu kämpfen, denn bei allen Begegnungen waren seine Truppen schwächer als die Saladins, wenngleich besser gerüstet. Wesentlich schwächer sogar bei der letzten Schlacht zur Rettung der Stadt Jaffa, die so bald nach ihrer Rückeroberung fast wieder verlorengegangen wäre. Hierbei war seine Taktik nahezu genial gewesen, nicht nur, weil er die Nerven behielt, sondern auch, weil er den Angriff der türkischen

Schwadronen, deren Taktik ihm bestens vertraut war, parierte.

Die Eroberung Jerusalems – dessen war sich Richard bewußt – stellte eine so außerordentliche Leistung dar, daß er eines Erfolgs, eines dauerhaften Erfolgs, sicher sein wollte. Hierzu waren zahlreiche Besatzungstruppen notwendig, über die er jedoch nach dem Rückzug der Franzosen nicht mehr verfügte. Wäre noch ein anderer König da gewesen, hätte der vielleicht auch Richards Wankelmut besiegen können, der oft zu falschen Reaktionen führte – man denke an das *oc e no*, mit dem Bertran de Born sein wechselhaftes Wesen charakterisiert hatte. Sicher hatte er aber auch Angst vor einer Niederlage und dem damit verbundenen Verlust an Ansehen. Diese Schwäche kann man ihm zum Vorwurf machen.

Aufs Ganze gesehen waren seine Taten indessen von Nutzen. Dies betont der Dichter Gottfried von Vinsauf in einem langen Klagegedicht in lateinischen Versen zum Tod Richards, in dem er Gott anredet:

Erinnere dich des Königs, durch den Dir Jaffa gehört,
Das er allein verteidigte gegen so viele tausend
Und Akkon, das er Dir durch seinen Mut zurückgab...

Die Rückeroberung dieser beiden Städte war in der Tat von unschätzbarem Wert. Wenn das fränkische Königreich von Jerusalem nach der Niederlage von 1187 im Heiligen Land noch ein Jahrhundert überleben konnte – von 1191 bis 1291 – dann nur dank dieser Eroberungen. Natürlich gab es während dieser hundert Jahre wie auch davor nicht nur ruhmreiche Taten; aber man sieht so etwas wie die Umrisse eines christlichen Mittelmeers, das Reisen und Austausch ermöglichte, die Widerstandskraft vom türkischen Vormarsch bedrohter Populationen stärkte und so große Zerstörungen verhinderte.

Über den zahlreichen erbaulichen Büchern, die von der Hagia Sophia handeln, steht das Bild der großen Basilika von Konstantinopel mit ihren schwärzlichen Mauern.

Nur wenige der vielen Touristen, die sie heute besuchen, sind neugierig genug, den langen, leicht abschüssigen Gang bis zum Ende zu nehmen, der unter die Kuppel führt. Hier bleibt man überrascht stehen, denn plötzlich taucht der heilige Michael oder besser das Mosaik mit seinem Bildnis auf. Es ist eines der wenigen, die nahezu unversehrt geblieben sind. Die osmanischen Eroberer haben es respektiert, weil dieser Erzengel im Koran erwähnt wird, und so durfte es überleben. Dieses Mosaik besteht aus leuchtenden Farben, die es unvergeßlich machen. Wenn man an der Marmorwand mit den Kreuzesreliefs (deren beide Arme überall mit verbissenem Eifer weggekratzt wurden) entlanggeht, kann man sich in etwa vorstellen, wie die Hagia Sophia bis 1453 aussah mit ihren farbigen Mosaiken, die ebenso geleuchtet haben müssen wie das des heiligen Michael. Das ganze muß noch prachtvoller gewesen sein als Sankt Apollinarius von Ravenna oder Monreale bei Palermo oder der Markusdom in Venedig oder zumindest ebenso schön. Man muß an die Tonnen von Gold- und Emailleverzierungen denken, an den Haufen von Scherben, die minutiös abgeklopft und weiß Gott wo hingeworfen wurden. Daß ein solches Wunderwerk 250 Jahre überlebte, ist schon viel in der Geschichte der Menschheit...

Die Taten des Richard Löwenherz haben dieses Überleben ermöglicht und vieles andere mehr. Weder er noch die Kreuzfahrer in seinem Gefolge sind die wahren Verantwortlichen für die Unruhen, die während des 13. Jahrhunderts das fränkische Königreich Jerusalem der Kreuzfahrer schwächten und manchmal sogar zu blutigen Kämpfen führten. Deren Verursacher waren Kaufleute, deren Rivalitäten Zwietracht säten und Kriege entzündeten, in eben der Stadt Akkon, die mit solcher Mühe zurückerobert worden war und in der die Johanniter ein prächtiges Schloß erbauten, das erst in unserer Zeit zerstört wurde. Goethe sagt: »Krieg, Handel und Piraterie, dreieinig sind sie, nicht zu trennen.« Und es war eben diese unheilvolle

Trinität, welche die Reste des Königreichs zum Erliegen brachte und am Ende des 13. Jahrhunderts zur leichten Beute der Mamelucken machte. Richards Taten, die Ludwig der Heilige wieder aufnahm und erneuerte, verschafften den christlichen Arabern, den Libanesen, den Armeniern und sogar den Byzantinern eine Zeitlang Ruhe, trotz der Eroberung Konstantinopels durch die römisch-katholischen Kreuzfahrer im Jahr 1204.

7

Der königliche Gefangene

Die Briefe und Botschaften, die den König von England drängten, nach Hause zurückzukehren, entbehrten nicht der Grundlage. Er hatte das Königreich seiner Mutter Eleonore anvertraut und dessen Verwaltung dem Bischof von Ely, Wilhelm Longchamp, der zugleich das Amt des Kanzlers und des obersten Richters ausübte.

Dieser galt allgemein als eine starke Persönlichkeit. »Ein zweiter Jakob, obwohl er nicht mit dem Engel gekämpft hatte, mit einem beeindruckenden Gesicht. Seine geringe Körpergröße wurde durch seinen Geist ausgeglichen«, sagt Richard von Devizes, der ihn allerdings mit größerer Nachsicht beurteilt als die meisten anderen Chronisten. Wilhelm von Neuburgs Beschreibung ist dagegen unerbittlich: »Er war von einzigartiger Kühnheit und List, ging geschickt mit seiner weltlichen und geistlichen Macht um, so daß es von ihm hieß, er habe zwei rechte Hände. Er war in der Lage, sich der weltlichen und kirchlichen Macht so zu bedienen, daß die eine an die Stelle der anderen treten konnte.« Wilhelm von Longchamp hatte im Oktober 1190 eilig ein Konzil nach London einberufen, um sich dort vor allem mit dem Titel des päpstlichen Legaten zu präsentieren, der ihm soeben verliehen worden war. Dies garantierte ihm schon deshalb eine immense Machtfülle, weil viele Bischöfe und Erzbischöfe mit dem König ins Heilige Land gezogen waren. Bei soviel vakanten Stellen war der Klerus wehrlos gegen die »Tyrannei« des Mannes, der ebenso auf seinen päpstlichen Auftrag pochen wie mit seiner Macht als Kanzler des Königreichs prahlen konnte. Der Chronist macht ihm seine unglaubliche Prunksucht zum Vorwurf und beschuldigt ihn, sich nie ohne eine Eskorte von tausend Pferden und »manchmal sogar noch mehr« bewegt zu haben. Dies freilich scheint ein wenig übertrieben. Als päpstlicher Legat forderte er von den Klöstern Wohnrecht, was bedeutete, daß sie ihn und sein Gefolge aufzunehmen hatten, wenn er unterwegs war. Von den kleineren Klöstern, die ihn nicht beherbergen konnten, forderte er eine Geldbuße von fünf Mark Silber. Besuchte er die größeren, kam sein Aufenthalt einem Heuschreckeneinfall gleich. Wilhelm von Neuburg berichtet auch, der Bischof habe eine Menge Vertrauter aus der Normandie kommen und seine Nichten in die großen Familien Englands einheiraten lassen. Eine seiner Schwestern, Richende, mußte den Burgvogt des Schlosses von Dover, Mathieu von Clare, heiraten, eine andere wurde Mitglied der Familie Devereux.

Er war jedoch so überheblich und besitzergreifend, wie man sich nur denken kann. Fügen wir hinzu, daß er überdies nur einen Menschen auf der Welt fürchtete, Johann, den Bruder des Königs. Man kann daraus schließen, daß er in England, wo er nach dem Willen Richards die Ordnung nach bestimmten bekannten Anweisungen (vielleicht waren manche von ihnen auch geheim) aufrechtzuerhalten suchte, eine undankbare Rolle spielte zu einer Zeit, in der jeder den Willen des abwesenden Königs so auslegen konnte, wie es ihm paßte.

So kam es zwischen dem Kanzler und den beiden Brüdern Richards, dem legitimen und Gottfried dem Bastard, bald zu Schwierigkeiten. Als der König den Herbst und Winter 1190/91 in Sizilien verbrachte und von Vorwürfen gegen die Regierung seines Verwalters hörte, sandte er Gautier, den Erzbischof von Rouen, nach England, um die in seiner Abwesenheit entstandenen Konflikte zu bereinigen. Zugleich entsandte er Hugo Bardulf, um in der Provinz York, in welcher der Bruder Wilhelm Longchamps' als Landvogt eingesetzt war, nach dem Rechten zu sehen. Wilhelm von Neuburg berichtet, er sei gezwungen worden, untätig zu bleiben, da der Kanzler nicht bereit gewesen sei, seine Arbeit zu teilen oder auch nur die kleinste Aufgabe zu delegieren, offenbar setzte er sogar die Befehle des Königs durch Gegenbefehle außer Kraft.

Der Konflikt mit Richards Bruder Johann brach im Zusammenhang mit der Burg von Lincoln aus, deren Bewachung Gérard de Camville zugefallen war, weil das Oberhaupt der Familie seiner Frau dies angeordnet hatte. Wilhelm Longchamp wollte sich offenbar selbst die Burg aneignen oder als ihr Herr anerkannt werden. Darauf hatte der Schloßherr Johann ohne Land um Hilfe gebeten. Wilhelm scharte bewaffnete Männer um sich, erzwang seinen Einzug in die Stadt Lincoln und belagerte die Burg. Johann befahl dem Kanzler, sich zurückzuziehen, und besetzte die Burgen von Nottingham und Tickhill unter dem Vorwand, diese als Pfand für die Aufhebung des Belagerungszustands verwenden zu wollen. Mittlerweile war der Tod Papst Clemens' III., der am 10. April 1191 in Rom gestorben war, bekannt geworden. Damit war das Legatenamt Wilhelm Longchamps' beendet, dem fortan nur noch seine weltlichen Waffen zur Verfügung standen. Eilig vereinbarte er mit Johann ohne Land eine Waffenruhe, und im darauffolgenden Juli wurde tatsächlich ein Friedensvertrag geschlossen, nachdem Wilhelm feierlich geschworen hatte, im Fall, daß Richard in Übersee ums Leben käme, die Thronbesteigung Johanns zu fördern. Man hatte ihm nämlich vorgeworfen, mit dem König von Schottland einen Pakt geschlossen zu haben, um eine Kandidatur Arthurs von Bretagne zu unterstützen. Der Kanzler zog auch seine Truppen aus Lincoln ab, die aus Söldnern vom Kontinent bestanden, wie manche sagten, und aus Walisern, wie wieder andere behaupteten.

Es kam zu einem weiteren Konflikt. Wilhelm hatte Streit mit Richards Halbbruder Gottfried, der, wie wir uns erinnern, nicht ohne Widerstand Erzbischof von York geworden war. Er wurde am 18. August 1191 in Tours geweiht und hatte bereits vorher von Papst Zölestin III., Clemens' Nachfolger, das Pallium erhalten. Richard hatte seinen beiden Brüdern den Schwur abgenommen, nicht nach England zu gehen, solange er abwesend sei. Ihre Mutter Eleonore hatte jedoch den Schwur für Johann aufgehoben. Der Kanzler versuchte, Gottfried an der Landung zu hindern. Dennoch gelangte dieser am 14. September nach England, worauf Wilhelm eine bewaffnete Truppe nach Dover beorderte, die den Erzbischof mit seinen Begleitern in eine Festung brachten; gleichzeitig nahm er ihm alle seine Güter fort. Sehr bald wurde die Festnahme bekannt, und zahlreiche Barone und Bischöfe, wie die von Bath und Chester, die von Johann ohne Land aufgehetzt waren, taten laut ihre Entrüstung kund. Beunruhigt durch den Aufruhr, ließ der Kanzler Gottfried wieder frei. Dieser begab sich nach London und erhob heftige Vorwürfe gegen Wilhelm. Dieser ließ sich in Windsor nieder, floh dann aber wegen der Unsicherheit seiner Position mit einigen wenigen Getreuen in den Londoner Tower.

In einem langen Brief des Bischofs von Nunant, Hugo, den manche Chronisten zitieren, werden die Ereignisse dargelegt, eine genaue Chronologie gibt es aber nicht. Man kann jedoch daraus schließen, daß Kanzler Wilhelm erst im Tower Zuflucht suchte, nachdem es einige Scharmützel zwischen seinen Leuten und denen von Johann ohne Land gegeben hatte. Am 8. Oktober 1191 fand eine große Versammlung in der Pauls-Kathedrale statt, und nachdem heftige Beschuldigungen gegen Wilhelm vorgebracht worden waren, erklärte Johann ohne Land, dem es offenbar gelang, die Menge in Zaum zu halten, Wilhelm für abgesetzt und übertrug sein Amt Gautier Fitz-Pierre, dem Erzbischof von Rouen, und Wilhelm dem Marschall. Hugo Bardulf und Wilhelm Bruere sollten künftig die Funktion der obersten Richter ausüben. Bald darauf wurde den Vertretern der Stadt London, die zunehmend eine wichtige Rolle im Königreich spielten, von den neuen Herren eine Art Eideserklärung auferlegt, und man forderte sie auf, König Richard und seinem Bruder Johann Treue zu schwören und zu bekräftigen, daß dieser der legitime Nachfolger auf dem englischen Thron sei, falls Richard in Übersee sterben sollte.

Wie ein heutiger Historiker angemerkt hat, handelt es sich hier um ein Beispiel eines »Ministersturzes« zur Feudalzeit. Wilhelm Longchamp blieb nichts anderes übrig, als sein Amt niederzulegen, nachdem ihn die beiden Brüder des Königs und auch die Menge beschuldigt hatten. Er erklärte, er verzichte auf seine Funktionen und gebe Windsor und den Londoner Tower zurück. Benoît von Peterborough behauptet, »alle Männer des Königreichs freuten sich, daß er in Ungnade fiel«, dies scheint allerdings ein wenig übertrieben. Nachdem er Geiseln gestellt hatte, um seinen Rücktritt zu besiegeln, begab sich Wilhelm nach Dover. Auf dem Weg dorthin machte er am 22. Oktober kurz in Bermondsey halt. Als Frau verkleidet, versuchte er, in Dover ein Schiff zu besteigen, wurde jedoch erkannt und mit Gewalt zurückgebracht. Erst am 29. Oktober gelang es ihm, England zu verlassen und sich nach der Normandie einzuschiffen.

Es lohnt sich, die Geschichte mit den Worten Hugos von Nunant, des Bischofs von Coventry oder Lichfield, wiederzugeben, die voller Pathos, aber dennoch lebendig und mit Humor erzählt ist.

Da er es nicht wagte, vor aller Augen (aus dem Schloß von Dover) zu fliehen, kam ihm ein neue List in den Sinn, und er verkleidete sich als Frau. Obwohl er im oberen Teil der Burg eingesperrt war, beschloß er, zu Fuß zum Ufer zu gehen, mit einer langen grünen Damentunika bekleidet statt mit seinem violetten Priestergewand. Darüber trug er einen Umhang von derselben Farbe und auf dem Kopf statt der Mitra ein Stück Tuch. In der linken Hand hielt er statt der Armbinde des Priesters ein Stück Tuch, als sei es zum Verkauf bestimmt. In der rechten Hand hielt er den Stecken eines Verkäufers statt des Bischofsstabs. In solch lächerlichem Aufzug begab sich der Bischof zum Meer. Er hatte mehr als einmal eine Ritterrüstung getragen, aber sein Geist war erstaunlicherweise so verweichlicht, daß er sich für die Frauenkleidung entschied. Als er auf einem Stein am Ufer saß, näherte sich ihm ein Fischer, im Glauben, er habe es mit einer Dirne zu tun. Er kam gewissermaßen nackt aus dem Meer und wollte sich ein wenig aufwärmen. Er lief auf das Ungeheuer zu und legte ihm die linke Hand um den Hals, mit der rechten tastete er nach den Unterkleidern. Es gelang ihm, die Tunika hinaufzuschieben, als er aber kühn mit den Händen nach seinen unteren Körperteilen faßte, begriff er, daß er es mit einem Mann in Frauenkleidern zu tun hatte. Voller Staunen trat er ein paar Schritte zurück und rief mit lauter Stimme: »Kommt alle her, seht mal, was hier los ist, da ist ein Mann in Frauenkleidern!« Seine Gefährten und die Leute, die in der Nähe waren, eilten sogleich herbei, schoben ihn vorsichtig zur Seite und befahlen ihm, zu schweigen. Da hörte der Fischer auf zu rufen. Der Hermaphrodit saß immer noch da und wartete. Inzwischen war eine Frau aus der Stadt herangetreten, die den Stoff gesehen hatte, den er oder sie bei sich trug, als wolle er ihn verkaufen. Sie fragte, was er koste und wieviel Ellen er messe. Er antwortete nicht, da er überhaupt kein Englisch sprach. Sie aber insistierte, und es kam noch eine andere Frau, die ihm eindringlich dieselbe Frage stellte und wissen wollte, zu welchem Preis er verkaufe. Da er nicht antwortete und lächelte, redeten sie miteinander und fragten sich, was wohl mit ihm los sei. Sie ahnten einen Betrug und hoben den Schleier hoch, der sein Gesicht bedeckte. Und als sie ihn hochgehoben hatten, sahen sie ein frisch-rasiertes dunkles Männergesicht. Da war ihre Verwunderung noch größer, und sie warfen ihn zu Boden und schrien mit durchdringender Stimme: »Los, steinigen wir dieses Ungeheuer, das ein Geschlecht mit dem anderen entstellt.« Sogleich sammelte sich eine Menge Männer und Frauen um ihn, sie zogen ihm den Schleier herunter und schleiften ihn über den Boden. Sie zerrten an Ärmeln und Kapuze und schleiften ihn schmachvoll über Sand und Steine und verletzten ihn dabei. Seine Diener bemühten sich zwei- oder dreimal, ihn zu befreien, indem sie die Menge wegzudrängen versuchten, aber es gelang ihnen nicht. Alle nämlich verfolgten ihn mit wildem Eifer, und so wurde er durch die ganze Stadt geschleift und auf schändlichste Weise beschimpft, mit Schlägen bedacht und bespuckt. Nachdem sie ihn so behandelt oder besser gesagt mißhandelt hatten, sperrten sie ihn in ein Gefängnis und ließen ihn bewachen.

Der Prälat beendet seinen Brief mit dem Wunsch, der Papst und der König mögen nur noch vertrauenswürdigen Leuten wichtige Aufgaben übertragen, die weder die priesterliche noch die königliche Würde beschädigten.

Johann ohne Land selbst erteilte acht Tage später den Befehl, Wilhelm Longchamp freizulassen. Er gestattete ihm auch die Überfahrt. Er ging im Hafen von Wissant in Flandern an Land, mußte auf der Durchreise noch einige Unbill auf sich nehmen und erreichte schließlich Paris, wo ihn der Bischof Maurice de Sully in großen Ehren empfing. Dieser veranstaltete eine feierliche Prozession nach Notre-Dame und gab seinem Gast 60 Mark Gold, da er wußte, daß er mittellos war. In der Normandie, wo sich Wilhelm niederlassen wollte, behandelte man ihn, als sei er exkommuniziert, und feierte keine Messe in seinem Beisein. Daraufhin sandte er Papst Zölestin und dem englischen König einen Bericht über das Geschehene und eine Klage gegen Bischöfe und Barone, die ihm so geschadet hatten, und auch gegen Johann selbst. Er erklärte, sie seien verantwortlich für das Unglück, das er erfahren habe. Da er seiner Unterstützung sicher war, wandte er sich an den Bischof Hugo von Lincoln und nannte in einem weiteren Brief alle Namen derer, die seiner Meinung nach in England exkommuniziert werden müßten. Oben auf der Liste stand selbstverständlich der Name des Erzbischofs Gautier von Rouen. Ein Regen von Exkommunikationen ging daraufhin auf die englischen Diözesen nieder.

Der Chronist Richard von Devizes erzählt die Ereignisse wesentlich unverkrampfter und unparteiischer als die meisten Annalenschreiber seiner Zeit, er verbirgt jedoch nicht seine persönliche Meinung darüber, daß den Bürgern Londons eine Eideserklärung auferlegt worden war:

An jenem Tag (er spielt auf die Versammlung in der Pauls-Kathedrale an) wurde die Schwurgemeinschaft der Londoner ins Leben gerufen, zu der sich alle Fürsten des Reichs und auch die Bischöfe der Provinz bekannten. Da erfuhr London zum erstenmal, wie sehr der König dem Königreich fehlte, denn weder König Richard noch sein Vorgänger und Vater Heinrich II. hätte eine solche Verschwörung gestattet, nicht einmal für 1000 Mark Silber. Die Schäden, die aus dieser Verschwörung hervorgingen, kann man in wenigen Worten beschreiben: Die Kommune bedeutete Maßlosigkeit der Plebs, Angst vor dem Königreich, Lauheit der Priesterschaft.

Er weist auch auf das traurige Los der Kirche von Ely nach der Flucht des Kanzlers hin:

Jede liturgische Handlung verschwand aus der Diözese, in den Dörfern erhielten die Toten kein Begräbnis mehr.

Er berichtet auch, daß zwei nach Frankreich entsandte päpstliche Legaten in die Normandie kamen – aufgestachelt vom französischen König, aber »heimlich« – und daß der Konnetabel und der Seneschall ihnen die Einreise verwehrten und jeden Besuch der Provinz verboten. Diese beiden waren Oktavian, der Bischof von Ostia, und Jordan, der Abt von Fossa Nova.

Königin Eleonore hatte allen Grund, ihrem Sohn Richard beängstigende Botschaften zu senden. Im Königreich machte sich die Abwesenheit des Königs zunehmend bemerkbar. Zu Beginn des Jahres 1192 stellte sie fest, welche Unordnung im Bistum von Ely durch die Exkommunikation entstanden war. Am 28. Januar gelangte sie aus der Normandie kommend nach Portsmouth und ritt wenig später in das Bistum.

Richard von Devizes schreibt:

> Diese Frau, die man zu Recht immer wieder erwähnen muß, Königin Eleonore nämlich, besuchte verschiedene Herrenhäuser in der Nähe von Ely, die ihr gehörten, da sie Teil ihres Witwengutes waren. Da kamen in allen Dörfern und Weilern Männer, Frauen und Kinder zu ihr, die nicht unbedingt zu den allerärmsten gehörten. Ein Volk in Tränen und Jammer, mit nackten Füßen, die Kleider in Unordnung, das Haar ungekämmt. Sie wandten sich unter Tränen an sie, konnten vor Kummer kaum sprechen. Niemand brauchte zu erklären, was sie sagen wollten, man konnte es ihrem Gesicht ablesen. Unbeerdigte Leichen lagen hier und da auf den Feldern, weil ihre Bischöfe jegliches christliche Begräbnis unterbunden hatten. Die Königin begriff, woher eine derartige Härte kam, sie selbst nämlich war voll Mitleid, als sie das Elend jener Menschen sah, die zwischen den Toten leben mußten. Sie kümmerte sich nicht mehr um ihre eigenen Dinge, sondern begab sich nach London und bat den Erzbischof von Rouen, oder besser gesagt, sie forderte ihn auf, alle Güter des Bischofs dem Bistum zurückzugeben und die Exkommunikation desselben Bischofs, sofern sie seine Kanzlerschaft betraf, aufzuheben, die in der Provinz von Rouen ausgesprochen worden war. Wo gab es einen Mann aus Eisen, der nicht vor dieser Frau weich geworden wäre und nicht auf ihre Wünsche gehört hätte? Er kündigte an, dem Herrn von Ely würden in England die

Güter seiner Diözese und seiner Familie zurückgegeben, und er verpflichtete denjenigen, der sie als Pfand
hatte, den Urteilsspruch zu widerrufen. So wurde, was
eine schwere Bedrückung war, durch Vermittlung der
Königin gemildert und das Los der Menschen erleich-
tert.

Er fügt hinzu, daß man die Gemüter, die so voller Haß
waren, unmöglich in diesem Zustand belassen konnte.

Königin Eleonore wußte indessen genau, was sie tat, als
sie sich nach England begab. Die Rückkehr Philipp Augusts von Frankreich war bekannt geworden. Er war im
August mit 14 Galeeren von Beirut aufgebrochen, hatte
einige Tage in Tripoli verbracht, sodann in Châtelblanc,
Tortosa und dem berühmten Schloß von Margat, das den
Johannitern gehörte. Danach hielt er sich in Banyas, Dje-
bail – das damals Giblet hieß, in Sankt Simeon, das Antiochien als Hafen diente, und in Alexandrettem, heute Is-
kenderun, auf. Er fuhr, nachdem er Rhodos angelaufen
hatte, an der Küste der Peloponnes entlang. Die beiden
Häfen von Modon und Koron waren damals viel besucht,
insbesondere von venetianischen Händlern. Philipp August machte in Kephalonia halt sowie in Korfu, wo er sich
an Tankred von Sizilien wandte und diesen um Erlaubnis
bat, sein Land zu durchqueren.

Manche Chronisten sprechen mit Ironie von der
schlechten Gesundheit, die er zum Vorwand genommen
hatte, um den Kreuzzug abzubrechen und nach Frankreich
zurückzukehren. Sie schien sich gebessert zu haben, denn
er landete in Otranto, und zwar am 10. Oktober 1191. Er
machte in Lecce, Brindisi, Bari und Trani halt, in Barletta
und Benevent. Danach reiste er nach Capua, Calvi und
San Germano am Fuß des Monte Cassino, »schließlich
nach Aquino und Frosinone, von wo aus er Kaiser Heinrich VI. um einen Geleitbrief bat, da er an der Grenze des
Reichs angelangt war. Er fuhr nach Anagni und Rom, wo
ihn Papst Zölestin mit großen Ehren empfing und acht

Tage zurückhielt. Es handelte sich, wir erinnern uns, um Hyazinth Bobo, der in Paris studiert und Nachfolger Clemens' III. geworden war. Er entband Philipp August von seinem Gelöbnis, das er nicht erfüllt hatte. Der französische König nutzte seine gute Stellung beim Papst, um sich über Richard zu beklagen: »Seinetwegen hatte er das Heilige Land verlassen«, berichtet Benoît von Peterboroguh, der sogar behauptet, Philipp August hätte den Papst gebeten, sich an seinem Rivalen rächen zu dürfen, indem er die Normandie und andere von seinem Königreich abhängige Länder an sich nahm. »Der Papst, der begriffen hatte, daß er dies nur aus Gier sagte, wollte ihm keineswegs gestatten, das Land des Königs von England anzutasten. Er drohte ihm sogar mit Bann, wenn er Hand an ihn lege oder sich über sein Land hermache.«

Man kann sich vorstellen, welche Absichten Philipp August bei seiner Rückkehr nach Frankreich hegte, während Richard mit den immensen Schwierigkeiten im Heiligen Land zu kämpfen hatte.

Über Sankt Johann von Maurienne kehrte Philipp August nach Frankreich zurück. Vorher war er über Viterbo, Radicofani, Siena, Lucca, Mailand, Piacenza und Pavia gereist. Kurz vor Weihnachten 1191 traf er zu Hause ein. Man begreift die Eile, die Eleonore hatte, nach England zu fahren und ihren Sohn Johann aufzuhalten. Immer häufiger berief sie Barone und Kirchenfürsten des Reichs zu Versammlungen ein, in Windsor, Oxford, London und Winchester, vor allem, damit Johann auf englischem Boden blieb und nicht nach Frankreich fuhr, um gegen Richard zu konspirieren. Es zweifelte tatsächlich niemand daran, daß Richard nicht von seinem Kreuzzug zurückkehren würde, am wenigsten Johann ohne Land. Er war nun schon seit zwei Jahren dort, ohne von seinem Königreich die Hilfe zu erhalten, auf die er vermutlich gehofft hate. Wie Richard von Devizes sagt: »Weder sein einziger Bruder Johann, der Graf von Mortain, noch seine obersten Finanz- und Gerichtsbeamten noch die anderen

Barone, die zu Hause geblieben waren, dachten daran, ihm das geringste ihrer Einkünfte zu geben. Und niemand glaubte an seine Rückkehr. Nur das Fürbittengebet der Kirche stieg ständig zu Gott empor.« Gerichte von einer erneuten Erkrankung des Königs trugen nicht zur Beruhigung der Lage bei. Königin Eleonore hatte sich eindeutig zum Ziel gesetzt, das Königreich für Richard zusammenzuhalten, den legitimen Erben und Liebling ihres Herzens, wie Richard von Devizes es nennt, der sie besonders gut zu kennen scheint:

> Ihr mütterlicher Instinkt rebellierte in ihr, und sie wurde von Unruhe ergriffen, wenn sie an das Schicksal ihrer beiden älteren Söhne dachte und an den frühen Tod der beiden. Sie wollte alles für ihre beiden letzten Kinder tun, ihnen ihre Hilfe getreulich zukommen lassen, um wenigstens in deren Leben eine glücklichere Mutter zu sein.

Der Wunsch der Mutter, beide zu schützen, veranlaßte sie im Moment dazu, den jüngeren, den sie für leichtfertig hielt, davon abzuhalten, »sich aufhetzen zu lassen und auf Rat des Königs von Frankreich gegen seinen Herrn und Bruder zu intrigieren«. Wie der Chronist feststellt, kam es ihr darauf an, alles daranzusetzen, um sämtliche Vorhaben ihres jüngeren Sohnes in dieser Hinsicht zum Scheitern zu bringen.

Dies gelang ihr auch. Johann mußte den Plan, auf den Kontinent zu reisen, aufgeben, aber er eignete sich, »weil er mit seinen Plänen gescheitert war«, die Schlösser von Windsor und Wallingford an. Heimlich rief er die Kronfeldherren zusammen und übertrug die Aufsicht über die beiden dem König gehörenden Anwesen seinen eigenen Leuten. Gleich darauf berief der Erzbischof von Rouen Barone und Prälaten nach London ein. Es kam zu Verhandlungen, die jedoch, wenn man Richard von Devizes glauben will, eher unentschieden verliefen, da jeder zwar die Einnahme der Schlösser verurteilen, niemand aber den

Zorn Johanns auf sich ziehen wollte. Mitten in den Gesprächen erschienen zwei Boten, welche der Königin und allen Anwesenden die Grüße eines Mannes überbrachten, den niemand erwartete: Kanzler Wilhelm Longchamp, der, wie es hieß, am Abend vorher in Dover eingetroffen war.

Er hatte seine Angelegenheit eilig vor den Papst gebracht, und dieser vertraute ihm und erneuerte das Legat, das sein Vorgänger ihm gewährt hatte. »Alle schwiegen und starrten gebannt auf den Mann, der redete«, berichtet der Chronist, der, wie es seine Gewohnheit war, Vergil zitierte. Er verwandte zahlreiche Anspielungen und Zitate, jedoch stets mit dem ihm eigenen Humor.

Die Rückkehr Wilhelms von Longchamp traf die Versammlung wie aus heiterem Himmel. Sie begannen, Johann zu bitten, sie gegen den Kanzler zu verteidigen. Johann hatte sich in aller Öffentlichkeit im Schloß von Wallingford niedergelassen und brachte deutlich seine Herablassung gegenüber der Versammlung zum Ausdruck, die gegen ihn einberufen worden war. Schließlich begab er sich nach London. Er ließ sich herab, einer Versammlung sein Ohr zu leihen, die nicht mehr von den Schlössern sprach, die er sich angeeignet hatte, sondern sich einstimmig über das Vorgehen des Kanzlers beklagte. Worauf Johann den Baronen und Prälaten mitteilte, dieser habe ihm 700 Pfund Silber innerhalb von sieben Tagen angeboten, wenn er ihm nicht in die Quere käme: »Ihr wißt selbst, wieviel Geld ich brauche. Wenn Ihr in der Lage seid zu begreifen, wißt Ihr nun genug!« So beendete er seine Rede.

Alle verstanden offensichtlich sogleich. Sie boten Johann 500 Pfund Sterling an und erhielten daraufhin den erhofften Brief gegen den Kanzler. Die Dinge wurden in Windeseile geregelt. »Es wurde keinen Moment gezögert. Die Königin schrieb, der Klerus schrieb, das Volk schrieb. Alle sagten einstimmig nein zum Kanzler. Er solle zu seiner eigenen Sicherheit fortgehen, unverzüglich auf See zurückkehren, wenn er keinen neuen Feindseligkeiten ausgesetzt sein wolle.«Wenn man Richard von Devizes glauben will, wurde der Kanzler angesichts solcher Einmütigkeit so bleich wie »jemand, der mit bloßen Füßen eine Schlange zertreten hat«. Er verließ England am 2. April 1192 im Vertrauen darauf, daß seine große Stunde bald kommen würde.

Doch Königin Eleonores Vorahnungen hatten sie nicht getäuscht. Philipp August verbreitete seit seiner Rückkehr ständig schlimme Gerüchte über seinen Vasallen König Richard. Vor ihm hatte dies bereits einer seiner Verwandten getan, Philipp von Dreux, der Bischof von Beauvais, der das Heilige Land kurz nach dem Tod des Herzogs von Burgund verlassen hatte, nämlich im Juli 1192. Man sagte, gleich nach dessen Tod sei König Richard wieder genesen...

Nachdem er in Deutschland angekommen war, verbreitete er (der Bischof) in allen Völkern das Gerücht, der englische König, jener Verräter, habe bei seiner Ankunft in Palästina versucht, seinen Herrn, den König von Frankreich, an Saladin auszuliefern. Er habe den Marquis (von Montferrat) ermorden lassen, um sich Tyrus anzueignen, er habe den Herzog von Burgund vergiftet und schließlich die gesamte christliche Armee im Stich gelassen, weil sie ihm nicht gehorcht habe. Er sei ein einzigartig blutrünstiger Mensch von harten Sitten und entbehre jeglicher Liebenswürdigkeit. Er sei geübt in Ränkespiel und Heuchelei. Deshalb sei der französische König so schnell zurückgekehrt, und deshalb hätten die Franken Jerusalem nicht erobern können. Das Gerücht verbreitete sich in aller Eile und weckte den Haß aller Männer gegen einen einzigen.

Der Chronist fügt hinzu: Zurückgekehrt nach Frankreich, habe der Bischof von Beauvais dem französischen König heimlich mitgeteilt, der englische König, der sie alle ins Verderben geführt habe, hätte Meuchelmörder nach Frankreich geschickt. Philipp war bestürzt, brach mit den Traditionen des Landes und beschaffte sich sorgfältig ausgewählte Leibwächter. Er fügte hinzu, er müsse dem Kaiser Abgeordnete mit Geschenken senden und seine Majestät gegen den König von England einnehmen. In der Folge kam es zu einem kaiserlichen Erlaß, nach dem alle Städte und Herren des Reichs, wenn der König von England auf ihr Gebiet kam, ihn mit Waffen empfangen und ihn lebendig oder tot ausliefern sollten.

Sind die Anschuldigungen, die Richard von Devizes vorbringt, von späteren Ereignissen inspiriert? Die Angst Philipp Augusts, ermordet zu werden, ist historisch verbürgt, und die Anschuldigungen – die im übrigen vollkommen ungerechtfertigt scheinen –, nach denen Richard für den frühen Tod des Marquis von Montferrat verantwortlich war, machten nicht nur in der Kreuzfahrerarmee die Runde, sondern im Orient und im Abendland überhaupt. Dies alles geschah zu der Zeit, als Richard krank daniederlag und ohne sein Wissen durch den Bischof von Salisbury Hubert Gautier und den Mann, der Nachfolger des Markgrafen werden sollte, Heinrich von Champagne, Waffenruhen geschlossen wurden.

Als der König wieder genesen war, wurden seine Bemühungen, eine Armee zu versammeln, die in der Lage war, die Stadt Jerusalem anzugreifen, von eben jenen durchkreuzt, welche die Waffenruhen geschlossen hatten und den Soldaten davon abrieten, sich zu sammeln und dem Aufruf des Königs zu folgen. Richard war verzweifelt über diese Abtrünnigkeit, fuchtelte voll Zorn mit seinem Pinienstock durch die Luft und rief aus: »Mein Gott, warum hast du mich verlassen? Nicht für mich, sondern für Dich werden künftig meine Standarten zu Boden geworfen. Nicht wegen der Feigheit meiner Armee hast Du, mein Herr und Gott, heute gesiegt. Du und nicht dein armer kleiner König Richard, der hier vor dir steht.« In diesem Zustand der Niedergeschlagenheit setzten Hubert Gautier und Heinrich von Champagne in die Tat um, was sie bereits beschlossen hatten: die mit dem Sultan vereinbarte Waffenruhe hinterher vom König besiegeln zu lassen.

Dieser Mann hatte eine solche Körperkraft, eine so mutige Seele und einen solchen Glauben an Christus, daß man ihn nur schwer davon abhalten konnte, sich in seinem schlechten Zustand selbst in den Kampf zu stürzen, allein gegen tausend sorgfältig ausgewählte Heiden.

So erklärt der Chronist das enttäuschende Ende des Kreuzzugs und die Tatsache, daß König Richard nicht versuchte, Jerusalem zu erobern. Zugleich legt er, selbst wenn ihn seine Bewunderung für König Richard manchmal mitreißt, dar, wie es nach drei Jahren Abwesenheit in seinem Königreich aussah und welcher Geist dort herrschte.

Was Richard von Devizes berichtet, besonders über Philipp August, wird von anderen Zeugen bestätigt. Wilhelm von Neuburg bestätigt die Angst des französischen Königs, der sich nur noch mit einer bewaffneten Eskorte bewegte, weil angeblich König Richard Mörder ausgesandt hatte, um sich seiner zu entledigen. In Paris soll eine Versammlung zusammengetreten sein, um seiner Umgebung die Gründe für die eingeführten Schutzmaßnahmen darzulegen. Er stellte sogar die Frage, ob er den Angriffen des englischen Königs nicht zuvorkommen solle, indem er sich auf seinem Gebiet kriegerisch betätigte. Der Rat hatte angeblich seine Vorsichtsmaßnahmen gebilligt, jedoch von Übergriffen auf die Ländereien eines Kreuzfahrers abgeraten, der unter päpstlichem Schutz stand und den anzugreifen höchst schändlich war. Philipp August verzichtete zunächst auf militärische Aktionen, bereitete jedoch einen Krieg vor. Zu diesem Zweck hatte er auch König Knut von Dänemark aufgewiegelt und versucht, die alte Feindschaft zwischen Dänen und Engländern wiederaufleben zu lassen. Dies war ihm nicht gelungen, aber er erhielt die Hand der Prinzessin Ingeborg, die in Frankreich Isambour genannt wurde. Durch diese Heirat erhielt er, wenn schon keine militärische Hilfe, so doch eine beträchtliche Mitgift. Am Tag nach der Hochzeit verstieß Philipp August die unglückliche Isambour, welche jedoch dem König mit unglaublicher Zähigkeit die Stirn bot. Dies jedoch ist eine andere Geschichte.[1]

Um auf Richard zurückzukommen, er schiffte sich am 9. Oktober 1192 nach Zypern ein, nachdem er den Besitz der Insel offiziell Guy von Lusignan übertragen und darauf verzichtet hatte, zum Heiligen Grab zu pilgern. Wie ein Chronist schreibt, hatten alle Leiden, Gefahren und Mühen zwar keinen großen Erfolg im Hinblick auf das irdische Jerusalem, dafür jedoch war viel getan worden, um dem himmlischen Jerusalem näherzukommen, in gemeinsamem Engagement und mit zahlreichen persönlichen Opfern.

Die Geschichte war jedoch noch lange nicht zu Ende. Zunächst erhoben sich heftige Unwetter, bald nachdem die Flotte aufgebrochen war. Sechs Wochen lang wurden die Schiffe in den Gewässern des Mittelmeers übel zugerichtet. Sie waren etwa noch drei Tagereisen von Marseille entfernt, als sie erfuhren, welchen Empfang man dem König von England an der Küste des Languedoc bereiten wollte. Richard beschloß umzudrehen und ins Adriatische Meer zu fahren. Auf dem Rückweg gelangte er nach Korfu. Hier kam es zu einer seltsamen Begegnung: Zwei Seeräuberschiffe, die erst das Schiff des Königs hatten angreifen wollen, erkannten es und zögerten nicht, ihm Verhandlungsvorschläge zu machen. Richard einigte

---

[1] Darüber erzählen Geneviève de Cant und ich in dem Buch *Isambour, la reine captive*, das 1987 bei Stock, Paris, erschien.

sich mit ihnen und bestieg in Begleitung weniger Getreuer ihr Schiff. Es handelte sich um Balduin von Béthune, seinen Schreiber Philipp, seinen Kaplan Anselm, welcher als Augenzeuge dem Raoul oder Richard von Coggeshall genannten Chronisten detailliert über die Rückkehr des Königs berichtet hat. Bei ihnen waren einige Ritterbrüder vom Orden der Templer und eine kleine Zahl Diener. Zusammen landeten sie an der Küste Dalmatiens, also des ehemaligen Jugoslawien, nahe bei einer Stadt mit Namen Gazara, nachdem sie die Adriaküste hinaufgefahren waren.

Daß sich der König von England nach dem Kreuzzug gemeinsam mit Piraten aufmachte, um in sein Königreich zu gelangen, ist ein würdiger Beginn des Abenteuerromans, der sich in der Folge abspielte. Seine Rückkehr ist wahrhaft ein Roman, und die Geschichte ist immer reicher an Abenteuern als jede erfundene Erzählung.

Richard sollte seit seiner Abreise aus dem Heiligen Land mehr als 18 Monate brauchen, bis er wieder englischen Boden betrat, und sicher hat er es mehr als einmal bedauert, sich vor der Feindschaft des Grafen von Toulouse gefürchtet und sein Schiff nach Korfu zu gelenkt zu haben, anstatt an der Küste des Languedoc zu landen. Dort hätte man ihn sicher freundlicher aufgenommen als an der Adriaküste ...

Die Seeräuber hielten Wort und fuhren zur Stadt Zara (heute Zadar) an der Adria, nachdem sie Ragusa (Dubrovnik) und Umgebung umfahren hatten. Nach seiner Landung eilte der König nordwärts und sandte einen Botschafter zum Fürsten des Landes, da er erfahren hatte, er befinde sich auf dem Gebiet des Grafen Meinhard von Görz. Dies war von großem Nachteil, denn dieser war ein Vasall Herzog Leopolds von Österreich. Um zu den Alpen zu gelangen, brauchten sie einen Geleitbrief des Herzogs. Und um jenen gewogen zu machen, gab Richard seinem Botschafter genaue Anweisungen: Er sei Hugo, ein Handlungsreisender im Gefolge des Grafen Balduin von Béthune, und wolle gern ungehindert durch sein Land reisen. Er gab dem Mann ein prachtvolles Geschenk für Graf Meinhard mit: einen der drei Rubine, die er soeben einem pisanischen Händler abgekauft hatte, den er auf einem Goldring hatte befestigen lassen. Die drei Steine hatten ihn 900 byzantinische Goldmünzen gekostet. Ein derartiges Geschenk schien ihm geeignet, ihm den Empfänger gewogen zu machen.

Vielleicht erregte aber gerade dieses wahrhaft königliche Geschenk Verdacht. Als der Botschafter vor den Grafen trat, bat er um einen Geleitbrief für eine Schar von Pilgern, die aus Jerusalem zurückkehrten. Daraufhin fragte dieser nach den Namen: »Einer von ihnen heißt Balduin von Béthune, der andere ist ein Kaufmann mit Namen Hugo und schickt Euch diesen Ring.« Welche Intuition hatte Meinhard in diesem Moment? »Nein«, sagte er, »der Mann heißt nicht Hugo, sondern König Richard.« Er dachte eine Weile nach und sagte dann: »Obwohl ich geschworen habe, alle Pilger, die aus jener Gegend kommen, zu verhaften und keine Geschenke von ihnen anzunehmen, nehme ich dieses Geschenk an wegen seiner Schönheit und wegen des Herrn, der es mir schickt, und wegen der Ehre, die er mir erweist, obwohl er mich nicht gesehen hat, und ich gebe Euch die Freiheit, Euch zurückzuziehen.«

Bei seiner Rückkehr berichtete der Botschafter dem König, was sich zugetragen hatte. Dieser und seine Begleiter wurden von Furcht ergriffen, und sie verließen, nachdem sie Pferde gekauft hatten, heimlich bei Nacht ihr Quartier, nutzten ihre Freiheit und ritten, so schnell sie konnten. Meinhard bedauerte seinen Schritt jedoch und informierte seinen Bruder, den Grafen Friedrich von Betesov und bat ihn, den König festzunehmen, sobald er sein Land erreiche. Darauf schickte dieser einen seiner ihm treu ergebenen Bevollmächtigten in die Stadt, um das Haus ausfindig zu machen, in dem die Reisenden sich aufhielten, und den König zu enttarnen, entweder durch Worte oder durch sonst irgendein Zeichen. Der, den er für die Mission ausgewählt hatte, war zufällig seiner Herkunft nach Normanne, er hieß nämlich Roger von Argenton. Seit zwanzig Jahren lebte er schon in dem Land und gehörte zur Umgebung Friedrichs, dessen Nichte er geheiratet hatte. Der Graf hatte ihm versprochen, ihm die Hälfte der Stadt zum Geschenk zu machen, wenn es ihm gelänge, den König ausfindig zu machen. So durchsuchte Roger von Argenton ein Haus nach dem anderen, und schließlich fand er, was er suchte. Der König bewegte sich auf dem Hof wie ein einfacher Kutscher, aber seine Gestalt verriet ihn, Roger von Argenton fiel vor ihm auf die Knie, ganz in Tränen, und bat ihn, schleunigst zu fliehen. Er gab dem König ein ausgezeichnetes Pferd und entdeckte ihm, welchen Handel man mit ihm trieb. Richard machte sich sogleich mit nur zwei Begleitern auf den Weg, mit Wilhelm von L'Etang und einem jungen Knappen, der Deutsch sprach. Dies war unerläßlich, wenn die Reisenden nicht entdeckt werden wollten. Roger kehrte zu seinem Herrn zurück und erklärte, das Gerücht, der König befinde sich in der Stadt, entbehre jeglicher Grundlage. Er habe nur Balduin von Béthune mit einigen Pilgern auf der Heimreise angetroffen. Daraufhin befahl ihm Friedrich voll Zorn, sie zu verhaften.

Nach einem Ritt von drei Tagen, ohne Rast und ohne Nahrung zu sich zu nehmen, waren Richard und seine beiden Begleiter erschöpft. Sie machten in der kleinen Stadt Ginana an der Donau Rast, vermutlich einer Vorstadt von Wien. Dies war der Gipfel des Unglücks, denn gerade jetzt hielt sein Erzfeind Leopold von Österreich sich dort auf.

Der junge Diener kaufte einige Vorräte, aber er hatte kein anderes Geld als byzantinische Goldmünzen. Die Leute aus der Gegend hatten noch nie soviel Geld gesehen, und so erregte er bald einiges Aufsehen. Man fragte ihn, mit wem er reise, und er antwortete, er stehe im Dienst eines sehr reichen Kaufmanns, der sich seit drei Tagen in der Stadt aufhalte. Sobald man ihn gehen ließ, lief er zum König, erzählte ihm, was geschehen war, und bat ihn, erneut zu fliehen. Richard hatte die Flucht schwer erschöpft, wieder war er von dem Fieber befallen, das seit seiner Ankunft im Heiligen Land ständig ausbrach. Er brauchte dringend ein paar Tage Ruhe. Wieder kaufte der junge Diener Lebensmittel ein, es war am Tag des Apostels Thomas, am 21. Dezember 1192. Draußen war es sehr kalt, und unvorsichtigerweise befestigte er die Handschuhe des Königs an seinem Gürtel. Diese waren mit einem goldenen Leoparden, dem Wappentier des englischen Königs, bestickt. Die Stadtwache bemerkte dies und mißhandelte ihn, schlug ihn und drohte, ihm die Zunge abzuschneiden, wenn er nicht die Wahrheit über seinen Herrn sage. Sie zwangen ihn, bis zu dessen Behausung zu gehen, versteckten sich dort, und bald war das Haus von einer johlenden und drohenden Menge umgeben.

Als der König das Geschrei und Gebrüll und Gejohle hörte, trat er vor das Haus, und da er wußte, daß es unmöglich war, sich gegen eine solche Menge zu verteidigen, zog er sein Schwert und erklärte, er werde es nur dem Herzog persönlich überreichen. Dies wurde unverzüglich dem Herzog gemeldet, der gleich darauf erschien. Richard ging ihm einige Schritte entgegen und reichte ihm sein Schwert. Leopold war höchst erfreut, führte ihn mit allen Ehren fort und ließ ihn von Rittern bewachen, die sich ihrer Aufgabe mit größter Sorgfalt widmeten.

Der Chronist, der detailliert über die Vorgänge berichtet, kann seine Bitterkeit nicht verbergen.

Hirnlose Rasse! Barbarisches Land!... Elendes Unglück, das zwar nicht ohne Erlaubnis des allmächtigen Gottes geschah, aber seine Pläne sind uns verborgen, vielleicht will er die Irrungen des Königs in den Zeiten des Glücks bestrafen, vielleicht die Sünden seiner Untertanen, vielleicht soll die abscheuliche Bosheit vor aller Welt bekannt werden. Die Bosheit derer, die den König in einer solchen Lage verfolgt haben, damit künftig alle, die für eine solche Tat verantwortlich sind, mit dem glühenden Eisen gebrandmarkt werden, die, welche einen solchen König gedemütigt haben, der soviel Mut und soviel Macht besaß und von einer so anstrengenden Pilgerfahrt zurückkehrte, die, welche ihn so erniedrigt und beleidigt und seinem Reich ein unerträglich hohes Lösegeld abverlangt haben. Ich frage mich, welche bösartige und in den Gesetzen des Christentums so wenig bewanderte Rasse einem solchen Fürsten in einer solchen Lage eine grausamere und schwerer zu tragende Last auferlegen könnte.

Er schließt seine Gedanken, indem er sagt, wenn der König in die Hände Saladins gefallen wäre, hätte ihm dieser zweifellos eine leichtere Strafe auferlegt und ihn mit der einer königlichen Majestät gebührenden Freundlichkeit und Gerechtigkeit behandelt, die jenem barbarischen Volk vollkommen fremd sei...

Da ein Unglück selten allein kommt, versäumt der Chronist nicht, noch alle Unwetter, Gewitter und Hagelregen aufzuzählen, die in jener Zeit stattfanden und zahlreiche Schiffbrüche verursachten. Das ganze folgende Jahr – 1193 – war tatsächlich von den verschiedensten Unglükken gekennzeichnet: Stürmen, Überschwemmungen und Gewittern, die die Ernten minderten und das Unheil jener Zeit widerspiegelten, in welcher der König gefangen war. Andere Chronisten übertreiben hierbei ein wenig. Wilhelm von Neuburg spricht von drei Sonnenphänomenen – wahrscheinlich Polarlichtern –, die dreimal hintereinander auftraten: im Januar 1192, dann im Februar 1193 und schließlich am 2. November jenes Jahres, in dem Richard gefangen war. Beim erstenmal handelte es sich, so meint Wilhelm, um eine Vorhersage: In ganz England schien in der Nacht zwei Stunden lang ein rötliches Licht, das aus-

sah wie von Blut durchtränkt. Das zweite im Februar
1193 tauchte nach Mitternacht auf, als gerade die Mönche
die Lobgesänge des Morgengebets sangen; es war von
solcher Röte, daß die meisten glaubten, in der Nähe sei
ein Feuer ausgebrochen, und ihre Psalmen unterbrachen.
Wenige Tage später wurde bekannt, daß der König gefangengenommen worden war. Das dritte Zeichen erschien im November 1193 vor Morgengrauen, als man
begann, auf seine baldige Befreiung zu hoffen.

Über die Orte, an denen Richard gefangen war, weiß
man nur wenig. Bekannt ist einer von ihnen, die Festung
Dürnstein in Österreich, wohin er vermutlich gleich
nach seiner Gefangennahme durch Leopold verbracht
wurde. Dieser Ort nämlich liegt weniger als 60 Kilometer von Wien entfernt – einen Tagesritt oder eher eine
Schiffsreise auf der Donau über Klosterneuburg und
Tulln. Die Ruinen sind bis heute beeindruckend. Die
Burg wurde auf einem riesigen, den Fluß überragenden
Felsen gebaut; Hadmar von Küringen begann in der ersten Jahrhunderthälfte gegen 1130 bis 1140 damit. Die
Burg war zwanzig Jahre zuvor fertiggestellt worden.
Später, im 14. Jahrhundert, wurde sie von einem Habs-
burger gekauft und im Dreißigjährigen Krieg wie viele
andere von den Schweden zerstört. Heute sieht man nur
noch eine mit Türmen bestückte Mauer, welche die Burg
mit der Stadt verbindet, und Reste einer Kapelle, in der
noch Fresken vom Anfang des 15. Jahrhunderts vage zu
erkennen sind.

Später brachte man den König in eine andere Festung,
nach Ochsenfurt, unweit der Stadt Würzburg. Die Reise
vollzog sich wahrscheinlich weitgehend auf dem Wasser-
weg über Donau und Main. Höchstwahrscheinlich
wurde der englische König dort dem Kaiser Heinrich VI.
übergeben, dem Sohn Friedrich Barbarossas, den die Anwesenheit der Kreuzfahrer in seinen Absichten in Italien
und Sizilien gestört hatte, weshalb er gegen Richard
große Animositäten hegte.

Dieser wurde nun in der Burg Trifels eingesperrt, von der es immer noch imponierende Ruinen gibt. Es war ein riesiger Bau auf drei Gipfeln und seit dem 11. Jahrhundert kaiserliche Festung. Sie lag strategisch äußerst günstig. Heinrich VI. hielt sie für so sicher, daß er die kaiserlichen Kronjuwelen dort hatte hinschaffen lassen – sie blieben an diesem Ort bis zum Ende des 13. Jahrhunderts, als sie nach Prag gebracht wurden. Auch diese Burg wurde im Dreißigjährigen Krieg von den Schweden zerstört. Einige Mauern, die heute noch zu erkennen sind, schreibt man der Zeit jener fränkischen Salier zu, die sich in Frankreich niederließen. Der ehemalige Hauptturm zeigt in seinen erhaltenen Teilen, in den Bogenwindungen, eine schöne Pracht und besteht aus mehreren Etagen. Im Erdgeschoß gibt es noch zwei Säle und einen weiteren im zweiten Stock. Hier lagen die Wohnungen der Kaiser. Die archäologischen Funde von dort befinden sich heute in Speyer im Historischen Museum der Pfalz. In der ersten Etage lag auch eine Kapelle, und jüngst hat man einen Brunnen ausgegraben, der ziemlich sicher aus dem 11. Jahrhundert stammt.

Die endlose Gefangenschaft eines Königs, der aus dem Heiligen Land zurückkehrte und dessen Erfolge zwar nicht zur Befreiung Jerusalems geführt hatten, aber doch aufsehenerregend waren, ist heftig verurteilt worden. Im *Livere des Reis d'Engleterre* heißt es trocken: »Er wurde nicht in Eisen gelegt; dennoch führte man ihn wegen der Lebensgewohnheiten der Leute des Landes, das ihn bewachte, in eine ziemlich elende Unterkunft. Die Menschen in diesem Königreich sind nämlich wie die Tiere und garstig gekleidet und haben scheußliche Tischmanieren und eine widerwärtige Sprache.«

Den Berichten der Chronisten zufolge ertrug Richard die Pein der Gefangenschaft tapfer. Er scherzte mit seinen Wächtern, war immer guter Stimmung, teilte mit ihnen die Getränke, über die er verfügen konnte. Er gehörte zu den Leuten, die, wenn gelegentliche plötzliche Zornausbrüche verraucht sind, immer aus ihrer Situation das Beste machen.

Einer bekannten Legende nach erkannte der Minnesänger Blondel seinen Herrn dank eines Liedes, das sie angeblich gemeinsam verfaßt hatten. Dies erzählt der berühmte Menestrel von Reims, der im 13. Jahrhundert eine ganze Reihe Erzählungen schrieb, in denen er, übrigens in angenehmer Weise, Wahres und Falsches miteinander vermengte. Beispielsweise verliebte sich Königin Eleonore in Saladin! Es scheint dennoch nicht ausgeschlossen, daß die erwähnte Legende eine wahren Kern hat und daß, wie Reto Bezzola betont, Blondel den Beinamen Johann II. von Nesles trug. Dieser war für sein gutes Aussehen und sein Dichtertalent berühmt, »ein Ritter von beachtlichem Wuchs und schöner Erscheinung«, wie Wilhelm der Bretone es formuliert (allerdings macht er ihm auch den Vorwurf, nicht ebensoviel Mut wie Schönheit zu besitzen; es handelt sich jedoch um die Schlacht von Bouvines, 1214, bei der die Franzosen leichtes Spiel hatten, die Engländer der Mutlosigkeit zu zeihen!). Der Beiname Blondel hätte dem Minnesänger aus dem Artois gut angestanden, der später auch das Kreuz nahm und mit vielen Minnesängern der Zeit einen poetischen Austausch pflegte, darunter Conon von Béthune oder Gace Brûlé. Als Richard gefangengenommen wurde, mag er 22 Jahre alt gewesen sein. Wenn das Ereignis am Rheinufer spielt, könnte es eine gewisse Wahrscheinlichkeit haben. Als Herzog Leopold von Österreich seinen Gefangenen zum Kaiser gebracht hatte, war es nicht weit von der Picardie und dem Artois zum Rhein, an dessen Ufer die Burg Trifels lag. Ein Lied erklingt am Fuß einer Burg, und ein Gefangener antwortet vom Turm herab. Dies ist einfach zu schön, um nicht erzählt zu werden...

Nachdem man nun genau wußte, wo Richard gefangen war, war es einfacher geworden, Schritte zu seiner Befreiung zu unternehmen. Erst im Februar 1193 erfuhr man in England überhaupt von seiner Haft. Nach dem, was

Raoul von Coggeshall schreibt, wurde Richard zunächst vom Kaiser in der Gegend von Trier festgehalten, dann bei Worms. An dieser Stelle hebt der Chronist hervor, wie groß das Aufkommen an bewaffneten Soldaten war, die Richard bewachten – »die tapfersten der Teutonen« – und Tag und Nacht das königliche Bett umstanden. Heinrich VI. gestattete es niemandem, in seine Nähe zu kommen.

Dies alles konnte das heitere Gesicht des Fürsten nicht trüben. Immer war er fröhlich und lustig in seinen Worten, stolz und mutig in seinen Taten, je nach Augenblick, Ort, Umständen oder den Personen, mit denen er zu tun hatte. Wie oft beschämte er seine Wärter durch seine Scherze und seinen Spott, wie oft machte er sich über sie lustig, indem er ihnen zu trinken gab, und wie oft tat er im Spott, als greife er die Kräfte dieser Grobiane an – aber darüber sollen andere berichten.

Dennoch kamen verschiedene Besucher zu ihm, darunter der Abt von Cluny und auch, so erzählt der Chronist, der Kanzler des Königs, wahrscheinlich Wilhelm Longchamp, der berühmte Bischof von Ely. Er machte sich eilig auf, seinen gefangenen Herrn zu besuchen, der ihm sein Vertrauen geschenkt hatte.

Der Kaiser brachte eine ganze Reihe Beschwerden gegen Richard vor, von denen die meisten sich jedoch als pure Verleumdungen herausstellten. Er berief eine Versammlung von Bischöfen, Herzögen und Grafen ein, ließ den König kommen und erläuterte vor ihnen allen seine Beschuldigungen in allen Einzelheiten. Er machte Richard zum Vorwurf, seinetwegen Sizilien und Apulien verloren zu haben, die ihm nach dem Erbrecht zugefallen wären, denn er habe Tankred von Lecce geholfen, sie sich nach dem Tod König Wilhelms, des Gemahls seiner Schwester Jeanne, anzueignen. Dann kam er auf den Kaiser von Zypern zu sprechen, mit dem er verwandt war: Richard habe ihn zu Unrecht seiner Macht beraubt und eingesperrt, habe gewaltsam sein Land erobert und es an jemand anderen verkauft. Sodann beschuldigte er den König, für den Tod des Marquis von Montferrat verantwortlich zu sein, der einer seiner Männer sei. War er durch Verrat oder eine Intrige zum Opfer der Assassinen geworden? Hatte Richard selbst Assassinen des Alten vom Berge gegen seinen Herrn, den König von Frankreich, ausgesandt, dem er während des gemeinsamen Kreuzzugs nicht die geringste Treue erwiesen habe, dabei hätten sie sich doch gegenseitig Treue geschworen. Außerdem habe er die Abzeichen des Herzogs von Österreich geschändet, indem er sie voller Mißachtung in die Abwässergraben von Jaffa geworfen habe. Und hatte er nicht im Jerusalemer Land die Deutschen mit schändlichen Flüchen geschmäht, und zwar mehrere Male?

Auf all dies, auf jede der Unterstellungen, die in der vom Kaiser einberufenen Versammlung vorgebracht wurden, wobei der Herzog von Österreich unter Tränen zuhörte, antwortete er mit solcher Klarheit, daß ihn alle bewunderten und verehrten. Es blieb nicht der geringste Verdacht in den Herzen jener zurück, vor denen er beschuldigt worden war. Er nahm aufrichtig Stellung zu allem, was ihm vorgehalten wurde, und konfrontierte die Beschuldigungen mit Argumenten, welche die Wahrheit ans Licht brachten und alle falschen Verdächtigungen, die auf ihm lasteten, zunichte machten. Er legte die ganze Wahrheit dessen, was geschehen war, offen. Auch brachte er den Verrat und verschiedene Intrigen mancher Fürsten ans Tageslicht und versicherte, er könne jederzeit seine Unschuld beweisen und sich von den Anschuldigungen reinwaschen, wenn der Hof des Kaisers ihm dies auferlege. Der König sprach lange vor dem Kaiser und den Fürsten, und zwar mit solcher Beredsamkeit und Leichtigkeit, daß der Kaiser aufstand und den König, der näher getreten war, umarmte. Danach redete er freundlich und liebevoll mit ihm. Seit diesem Tag begann der Kaiser, den König mit Eifer zu ehren und vertrauensvoll mit ihm umzugehen.

Richard hatte seinen Feind entwaffnet und für seine Sache gewonnen. Wie Roger von Hoveden schreibt, »war sein Gewissen rein, und er klärte alle Anschuldigungen auf, indem er immer frei antwortete, so daß er den Kaiser für sich gewann, und zwar nicht aus Mitleid, sondern aus Freundschaft«.

Eine ähnliche Versammlung fand Anfang März 1193 statt, denn um den 22. desselben Monats wurde die Höhe des Lösegeldes festgelegt. Nun durfte der König seine Vertrauten empfangen wie den Bischof von Ely oder Hubert Gautier, den Bischof von Salisbury, den er sogleich mit dem Auftrag nach England schickte, das Lösegeld zusammenzutragen. Er legte sein Vertrauen in einen zuverlässigen Mann. Er hatte ihn im Heiligen Land aus nächster Nähe erlebt und kannte seine Art zu handeln. Das Lösegeld war immens hoch, es betrug 150 000 Mark Silber nach Kölner Gewicht. Am 29. Juni wurde feierlich festgelegt, daß der König als freier Mann in sein Königreich zurückkehren dürfe, sobald die Summe bezahlt sei. Briefe von Richard und eine Botschaft Heinrichs VI., besiegelt mit der goldenen Bulle, derer sich der Kaiser bediente, wurden nach England gesandt. Dort wurde sogleich durch die obersten Finanz- und Rechtspfleger der Beschluß gefaßt, daß sämtliche Bischöfe, Kleriker, Grafen und Barone, alle Abteien und Propsteien ein Viertel ihres Einkommens für das Lösegeld des Königs zur Verfügung stellen mußten und sogar die Silberbecher dafür verwendet werden sollten. »Alle Kirchen, Orden, soziale Ränge und beide Geschlechter trugen zum Lösegeld des Königs bei.«

Da drang die Kunde ins Abendland, daß am 28. Februar 1193 Saladin gestorben sei. Damit ging im Heiligen Land eine Epoche zu Ende und für alle Länder des Nahen Ostens, die der Sultan beherrscht hatte, ebenso.

Immer mehr kirchliche Autoritäten setzten sich für den gefangenen König ein. Der Papst hatte den österreichischen Erzherzog Leopold exkommuniziert und dem König von Frankreich mit Bann gedroht, falls er es wagte, das Land des Kreuzfahrers Richard, der nach wie vor König sei, anzurühren. Den Kaiser zu exkommunizieren, wagte er nicht, auch belegte er seine Ländereien nicht mit dem Kirchenbann, denn es hatte seit über hundert Jahren zu viele Streitigkeiten zwischen Papst und Reich gegeben...

Dies erklärt die Heftigkeit der Briefe Königin Eleonores, der Mutter des Königs, die mit äußerster Anstrengung die Herrschaft ihres Sohnes vor der mit jedem Tag größeren Gier seiner Rivalen zu schützen suchte. Es sind drei Briefe von ihr überliefert, vielleicht von ihrem Kanzler Peter von Blois überarbeitet. Sie sind jedoch gekennzeichnet von ihrer mütterlichen Zuneigung und ihrem Zorn über die Ereignisse, vor denen man ihren Sohn hätte bewahren müssen.

So schreibt sie an Papst Zölestin III.:

Oft habt Ihr wegen unwichtiger Dinge Eure Kardinäle ans Ende der Erde geschickt und mit großer Vollmacht ausgestattet, aber in einer so verzweifelten wie bedauernswerten Sitation habt Ihr nicht den geringsten Unterdiakon oder Meßgehilfen entsandt. Die Könige und Fürsten dieser Erde haben sich gegen meinen Sohn verschworen. Weit vom HERRN wird er in Ketten gehalten, während andere sein Land verwüsten... Und während all dieser Zeit bleibt Petri Schwert in der Scheide. Dreimal habt Ihr versprochen, Legaten zu schicken, habt es jedoch nicht getan. ... Wenn mein Sohn begütert wäre, hätten wir erlebt, wie Ihr auf seinen Ruf zu ihm geeilt wäret, denn Ihr wißt sehr wohl, mit welcher Großzügigkeit er Euch belohnt hätte. Habt Ihr mir

das in Châteauroux unter Versicherung Eurer Freundschaft und Treue versprochen? Inzwischen weiß ich
leider, daß wichtige Versprechen nichts sind als bloße
Worte.

Sie ging soweit, den Papst mit einem Schisma zu bedro-
hen, wenn er sich nicht entschlösse, entschieden gegen
den Kaiser vorzugehen.

Eleonore hatte einigen Grund, derart bitter und heftig
zu werden. Ihr anderer Sohn Johann, den sie nicht länger
hatte in England zurückhalten können, war zum französischen König gereist. Es war deutlich, daß die beiden
Kumpane die Abwesenheit Richards nutzen wollten, um
sich seinen Besitz zu teilen. Johann ohne Land reiste durch
die Normandie und verbreitete überall, Richard werde
nicht zurückkehren und er sei sein Erbe. Philipp August
zog zur Festung von Gisors. Einige Zeit vorher hatte er
bereits versucht, sie als Mitgift seiner Schwester Adelaide
zu verlangen, was ihm jedoch verwehrt worden war. Im
Frühjahr 1193, bald nach Ostern, erschien er wieder dort,
und diesmal übergab Gilbert Vascueil, der mit dem Schutz
der Festung beauftragte Seneschall, sie ihm ohne Wider-
spruch. Damit eröffnete er ihm den Zugang zum normannischen Vexin, der Gegend, die Philipp August so heiß
begehrte. Sogleich erklärte er die gesamte Provinz bis
nach Dieppe zu seinem Besitz. Einige Herren, wie Hugo
von Gournay, ergaben sich ihm. Er versuchte sogar,
Rouen zu erobern, aber Robert von Leicester, dem Königin Eleonore seinerzeit die von ihrem Mann beschlag-
nahmten Ländereien zurückgegeben hatte, verteidigte die
Festung der Stadt. Es stand für ihn außer Frage, einen
Plantagenet zu verraten, und Philipp August mußte sich
zurückziehen und richtete nun seine Hoffnungen auf die
Hilfe, die er nach seiner Heirat mit Prinzessin Ingeborg
von den Dänen erwartete. Die Hochzeit fand am 14. August 1193 statt. Man weiß aber, daß das Abenteuer
schlecht ausging. Man beschuldigte ihn eines Korrup-

tionsversuchs, denn er hatte dem Kaiser eine Summe in der Höhe des Lösegelds oder darüber hinaus versprochen, damit dieser Richard weiterhin gefangenhielt. Ein Chronist schließt nicht aus, daß der Kaiser selbst, der nicht besonders zuverlässig war, vielleicht auf diesen Handel eingegangen wäre, wenn nicht die Fürsten des Reichs sich einer solchen Treulosigkeit widersetzt hätten.

Johann ohne Land hatte in den englischen Provinzen für große Verwirrung gesorgt, aber es gab genug Getreue, die wachsam waren. Das Schloß von Windsor, das er sich angeeignet hatte, wurde ihm wieder fortgenommen. Richard hatte inzwischen bereits die Burg von Trifels verlassen und wurde nach der großen Versammlung von Hagenau seinem Rang gemäß behandelt und nicht mehr wie ein einfacher Gefangener in Ketten gelegt. Nun mußte nur noch das Lösegeld aufgebracht werden, nicht weniger als 34 000 Kilo reines Silber...

In ganz England war man damit beschäftigt, alle Hilfe bereitzustellen, die nach feudalem Brauch einem gefangenen König zukam. Diese Operation wurde von den wachsamen Augen der Königin-Mutter kontrolliert. Dabei half ihr Hubert Gautier, der inzwischen, am 30. Mai, zum Erzbischof von Canterbury gewählt worden war. Überall wurden Steuern erhoben, bei Laien und Klerikern, Adeligen und geringen Leuten, in Stadt und Land. Selbst die Zisterzienser, die als beispielhafter Armutsorden im allgemeinen von königlichen Steuern befreit waren, wurden diesmal mit Steuern belegt und opferten für das Lösegeld des Königs den Schurertrag ihrer Schafherden aus einem ganzen Jahr. Den Zisterzienserabteien verdankt England tatsächlich die vernünftig geplante Schafzucht. In den Gegenden, wo man die Tiere frei laufen läßt, wird das Land verwüstet, wo man sie aber mit Umsicht bewacht, kann man ein Vermögen mit ihnen machen. Das heutige England trägt noch Spuren des Lebens der Zisterzienser, man denke nur an die Qualität der dort erzeugten Wolle.

Die erste, mit großer Anstrengung erfolgte Besteuerung hatte nicht genügt, um das vom Kaiser geforderte enorme Lösegeld für den König zusammenzubringen. In den Kellern der Londoner Pauls-Kathedrale stapelten sich die Ledersäcke, es bedurfte aber einer zweiten und dritten Steuererhebung, um das nötige Silbergewicht zu erreichen: Bei der dritten Besteuerung wurden auch die geweihten Becher und Gefäße aus den Kathedralen aus ganz England zusammengetragen. Hier und da wurden Kelche zurückgekauft, der von Eleonore etwa für die Abtei von Bury Saint Edmund's. Im ganzen aber war England vollkommen ausgeblutet und ohne Ressourcen. Schließlich mußte man, da die Summe noch immer nicht ausreichte, zweihundert Geiseln zum Kaiser schicken, die dort warten mußten, bis alles zusammengekommen war.

Johann ohne Land und Philipp August mühten sich weiterhin verzweifelt, damit Richard ja weiter in Gefangenschaft blieb. Die beiden Kumpane hatten erfahren, daß erstmals am 17. Januar 1194 die Absicht bestand, ihn freizulassen. Die Königin-Mutter war selbst an der Spitze des, wie man sich denken kann, sorgfältig bewachten Zuges gereist, der das Lösegeld nach Deutschland brachte. Wieder überzeugten die deutschen Fürsten und der Hochadel den Kaiser davon, daß er gegenüber dem legitimen Herrscher Englands Wort halten mußte. Philipp und Johann hatten inzwischen wieder Raubzüge in die Normandie unternommen und die Stadt Evreux erobert. In England hörte man jedoch immer weniger auf Johann, Eleonores Aktivitäten sowie die Loyalität des Adels gegenüber ihrem gefangenen Lehnsherrn hielten ihn in Schach.

Eleonore hatte auf einer in Ipswich und Dunwich hervorragend ausgestatteten und von dem treuen Lotsen Alain Tranchemer – der bereits vor vier Jahren die Schiffe des Königs ins Heilige Land geführt hatte – befehligten Flotte ohne Schwierigkeiten und trotz der späten Jahreszeit die deutsche Küste erreicht. Das Dreikönigsfest 1194

verbrachte sie in Köln, wo sie Erzbischof Adolf von
Altena empfing. Anders als sie gehofft hatte, mußte sie
den ganzen Monat Januar mit Warten zubringen, was, wie
man sich vorstellen kann, für die 72jährige Frau nicht
einfach war, nachdem sie sich auf dem Meer solchen Gefahren ausgesetzt hatte: den Piraten, für die eine solche
Riesensumme so verführerisch war, und der ständigen
Angst, daß ein Sturm die Riesensummen, die sie für die
Befreiung ihres Sohnes ans Festland brachte, versenken
könnte...

Die Freilassung erfolgte schließlich am 2. Februar, dem
Mariä-Lichtmeß-Fest. So nannte man den Tag, an dem
Tausende von Kerzen in den Kirchen angezündet wurden,
um an Christus, das Licht der Menschheit, zu erinnern,
wie es auch heute noch Brauch ist. An diesem Tag wurde
Richard vor einer großen in Mainz zusammengetretenen
Versammlung, wie der Chronist Gervais von Canterbury
schreibt, »seiner Mutter und seiner Freiheit wiedergegeben«. Auf dieser Versammlung führte Heinrich VI. den
Vorsitz, an seiner Seite saß Leopold von Österreich. Der
König von England mußte dem Kaiser huldigen, was ihm
sicher nicht leichtfiel. Er tat es wahrscheinlich auf Rat
seiner Mutter, die vermutlich den Kaiser, dessen Ambitionen weit über seine Fähigkeiten hinausgingen, richtig
eingeschätzt hatte. Heinrich VI. träumte von der Welt-
herrschaft, gab aber leicht dem recht, der das letzte Wort
gehabt hatte. Für Richard zählte allein die Tatsache, freigelassen zu werden. Deshalb huldigte er dem Kaiser, legte
seine Kopfbedeckung in dessen Hand, und dieser gab sie
ihm zurück gegen das Versprechen Richards, ihm jährlich
5000 Pfund Sterling zu zahlen. Es war Richard gelungen,
seinen Schwager Heinrich den Löwen, den Herzog von
Sachsen, mit dem Kaiser zu versöhnen, und man plante
eine Hochzeit zwischen einem seiner Söhne und einer
Tochter der kaiserlichen Familie. Am 4. Februar 1194
verließ der König von England mit seiner Mutter Eleo-

nore Mainz. Er hatte bei den deutschen Fürsten große Sympathien gewonnen. Eleonore und Richard wurden in Köln empfangen. Es wurde eine Dankesmesse gefeiert mit der Lesung Petrus in Ketten mit dem Wechselgesang »Ich weiß nun, daß der Herr mir seinen Engel gesandt und mich aus der Hand des Herodes befreit hat...« Danach reisten sie nach Antwerpen, wo der Herzog von Löwen ihnen einen prächtigen Empfang bereitete.

Der Chronist Wilhelm von Neuburg erzählt als einziger folgende seltsame Geschichte: Nach der Abreise des Königs soll der Kaiser die Freilassung bereut haben und »wie einst der Pharao und die Ägypter« vor einigen, dem König Richard freundlich gesonnenen Schmeichlern gesagt haben, er bereue, »einen Tyrannen« befreit zu haben, »der von großer Kraft sei, eine Gefahr für die Welt darstelle und besonders grausam« sei. Richard soll auf geheimnisvolle Weise von dieser neuen boshaften Anwandlung des Kaisers erfahren und die Reise beschleunigt haben, da er sich lieber den Elementen als dem Verrat der Menschen hatte aussetzen wollen. »Eine überstürzte, aber weise Vorsichtsmaßnahme«, schreibt der Chronist. Die Leute, die ihm nachstellten, folgten ihm nicht aufs Meer und kehrten mit leeren Händen zum Kaiser zurück. Dieser soll sich gerächt haben, indem er den 200 Geiseln härtere Haftbedingungen gab als vorgesehen.

Am 13. März, dem Sonntag, der auf das Sankt-Gregors-Fest folgte, erreichte Richard endlich in Sandwich englischen Boden, »*cum magno gaudio*, mit großer Freude«, wie Raoul von Coggeshall schreibt.

Zu der Zeit als der König mit den seinen an Land ging, nämlich in der zweiten Stunde des Tages, strahlte die Sonne klar und hell, ein majestätischer, ungewöhnlicher Glanz wurde unweit der Sonne sichtbar, etwa in der Länge und Breite eines menschlichen Körpers, in der Form einer Iris und in leuchtendem Rot und Weiß. Verschiedene Leute, die diese Pracht sahen, glaubten, daß in diesem Moment der König in England gelandet war.

Zuallererst begab sich Richard nach Canterbury und sammelte sich am Grab des heiligen Thomas Becket. Dann reiste er nach London, wo er mit einem wahren Freudentaumel empfangen wurde. »Die ganze Stadt war dem König entgegengeeilt, mit jeglicher Pracht und außerordentlicher Vielfalt geschmückt.« Adelige und einfache Leute kamen ihm freudig entgegen, alle wollten den aus der Gefangenschaft Heimgekehrten sehen, »ihn, von dem sie so lange gefürchtet hatten, daß er nie zurückkehren werde«.

Es wird auch berichtet, daß einige deutsche Adelige, die ihn begleitet hatten und dachten, England sei durch die hohen Lösegeldforderungen des Kaisers vollkommen ausgeblutet, die Pracht dieses Empfangs voll Staunen betrachteten. Der Reichtum von London überraschte sie. »Wir bewundern, o König«, so sagten sie, »die Klugheit deines Geschechts, die hier deutlich ihren Reichtum zeigt, jetzt wo du zurückgekehrt bist, der kurz vorher über ihre Armut klagte, als unser Kaiser dich gefangenhielt!«

In Westminster blieb der König nur einen Tag. Danach betete er vor dem Grab des heiligen Edmund und eilte nach Nottingham. Seine treuesten Barone belagerten gerade Marlborough. Er selbst kümmerte sich um Nottingham und Tickill, die sein Bruder Johann ohne Land sich angeeignet hatte. Dieser hatte beide Festungen, vor allem die erste, mit Lebensmitteln und Waffen und einer Garnison ausgestattet, die notfalls mehrere Jahre jeder Art von Belagerung hätte widerstehen können. Der König aber erschien dort am 25. März so plötzlich, daß die Verteidiger den Mut verloren und »wie Wachs im Feuer schmolzen«, wie Zeitzeugen berichten. Die, welche die Burg verteidigen sollten, rechneten weder mit einem solchen Überraschungsangriff, noch hatten sie wirklich an die Rückkehr des Königs von England geglaubt. Lieber lieferten sie sich seiner Gnade aus, als Widerstand zu leisten. Am 28. März wurde die Burg übergeben. Der König warf einige Leute ins Gefängnis und ließ die anderen gegen ein hohes Lösegeld frei, da er dringend Geld brauchte. Der lange Kreuzzug ins Heilige Land hatte seine Reserven erschöpft, das Lösegeld schließlich hatte seine Kassen gänzlich geleert. Zwei Vorhaben beschäftigten Richard Löwenherz nun besonders: der Rückkauf der Geiseln, die beim Kaiser verblieben waren, und die Aufstellung einer starken Armee gegen den französischen König, der überall auf Richards Ländereien Zerstörung und Verwüstung anrichtete.

Richard war nun wirklich mit der Aureole des Märtyrers und ruhmreichen Siegers gekrönt. Sein Bruder, der sich in seiner Abwesenheit so hochmütig gezeigt hatte, stand nun in aller Augen als Schuldiger da, als undankbarer und treuloser Unruhestifter. Zu Ostern, am 10. April, hielt Richard prachtvoll hof in Northampton. Nach den Worten des Chronisten erschien er »wie ein neuer König«, und tatsächlich fand bald nach Ostern, nämlich am 17. April, in Winchester in aller königlicher Pracht eine zweite Krönung statt. Über die Wahl dieser Stadt war Richard von Devizes besonders erfreut. Hier triumphierten die Mutter und der König selbst. Sie hatte die zweite Krönung des Königs vorbereitet, auf der man kaum bemerkte, daß Königin Berenguela fehlte, die gemeinsam mit ihrer Schwägerin Jeanne noch in Italien weilte. Die eigentliche Königin war Eleonore, die trotz ihres hohen Alters über alles wachte und ihrem Sohn an diesem Tag das Königreich zurückgab, das sie hatte bewahren können. Umgeben von den wichtigsten Prälaten seines Königreichs – Johann, dem Erzbischof von Dublin, Richard, dem Bischof von London, und Gilbert, dem Bischof von Rochester, und nicht zu vergessen Wilhelm von Longchamp, der erneut Bischof von Ely geworden war, – erhielt Richard feierlich erneut die Krone aus den Händen von Hubert Gautier, inzwischen Erzbischof von Canterbury.

Der Chronist hatte recht. Es begann eine neue Herrschaft. Die der Krönung vorausgegangene Versammlung hatte die Unterwerfung sämtlicher Burgvögte und Herren, die während seiner Abwesenheit geglaubt oder gehofft hatten, daß er nicht wiederkäme, bestätigt. Der Herr von Saint-Michael's Mount in Cornwall auf der Landzunge von Penzance, Hugo von La Pommeraie, soll vor Ergriffenheit gestorben sein, als er von seiner Rückkehr erfuhr. Richard Löwenherz war wieder Herr in seinem Königreich.

Philipp August soll Johann eine dringliche Botschaft zugesandt haben: »Nehmt Euch in acht, der Teufel ist los.« Wo sich Johann ohne Land aufhielt, wußte niemand so genau. Den französischen König jedenfalls hatte wieder seine neurotische Todesangst ergriffen, und er aß nichts mehr, ohne es von seinen Hunden vorkosten zu lassen.

Das Bild des königlichen Gefangenen bliebe unvollkommen, wollte man nicht ein schönes Gedicht in Erinnerung rufen, das aufgrund seiner bitteren Erfahrungen entstand.

Die poetische Atmosphäre seiner Jugend wird wieder lebendig und kommt in der bewegenden *rotruenge* zum Ausdruck, um einen Begriff der Zeit zu verwenden. Nicht zufällig widmet er sie der Gräfin und Schwester Marie von Champagne, deren Gegenwart und Glanz einst den Hof von Poitiers belebten. So wird, wenn es überhaupt notwendig wäre, die Feinheit dieser höfischen Lyrik und, wenn man so sagen kann, die Kraft ihrer Prägung hervorgehoben. Richard ist nach allen bestandenen Gefahren gefangen und allein. Der Dichter in ihm bringt schmerzlich die Bitterkeit dessen zum Ausdruck, der sich vergessen glaubt und seiner Freundschaften von früher gedenkt (»meine Gefährten, die ich so liebte und noch liebe«) und noch mehr das höfische Gefühl gegenüber jener, deren »höchstes Preisen« seine Jugend erstrahlen ließ.

Kein Gefangener wird von sich reden
Wie die, welche nicht leiden;
Aber zum Trost kann er ein Lied schreiben.
Viele Freunde habe ich, aber arm sind ihre Gaben.
Sie werden Scham empfinden, daß ich für mein Lösegeld
Zwei Winter gefangen war!

Meine Männer und Barone wissen es,
Engländer, Normannen, Poitevier und Gascogner,
Daß ich im Gefängnis bin.
Ich sage dies nicht als Vorwurf
Doch bin ich noch immer im Kerker!

Dabei weiß ich sehr wohl,
Daß der Tod mir weder Freunde noch Verwandte nimmt,
Wenn man mich für Gold oder Silber freiläßt.
Leid ist mir um mich, aber mehr um meine Leute
Daß nach meinem Tod sie sich
Vorwerfen müssen,
Daß ich so lange gefangen bin!

Es ist nicht verwunderlich, daß mein Herz leidet,
Wenn mein Herr mein Land quält;
Wenn er sich nur an unseren Schwur erinnerte,
Den wir beide gemeinsam ablegten!
Wohl weiß ich, daß ich dann nicht so lange
Hier gefangen würde!

Das wissen die Leute aus dem Anjou und der Touraine wohl,
Seien sie studiert, gelehrt oder reich und gesund.
Daß es hart ist, so lange in jemandes Hand zu sein!
Früher liebten sie mich und heute nicht mehr.
Die schönen Waffen sind jetzt sinnlos und ungenutzt,
Weil ich immer noch gefangen bin.

Meine Gefährten, die ich liebte und noch liebe,
Die aus Cahiu und Porcherain
Sagen mir, es sei ungewiß

Daß ich niemals zu ihnen je falsch oder böse war.
Wenn sie mich bekämpfen, tun Sie mir Schlimmes an
Solange ich gefangen bin!

Gräfliche Schwester, ein höchstes Preisen
Eurer Sprünge, und an den ich mich wende
Und durch den ich gefangen bin
Ich sage nichts von dem von Chartres[1]
Die Mutter Louise.

---

[1] Alix ist eine weitere Gräfin und Schwester Richards, die Tochter Ludwigs VII. und Eleonores. Sie spielt für ihren Bruder eine geringere Rolle als ihre Schwester Marie. Sie hatte Thibaud von Blois-Chartres geheiratet. Wir dürfen nicht vergessen, daß Begriffe wie »Preis« und »Wert« damals nicht die marktorientierte Bedeutung hatten, die sie in der bürgerlichen Gesellschaft des 19. Jahrhunderts erhielten...

8
Löwenherz

Man hätte glauben können, daß König Richard nach einem so triumphalen Empfang und aufgrund der Freude, die seine Befreiung in England ausgelöst hatte, seinen Aufenthalt auf der Insel verlängern würde. Aber zwei Monate nach seiner Rückkehr, nachdem er erneut in Winchester zum König von England gekrönt worden war, bestieg er am 12. Mai 1194 das Schiff und fuhr in die Normandie. Vorher hatte er für seine Überfahrt und die seiner Armee Anleihen auf die Wolle genommen, welche die Zisterzienserklöster an flandrische Händler zu verkaufen pflegten. Die Verwaltung seines Reichs übergab er Erzbischof Gautier.

Richard war mit dem Schiff von Portsmouth aufgebrochen. Wahrscheinlich erreichte Eleonore Frankreich zur selben Zeit wie er. Zumindest schreibt man ihr die schnelle Versöhnung zwischen dem König und seinem Bruder zu. Es kann möglich sein, daß der König von England wegen des freundlichen Empfangs der Normannen in guter Stimmung war. Nachdem er in Barfleur angelegt hatte, zog er gemeinsam mit Eleonore und dem getreuen Wilhelm dem Marschall durch die Stadt. Dessen Biograph berichtet von der Begeisterung, die ihre Ankunft auslöste: »Hätte man einen Apfel in die Menge der Leute geworfen, die herbeidrängten, als sie von seiner Ankunft erfuhren, wäre er nicht zur Erde gefallen, ohne jemanden zu treffen.« Alle Glocken begannen zu läuten, und an den Straßenkreuzungen veranstalteten jung und alt, Mädchen und Jungen, Tänze.

Gott erschien in Seiner Macht
Bald ist der König von Frankreich fort.[1]

---

[1] Es handelt sich um Philipp August, der in der Normandie keine besondere Popularität genoß.

Mitten in dieser jubelnden Menge lenkte Richard seinen Weg nach Lisieux, wo er von dem Erzdiakon Johann von Alençon, einem seiner treuen Anhänger, empfangen werden sollte. Während er sich ausruhte, rief man nach Johann von Alençon, welcher erst nach einigem Zögern und mit finsterem Gesicht erschien.«Was machst du für ein Gesicht?« fragte Richard, dem nichts entging. Der Erzdiakon versuchte der Frage auszuweichen. »Lüge nicht«, unterbrach ihn der König, »ich weiß, was geschehen ist. Du hast meinen Bruder gesehen. Er braucht sich nicht zu fürchten und soll kommen. Er ist mein Bruder. Wenn es wahr ist, daß er töricht gehandelt hat, werde ich es ihm nicht zum Vorwurf machen. Diejenigen allerdings, die ihn dazu getrieben haben, haben ihre Belohnung schon oder erhalten sie später.«

Daraufhin führte man Johann herein. Er trat mit gesenktem Kopf ein und warf sich Richard zu Füßen, aber dieser hieß ihn wohlwollend, sich zu erheben. »Habt keine Angst, Johann, Ihr seid ein Kind. Ihr standet unter schlechter Obhut. Diejenigen, die Euch beraten haben, werden dafür bezahlen. Steht auf und geht zum Essen.« Als wollten sie hierauf reagieren, sprachen in diesem Augenblick Bürger der Stadt vor und brachten als Geschenk einen wunderschönen Lachs mit. Daraufhin war Richard Löwenherz wieder froh und befahl, daß man den Fisch für seinen Bruder zubereiten solle. Nahm Eleonore an dem Fest teil? Niemand berichtet davon, aber Roger von Hoveden versichert, die Sanftmut des Königs, mit der niemand gerechnet hätte, sei seiner Mutter zu verdanken gewesen.

Philipp August konnte in keiner Weise erwarten, aus der Nachsicht, die Richard gegenüber seinem Bruder walten ließ, in irgendeiner Weise Nutzen zu ziehen. Gleich nachdem dieser von Richards Befreiung gehört hatte, ging er daran, alle ihm zur Verfügung stehenden Truppen zu versammeln in Erwartung eines in seinen Augen unvermeidlichen Krieges. Die Urkunde, die er zu diesem

Zweck ausstellen ließ, ist bis heute berühmt: Man nennt sie die »Besteuerung der Offiziere«, und sie enthält eine Liste militärisch ausgebildeter und ausgerüsteter Lehnsleute, welche die Kommunen, die Vogteien und Abteien ihm zur Verfügung stellen mußten wegen der Armeedienste, die sie ihm schuldeten. Das Dokument fordert etwa 2000 Mann, die den Anteil ergänzen mußten, den der König von seinen Vasallen erwarten konnte. Diese beträchtliche Reserve und der Glaube, Richard sei nach seiner langen Gefangenschaft und der hohen Lösegeldzahlung in großen Schwierigkeiten, ließen es Philipp August günstig erscheinen, den Angriff zu wagen. Er besaß inzwischen einen hervorragenden Stützpunkt in der Normandie, die Festung von Gisors. Ein Jahr zuvor, 1193, war es ihm gelungen, sich diese anzueignen. Er hatte sie sich schon immer gewünscht: Man berichtet, er habe schon als Kind angesichts der Mauern von Gisors ausgerufen: »Ich wollte, diese Mauern wären aus Gold, Silber und kostbaren Steinen.« Er habe damit allgemeines Erstaunen austgelöst und hinzugefügt, daß »er später nur dann glücklich sein könne, wenn er sich ihrer bemächtigt hätte«.

Er führte seine Truppen zunächst nach Verneuil und begann mit der Belagerung des Ortes. Er mußte aber bereits am 28. Mai aufgeben, weil Richard unerwartet dort erschien. Der König von England, der vorhatte, seine Vasallen aus der Touraine und dem Anjou zu versammeln, hatte das feudale Aufgebot nach Montmirail einberufen. Am 13. Juni stürmte er buchstäblich die Burg von Loches, verjagte die dort von Philipp August aufgestellte Garnison und war nach drei Stunden Herr des Ortes. Der König von Frankreich hatte sich inzwischen nach Evreux aufgemacht, das ihm Johann ohne Land unvorsichtigerweise überlassen hatte. Wilhelm von Neuburg wirft ihm vor, daß er sich zu grausamen Plünderungen habe hinreißen lassen und dabei auch die berühmte Kirche von St. Taurin nicht verschont habe, die eben jenem heiligen

Bischof geweiht war, zu dessen Ehren man später ein wunderschönes goldgeschmiedetes Reliquiar herstellte, das bis in unsere Zeiten überdauert hat.

Wegen der Ereignisse in der Touraine, wandte sich Philipp plötzlich gen Süden; Richard und seine Armee hatten sich in Vendôme eingerichtet. Der König von Frankreich schlug sein Lager unweit der Stadt auf, einige Meilen vom Loire-Tal entfernt, und dort kam es zu einem Austausch von Fehdebriefen. Man rechnete für den nächsten Tag, den 4. Juli, mit einem Angriff des Königs von Frankreich, der sich bei Fréteval verschanzt hatte. Tatsächlich zog sich die Armee Philipp Augusts aber zurück. Doch Richard, der den Feind an diesem Morgen nicht entdecken konnte, beschloß, ihn zu verfolgen. Er ließ eine starke Nachhut unter dem Befehl Wilhelms des Marschalls, der inzwischen zu ihm gestoßen war, zurück und machte sich dann an die Verfolgung der Franzosen. Dies wurde für sie zu einem schweren Schlag. Philipp August selbst wäre beinahe in Gefangenschaft geraten und entkam nur, weil er sich in einer Kirche versteckte, während der Feind sich aller seiner Wagen bemächtigte, auch derer, in denen seine Schätze und Archive aufbewahrt wurden. Ein schwerer Tag, der den Historikern so einige Unannehmlichkeiten bereitete, denn viele Urkunden, die normalerweise im Trésor des Chartes des Nationalarchivs Platz gefunden hätten, wurden damals in englische Archive überführt ...

Nach seiner Rückkehr nach Vendôme, fand Richard die von Wilhelm dem Marschall befehligte Nachhut an Ort und Stelle. Er lobte die Geistesgegenwart und Ergebenheit des Mannes, der nicht der Versuchung erlegen war, auch in den Kampf einzugreifen: »Der Marschall hat es besser gemacht als jeder von uns. Im Falle des Falles hätte er uns retten können. Ihm gilt meine Hochachtung, weil er mehr geleistet hat als jeder von uns. Mit einer guten Reservearmee braucht man sich vor seinen Feinden nicht zu fürchten.«

Nach dem denkwürdigen Tag von Fréteval (5. Juli 1194) wurde Waffenruhe vereinbart. Glaubt man den Chronisten, kam es im selben Monat Juli zu Vorstößen gegen Gottfried von Rancon und den Grafen von Angoulême – also in Aquitanien –, während derer Richard Hilfe von Sancho von Navarra, dem Bruder Königin Berenguelas, erhielt. Der Beginn der Waffenruhe wurde zur Zufriedenheit des Klerus auf den 1. August festgesetzt. Der Papst wünschte sich sehnlichst eine Wiederaufnahme der Fahrten ins Heilige Land, die Bischöfe und Abteien klagten über die Steuern, die ihnen in Frankreich und England auferlegt wurden. Philipp August und Richard waren keineswegs zurückhaltend in der Besteuerung der Kirchen, wenn sie Geld für die Kriegführung brauchten. Man erzählt, der Bischof Johann Bellesmains habe, während er in Canterbury auf Besuch weilte – er war Erzbischof von Lyon, nachdem er Bischof von Poitiers gewesen war –, auf die Klagen seiner englischen Kollegen hin bemerkt: »Redet nicht so: Ich versichere Euch, Euer König ist ein wahrer Eremit im Vergleich zum König von Frankreich!« Und er versicherte, der König bestreite die Kosten für die Kriege gegen Richard aus den Kirchengütern. Richard befand sich in höchster Geldnot, hatte aber eine neue Einnahmequelle ersonnen und führte die Turniere wieder ein, die sein Vater verboten hatte. Von den Teilnehmern wurde ein Beitrag verlangt, 20 Mark von den Grafen, zehn von den Baronen, vier von den Rittern und zwei von den fahrenden Rittern.

Ohne Zeit zu verlieren, ließ Richard im Les Andelys die bis heute berühmte Festung von Gaillard erbauen, die in erstaunlicher Geschwindigkeit fertiggestellt wurde. Die Burg ist ein vollendetes Beispiel für die großartigen Verteidigungsanlagen jener Zeit, in denen sich die damalige Art der Kriegführung veranschaulicht. Philipp August machte sich eilig daran, die Befestigungen von Gisors zu verstärken. Dies und daß Richard die Festung von Gaillard errichten ließ, bringt deutlich zum Ausdruck, daß beide Männer in unversöhnlichem Kampf miteinander standen.

Die Burg überragte eine Seine-Schleife und war am rechten Ufer gelegen, an einem Ort, der Petit-Andelys genannt wurde. Sie lag auf einer Anhöhe, deren Steilhang schon an sich beeindruckend war. Die Burg war durch eine zweifache Ringmauer geschützt, deren innere Mauer die unregelmäßige Form einer bogenförmigen Schweifung hatte: Türme, die nur wenig hervorragten und sich fast berührten, so daß sie alle toten Winkel vermieden und jeder Angreifer den Schüssen von Bogenpfeilen oder Armbrustbolzen frei ausgesetzt war. Der die Mauer überragende Bergfried bestand aus einem runden Turm von drei Etagen, dessen Mauer am Fuß 4,5 Meter breit war. Außen war er von großen Erkern umgeben, die als Widerlager dienten und Pechnasen bildeten. So konnten von der Höhe der Mauer herab die Angreifer von den erkerfreien Stellen mit Geschossen überschüttet werden. Der Bergfried war so gut wie uneinnehmbar. An der Seite, an welcher der Felshang weniger steil war, erhob sich ein Sporn, eine Art nach vorn gebautes Gemäuer, das mit runden Türmen bestückt war. Zwischen den beiden Ringmauern des Hauptgebäudes schließlich führte eine in den Fels gehauene Treppe hinauf zu den Wach- oder Lagerräumen für Rüstungsgegenstände. Das Gewölbe wurde von zwölf dicken viereckigen Pfeilern getragen. Noch heute beeindrucken die Reste dieser Burg. Es ist fast verwunderlich, daß ein solcher Bau, 1196 begonnen, bereits im nächsten Jahr fertiggestellt wurde. Als Richard den Bau von weitem betrachtete, rief er begeistert aus: »Wie schön ist doch meine einjährige Tochter!« Die Burg von Gaillard diente der Verteidigung der Gegend zwischen der Epte und der Seine. Hier gab es nun eine wirkliche Grenze, an deren einer Seite englische Burgen lagen und auf der anderen die von Philipp August errichteten oder befestigten Burgen bis hin nach Gisors. Das Seinetal und die Stadt Rouen waren von nun an gut geschützt.

Während Richard jene Festung bauen ließ, an der sich die Kriegskunst von damals ablesen läßt, erfuhr er eine Neuigkeit, die ihm einige Erleichterung verschaffte: Sein Feind Leopold von Österreich war tot, gestorben bei einem lächerlichen Unfall bei der nur als Spiel gedachten Belagerung einer Schneeburg, die junge Pagen seines Hofes gebaut hatten; er war vom Pferd gestürzt, und hatte sich das Bein gebrochen. Nach mangelhafter Behandlung war es vom Wundbrand befallen worden. Man hatte es amputieren müssen, und der Herzog war wenig später gestorben, ohne daß vorher seine Exkommunikation wegen Vergehens an einem Fürsten, der einen Kreuzzug unternommen hatte, rückgängig gemacht worden war. Richard sah in dem Unfall so etwas wie eine gerechte Strafe; dem Mann, dem er seine endlose Gefangenschaft nach der Rückkehr von einem Kreuzzug verdankte, währenddessen er wiederholt heldenhafte Taten vollbracht hatte, war nun ein religiöses Begräbnis verwehrt worden.

Sein Sohn mußte, um nicht mit weiteren kirchlichen Sanktionen belegt zu werden, die gefangenen englischen Geiseln zurückschicken, die eigentlich erst hätten freigelassen werden sollen, nachdem das gesamte Lösegeld des Königs gezahlt war. So kam es zu einer doppelten Befreiung: für die Geiseln selbst und für Richard, der von nun an alle seine Ressourcen für den Krieg gegen Philipp August verwenden konnte. In seinem *sirventès* (einer poetischen Form, die für politische Themen verwandt wurde), dem zweiten bekannten dichterischen Werk Richards, erwähnt dieser seinen Bedarf an Geldern und schreibt, in der Schatzkammer von Chinon hätten sich weder »Silber noch Denare« befunden. Richard und der französische König gaben alle ihre Reichtümer für die Rekrutierung von Söldnern aus, für Banden von Herumtreibern, deren Sold jedes Budget schnell erschöpfte. Einer der Bandenchefs mit Namen Mercadier brachte es zu einigem Ruhm und verbrachte seinen Lebensabend auf einem Gut im Périgord. Ein weiterer Bandenchef, Cadoc, der im Dienst

Philipp Augusts stand, wurde Herr von Gaillon, wo seine Hauptaufgabe darin bestand, die prächtige Burg von Gaillard zu bewachen.

Im Jahr 1195 trat eine schwere Hungersnot ein, Ergebnis einer schlechten Ernte, die schließlich selbst die fruchtbare Normandie erreichte. Richard mußte Lebensmittel aus seinen Speichern in England kommen lassen, um die Bedürfnisse der Bevölkerung zu decken. Am 8. November fand in Verneuil eine Unterredung zwischen Philipp August und dem König von England statt, die jedoch zu keinem Ergebnis führte. Es wurde lediglich ein Waffenstillstand bis zum folgenden 13. Januar geschlossen, und zwar in Issoudun, wo im Juli 1195 mehrere Scharmützel stattgefunden hatten. Mercadier hatte die Vororte von Issoudun zerstört, sich des Ortes bemächtigt und ihn für Richard befestigen lassen. Aus dieser Zeit stammt, wie man erst kürzlich hat nachweisen können, der berühmte Weiße Turm der Stadt.[1]

Es ist möglich, daß man, nachdem Richard die Angriffe Philipp Augusts gegen die sogenannte Burg eigenhändig abgewehrt hatte, bereits bei den Verhandlungen vom November im Auge hatte, Issoudun – ähnlich wie den Ort Graçay im Berry – der Prinzessin, die den Erben Frankreichs, den jungen Ludwig, heiraten sollte, zur Mitgift zu geben. Aber weder der eine noch der andere der beiden Gegenspieler wünschte ernsthaft Frieden, selbst nachdem dieser in Louviers im Januar 1196 mehr oder weniger ehrlich vereinbart worden war.

Bald lebten die Feindseligkeiten wieder auf, und Philipp August eroberte wenig später Aumale und Nonancourt. Währenddessen brachen in der Bretagne Unruhen aus, die nicht ohne Zutun des französischen Königs zustande gekommen waren. Die Bretonen forderten ihre Unabhängigkeit, und der junge Arthur, der nachgeborene Sohn

---

[1] Aufsatz von Alain Elande-Brandenburg auf dem Congrès archéologique de France 1984. S. 129-138.

Gottfried Plantagenets, stellte sich auf die Seite des französischen Königs. Seine Mutter Constance haßte die Plantagenets, und der noch nicht volljährige Arthur hatte Jahre seiner Jugend am Hof Philipp Augusts verbracht. Es kam zu einer Reihe von Strafzügen in die Bretagne. Der Krieg nahm immer härtere Formen an, besonders wegen der Söldnerbanden, und die Kämpfe der beiden Könige gegeneinander wurden immer erbitterter.

Bei seinem Zug durch Aquitanien nahm Richard die Gelegenheit wahr, sich mit dem Hause Toulouse zu versöhnen, dem gegenüber er sich oft im Zwist befunden hatte; ähnlich seiner Mutter, die sich zu jener Zeit in die Abtei von Fontevraud zurückgezogen hatte, hielt er an den hergebrachten Absichten der Herzöge von Aquitanien auf das Toulousanische fest. Richards Schwester Jeanne von Sizilien, die einige Jahre zuvor den Bruder Saladins hatte heiraten sollen, war 1193 in Poitiers eingetroffen. Vorher hatte sie in Begleitung Königin Berenguelas Rom verlassen und über Genua, Marseille und Saint-Gilles das Poitou erreicht. Erneut wurde Jeanne Mittelpunkt eines Vertrags, der diesmal mit Raymond VI. von Toulouse geschlossen wurde. Sie sollte die fünfte Ehefrau Raymonds VI. werden, eines ausgesprochen zwiespältigen Charakters, mit dem sich Richard jedoch gegen das Haus Frankreich verbünden wollte. Die Hochzeit fand im Oktober 1196 in Rouen statt, und im Jahr danach, im Juli 1197, gebar Jeanne in Beaucaire den späteren Raymond VII. von Toulouse.

In jener Zeit erhielt der König von England ein unerwartetes Angebot. Im September 1197 war Kaiser Heinrich VI. in Messina gestorben. Sein Bruder Philipp von Schwaben strebte die Nachfolge an, aber die deutschen Fürsten waren wohl der Familie der Staufer, mit der zufrieden zu sein sie wenig Grund hatten, ein wenig überdrüssig. Zusätzlich waren sie wegen der ständigen Rückforderung der Hohenstaufen von Sizilien in Sorge. Heinrich VI. hatte zwar einen Sohn hinterlassen, den späteren

Friedrich II., aber dieser war erst ein Kleinkind. Man kann annehmen, daß die Fürsten von jenseits des Rheins immer noch den königlichen Gefangenen vor Augen hatten, der drei Jahre zuvor in ihrem Beisein in seinem Prozeß vor dem kaiserlichen Hof so brillant für seine Belange eingetreten war. So erschien eine Abordnung bei Richard und forderte ihn auf, sich um die Krone des Heiligen Römischen Reichs zu bewerben.

Man kann sich vorstellen, wie sehr sich sein Vater über ein solches Angebot gefreut hätte. Er hatte aus seinen Ambitionen im Osten Europas nie ein Hehl gemacht. Aber Richard kannte Deutschland nur von verschiedenen Gefängnissen her, und so waren seine Erinnerungen daran nicht allzu farbig.

Ihm bedeuteten Aquitanien und das Poitou mehr als das Kaiserreich, und es stand für ihn außer Frage, sie der Gier des Königs von Frankreich zu überlassen, zumal die Kämpfe gegen diesen erneut ausgebrochen waren. So lehnte er das Angebot ab, schlug jedoch der Gesandtschaft einen anderen Kandidaten vor, seinen Neffen Otto von Braunschweig, den Sohn seiner Schwester Mathilde und des Herzogs von Sachsen Heinrichs des Löwen, der zwei Jahre vorher gestorben war. Otto hatte einen Teil seiner Jugend am Hof von Aquitanien verbracht, und Richard sah ihn als einen möglichen Nachfolger an: Hatte er ihm nicht bereits die Grafschaft Poitou und das Herzogtum von Aquitanien übertragen? Der junge Mann willigte gerne ein. Er verzichtete auf beide Titel und trat am 10. Juli des nächsten Jahres in Aachen auf. Die Fürsten des Kaiserreichs empfingen ihn überschwenglich, und er heiratete Maria, die Tochter des Grafen von Lothringen, und zwei Tage später bestieg er den kaiserlichen Thron. Dies war ein harter Schlag für Philipp August.

Sowohl im Osten als auch im Westen war das Königreich von Frankreich nun von Plantagenets umgeben. Diese Situation änderte sich erst 16 Jahre später auf dem Schlachtfeld von Bouvines.

Richard ging inzwischen weiter gegen den verhaßten Rivalen vor. Sie hatten sich verschiedentlich getroffen, einmal am Fuße der Festung von Vaudreuil, die Philipp August hatte untergraben lassen, weil er spürte, daß er sie nicht würde halten können. Aber Richard bemerkte dies, eröffnete die Schlacht und zwang seinen Rivalen in die Flucht. Ein englischer Chronist faßt die Ereignisse wie folgt zusammen: »Der König von Frankreich tat in diesem Krieg nichts Nennenswertes.« Der darauf geschlossene Friede konnte die Absicht beider Könige, die Feindseligkeiten so bald wie möglich wiederaufzunehmen, kaum verbergen. Nichts konnte Richard davon abhalten, auch nicht die Nachrichten über einen Aufruhr in London, die ihm zu Ohren kamen. Ein gewisser Wilhelm Fitz-Osbert, der »Langbart« genannt wurde, hatte eine Zeitlang die Massen aufgewiegelt, wurde dann jedoch verhaftet und auf Befehl Hubert Gautiers hingerichtet.

Die Feindseligkeiten, die im Jahre 1197 wiederaufgenommen wurden, obwohl nun bereits im siebenten Jahr Hungersnot herrschte, trafen die Bevölkerungen hart. Mehr als je zuvor bestätigte sich die Überlegenheit des englischen Königs auf dem Schlachtfeld. Er hatte am 15. April Saint-Valery in der Normandie erobert. Kurze Zeit später nahmen seine Truppen einen Verwandten Philipp Augusts gefangen, Philipp von Dreux, den Bischof von Beauvais. Er war am 19. Mai während eines Ansturms auf die Burg von Milly überrascht worden und wurde trotz seiner Proteste in Rouen eingesperrt. Es scheint, daß Eleonore für ihn eintrat. Der Bischof hatte zu den Waffen gegriffen und konnte sich deshalb nicht auf seine kirchliche Würde berufen. Während seiner Überführung nach Rouen war es ihm gelungen, sich an einer Kirchentür festzuhalten und sich auf sein Recht auf Asyl zu berufen. Richard ging darauf jedoch nicht ein. Als er die Kleriker und Familienmitglieder empfing, die um die Freilassung des Gefangenen baten, soll er gesagt haben:

Seid Richter zwischen mir und Eurem Herren. Ich will gern alles vergessen, was er gegen mich getan und angezettelt hat, mit einer Ausnahme: Als ich aus dem Orient zurückkehrte und vom Kaiser des Heiligen Römischen Reichs gefangengehalten wurde, zollte man meiner königlichen Person eine gewisse Achtung, und ich wurde mit der mir gebührenden Ehre bedient. Da erschien eines Abends Euer Herr. Was er dann in der Nacht mit dem Kaiser ausheckte, dessen bin ich am nächsten Morgen gewahr geworden. Der Kaiser nämlich erschwerte meine Lage, und bald war ich so mit Ketten beladen, wie kaum ein Pferd oder ein Esel sie hätte tragen können. Und nun entscheidet darüber, wie ich diesen Mann einsperren soll, der solch eine Rolle bei dem spielte, der mich gefangenhielt.

Der Bischof von Beauvais wollte an den Papst appellieren, aber dieser mußte der Tatsache Rechnung tragen, daß der König von England jenen »nicht während des Predigens, sondern im Kampf« ergriffen hatte. Wilhelm von Neuburg schreibt, er habe »den Hirtenstab gegen die Lanze und die Mitra gegen den Helm, das Meßhemd gegen den Harnisch, die Stola gegen den Schild und das Schwert des Geistes gegen das Schwert aus Eisen getauscht«. Philipp von Dreux wurde zu Lebzeiten Richards nicht freigelassen.

Dem englischen König gelang ein Meisterstück, indem er im Jahr 1197 mit dem Grafen von Flandern ein Bündnis einging. Unter den Gesandten, die Richard zu ihm schickte, befand sich auch Wilhelm der Marschall, der sich bei der Belagerung der Burg von Milly ausgezeichnet hatte. Um einen Kampfgefährten zu befreien, war er selbst auf eine Leiter gestiegen und an der Mauer hinaufgeklettert. »Marschall«, hatte ihm der König zugerufen, »ein Mann Eures Ranges und Standes soll sich nicht in solche Unternehmungen stürzen! Laßt die jungen Ritter sich Ansehen verdienen!« Tatsächlich war der Marschall mit seinen 53 Jahren eher für diplomatische Dienste geeignet, und diese vertraute der König ihm und anderen Rittern, nämlich Peter von Préaux, Alain Baset und Wilhelms Neffen Johann dem Marschall an. Unzufrieden mit der Haltung Philipp Augusts oder weil er spürte, daß der Wind bald aus anderer Richtung wehen sollte, beschloß Graf Balduin, seine Lehenspflicht gegenüber dem König von Frankreich aufzugeben und fortan dem englischen König zu huldigen.

Im folgenden Jahr spielte Wilhelm der Marschall erneut die Rolle des Botschafters, dieses Mal gegenüber einer hochangesehenen Person, nämlich Hugo von Avalon, dem Bischof von Lincoln, dessen Ruf als Heiliger groß war und der nach seinem Tod an den Altären verehrt wurde. Hugo hatte sich geweigert, Steuern in Höhe eines Drittels der Einkünfte seines Bistums zu zahlen. Er machte geltend, daß der Sitz von Lincoln den Beistand des Vasallen nur auf englischem Boden schulde. Als Hugo von Lincoln in die Normandie gereist war, um den König zu treffen, besuchten ihn Wilhelm der Marschall und Balduin von Béthune (dessen Schwester soeben Balduin von Flandern geheiratet hatte). Sie baten ihn inständig, den König nicht am königlichen Hofe zu treffen, bevor er ihm nicht ein Versöhnungsschreiben geschickt habe.

Sie wußten sehr viel besser als der heilige Bischof, welche Folgen ein Zornausbruch Richards haben konnte, und begriffen, daß ein Bruch zwichen den beiden vernichtend gewesen wäre: Es war besser, dies nicht zu riskieren. Sie hatten Erfolg, kehrten zum König zurück und überbrachten ihm Grüße des Bischofs, der zur Versöhnung bereit war.

Der König von Frankreich erwartete von neuen Feindseligkeiten nichts Gutes. Er war in großen Schwierigkeiten, weil seine Frau Isambour von Dänemark sich beharrlich gegen die Verstoßung wehrte, die er ihr auferlegte. Der neue Papst, Innozenz III., war soeben gewählt worden und nahm den Fall in die Hand, obwohl er wünschte, daß die beiden Könige ihren gegenseitigen Groll vergäßen und erneut ins Heilige Land zögen. Er hatte den Legaten Peter von Capua nach Frankreich geschickt, der sich um eine Waffenruhe bemühen und die Lage entwirren sollte. Dieser war jedoch weniger vorsichtig oder auch schlechter informiert als der heilige Bischof Lincoln und glaubte, er könne das Gespräch mit dem König über Philipp von Dreux beginnen. Dies jedoch bekam ihm schlecht: »Fort von hier, Lügner, Verräter, Betrüger und Simonist! Und kommt mir nie mehr über den Weg!« Nach diesem Ausruf beendete Richard seine Unterredung mit dem Gesandten.

Vor Wut schäumend, hatte der König sich in sein Zimmer eingeschlossen, und nur Wilhelm dem Marschall gelang es, seinen Zorn zu besänftigen. Er war der einzige, der dies konnte. Als er ins Zimmer des Königs trat, das in solchen Situationen von allen gemieden wurde, bemerkte er:

Ihr solltet Euch nicht von solchen Kleinigkeiten erschüttern lassen. Ihr solltet lieber lachen und an all das denken, was Ihr gewonnen habt. Ihr seht doch, daß der König von Frankreich am Ende seiner Möglichkeiten ist. Ihm bleibt nichts, als Euch um Frieden zu bitten oder wenigstens um Waffenruhe. Nehmt Eure Ländereien, laßt ihm die Burgen, aber achtet darauf, daß er aus den umliegenden Böden keinen Nutzen für die Truppen ziehen kann, die er dort aufstellen wird! Wenn er sie auf eigene Kosten ernähren soll, wird das für ihn so teuer wie das Kriegführen.

Dieses Gespräch fand im Januar 1199 nahe bei Vernon, an der Grenze der Normandie statt. Vor diesen Gesprächen hatte es während der zwei zurückliegenden Jahre eine ganze Reihe von Feindseligkeiten gegeben. In Flandern hatte Graf Balduin die Stadt Douai belagert und eingenommen. Ermutigt durch den Erfolg, hatte er auch Arras belagert. Man kann sich vorstellen, daß Richard ihm die nötigen Gelder beschaffte. Der Graf von Flandern, dem

Philipp August bei der Regelung der Erbfolge Philipps von Flandern das Artois weggenommen hatte, vermißte dieses schöne und reiche Lehen. Es dauerte lange, bis er sich über den Verlust wegtröstete, denn auch er nahm an der Schlacht von Bouvines teil.

Währenddessen kämpfte Richard im Berry, wo Philipp einige kleinere Orte erobert hatte. Aber die wirklich entscheidende Schlacht sollte bei Gisors stattfinden. Hier wurde in der Ortschaft Courcelles die Armee der französischen Ritter wieder einmal in die Flucht geschlagen. Als Philipp August sich zurückzog, wurde er bis Gisors verfolgt und entkam nur wie durch ein Wunder einem Unfall, bei dem mehrere seiner Ritter ums Leben kamen: Eine Brücke brach ein, der König stürzte mit seinem Pferd ins Wasser. Der Sturz wurde vermutlich durch das Wasser gemildert, aber Philipp August glaubte fortan an ein Wunder. Bis in unsere Tage zeigt man den Leuten diese Stelle, an der er durch den Sturz in die Troesne beinahe das Leben verloren hätte. Er floh nicht in die Festung von Gisors, weil er fürchtete, dort eingeschlossen zu werden. All dies geschah am 28. September 1198. Nach einer weiteren Niederlage in Vernon war er zum Frieden bereit, den Peter von Capua vermitteln sollte.

Die beiden Könige trafen sich schließlich zwischen Vernon und Le Goulet: Philipp wartete zu Pferd am Ufer der Seine, während Richard in einiger Entfernung vom Ufer auf einem Floß stand, das nur mühsam gegen die Strömung auf gleicher Höhe gehalten wurde. Der Friedensvertrag, der einen fünfjährigen Waffenstillstand garantierte, wurde am Sankt-Hilarius-Tag, dem 13. Januar 1199, geschlossen. Zur Besiegelung des fünfjährigen Friedens war eine Heirat zwischen Philipps Sohn und einer Nichte Richards vorgesehen, genauere Details wurden jedoch nicht festgelegt. Otto von Braunschweig sollte fortan das Heilige Römische Reich mit der Hilfe seines Onkels, des Königs von England, regieren. Für Philipp August bedeutete dies eine Niederlage, für die Bevölkerung indessen, die von einem sich ständig verschärfenden Krieg hart geprüft war (Richard hatte Gefangene blenden lassen, und Philipp hatte es ihm gleichgetan), zumindest eine Atempause.

Richard hielt zu Weihnachten feierlich in Domfront hof, in der fortan befriedeten Normandie. Danach machte er sich nach Süden in sein geliebtes Aquitanien auf. Während der ersten Märzwoche weilte er in Begleitung einiger Getreuer, darunter sein Bruder Johann und Wilhelm der Marschall, im Tal der Loire. Da empfing er eine Botschaft von Aymar, dem Vizegrafen von Limoges, einem der Barone aus der Gegend von Poitiers, mit dem er oft Zwistigkeiten gehabt hatte. Man überbrachte ihm die Nachricht von einer Entdeckung, die ihn nicht kalt lassen konnte: Einer der Vasallen des Aymar, Achard, der Graf von Châlus, war von einem Bauern über den Fund eines prächtigen Schatzes benachrichtigt worden, den er beim Pflügen entdeckt hatte. Dieser enthielt eine »goldene Tafel«, ein Relief mit schön geformten und gut ausgearbeiteten Figuren, außerdem einen mit goldenen Figuren geschmückten Silberschild sowie viele alte Münzen. Aymar ließ seinem Herren den ihm zustehenden Anteil aushändigen, nämlich den Schild. Nach dem in der Normandie geltenden Recht durfte der König den gesamten Schatz für sich beanspruchen. Man kann sich vorstellen, daß Richard sich eine solche Gelegenheit nicht entgehen lassen wollte, einmal weil bei seiner leeren Kasse ein solcher Schatz von ungeheurem Wert war, zum andern, weil er aus guten Gründen den Angaben Aymars von Limoges nicht traute und selber sehen wollte, wie der Fund beschaffen sei.

Da der Graf von Châlus nicht bereit schien, nähere Angaben zu machen, beschloß Richard, sich mit einigen bewaffneten Begleitern ins Limousin zu begeben. Mit Mercadier, seiner rechten Hand, brach er gen Süden auf, während sein Bruder Johann sich auf den Weg nach England machte und Wilhelm der Marschall in die Normandie zurückkehrte. Er sollte seinen Herrn nie wiedersehen...

Nachdem Richard das Château-du-Loir verlassen hatte, begab er sich sogleich zum Schloß von Châlus, denn er hatte gute Gründe zu glauben, daß der Schatz dort versteckt sei. Gleich nach seiner Ankunft ritt er um die Festungsanlage herum. Vielleicht wurde der Armbrustbolzen vom runden Turm, der bis heute erhalten ist, gezielt abgeschossen. Jedenfalls traf das Geschoß ihn an der Schulter. Nachdem er dem Schützen ein Lob hinaufgebrüllt hatte, ritt er zurück zu seinem Zelt. Er war davon überzeugt, daß die Verwundung nicht schlimmer war als alle diejenigen, die ihm im Heiligen Land zugefügt worden waren, wo man von ihm gesagt hatte, er komme wie ein Nadelkissen aus der Schlacht zurück. Der Feldscher mußte sich tief vorarbeiten, um die Bolzenspitze herauszuholen, was ihm jedoch nicht vollständig gelang, das Eisen blieb im Fleisch. Der König lag auf seiner Pritsche und unterdrückte nur mit Mühe ein Schmerzensstöhnen. Unnötig daran zu erinnern, daß man damals weder die zur Verhütung oder Bekämpfung einer Infektion notwendigen Kenntnisse hatte, noch über dementsprechende Mittel verfügte, die ja erst im 20. Jahrhundert entdeckt wurden. Man wusch Wunden mit Wein aus und legte Speck darauf, um die Narbenbildung zu beschleunigen. Bei Richard waren diese uns heute lächerlich erscheinenden Maßnahmen wirkungslos, vor allem weil dieser sich weder schonen noch Diät halten wollte.

Ihm wurde ziemlich bald klar, daß seine Wunde tödlich war, und so schickte er nach seiner Mutter, Königin Eleonore in Fontevraud. Sie kam »schneller als der Wind« angereist und war rechtzeitig da, um ihrem geliebten Sohn in seiner letzten Stunde beizustehen. Der Kaplan Peter Milon, Abt des Zisterzienserklosters Pin bei Sanxay im Poitou, weilte bei dem König. Ihm beichtete Richard und erhielt von ihm die Ölung. Er beschenkte ihn reichlich. Seit seiner Rückkehr aus dem Heiligen Land hatte er nicht mehr gewagt zu beichten, hegte er doch so großen Haß gegen Philipp August, weil dieser seine Gefangenschaft ausgenutzt und zu verlängern versucht hatte. Nun aber war er bereit zu vergeben. Man erzählt, er habe den Armbrustschützen, einen gewissen Peter Basile, zu sich kommen lassen, befohlen, sein Leben zu schonen, und ihm sogar noch hundert Golddukaten ausgezahlt. Doch die Chronik berichtet auch darüber, Mercadier habe diesen nach dem Tod des Königs festsetzen, schinden und hängen lassen...

> Als der König sah, daß sein Leben zu Ende ging, überließ er seinem Bruder das Königtum England und alle seine anderen Besitzungen und ließ ihm von allen Anwesenden Treue schwören. Drei Teile seines Schatzes sprach er seinem Neffen Otto zu und den vierten befahl er unter den Armen und denen, die ihm gedient hatten, zu verteilen.

So berichtet das *Buch der Könige von England*. Ein anderer Chronist erzählt, daß Richard den Herrgott bat, ihn bis zum Ende der Zeiten als Strafe für seine großen und ungeheuren Sünden, die er während seines Lebens begangen hatte, ins Fegefeuer zu bannen. Königin Eleonore ließ ihn am 6. April 1199 nach seinem letzten Seufzer ins Kloster von Fontevraud bringen, wo er am Palmsonntag (man nannte diesen Tag damals »Blüten-Ostern«) feierlich bestattet wurde. Kein anderer als Hugo, der heilige Bischof von Lincoln, zelebrierte die Messe mit den Bischöfen von Poitiers und Angers, dem Abt von Turpenay, welcher der Königin auf der Reise beigestanden hatte, und Milon du Pin. Den Wünschen des Verstorbenen gemäß wurde sein Herz in die Kathedrale von Rouen gebracht, wo es 1961 bei Grabungen gefunden wurde.

In Rouen warteten indessen zwei treue Diener in Trauer auf die Bestätigung der finsteren Nachricht, die ihnen einige Tage zuvor ein Bote nach Vaudreuil gebracht hatte. Wilhelm der Marschall hatte sich sogleich in die Stadt begeben, wo der Erzbischof von Canterbury, Hubert Gautier, in Notre-Dame-du-Pré residierte. Ein Chronist überliefert das kurze Gespräch, das die beiden Männer führten, als am Vortag des Palmsonntags die traurige Nachricht bestätigt wurde. Der Erzbischof neigte zu der Ansicht, die Nachfolge Richards solle Arthur von Bretagne übertragen werden. Worauf Wilhelm der Marschall einwandte: »Arthur hat nur schlechte Ratgeber gehabt. Er ist leicht beleidigt und dünkelhaft. Wenn wir ihn zum König machen, wird er uns Ärger bereiten, denn er kann die Engländer nicht leiden.« Richard hatte bereits seinen Bruder Johann ohne Land als Erben und Nachfolger eingesetzt. »Geschätzter Marschall«, antwortete darauf der Bischof, »es wird nach Eurem Willen geschehen, aber ich sage Euch, daß Ihr keine Tat jemals so bereuen werdet wie diese.«

»Mag schon sein, aber das ist nun mal meine Ansicht«, beschloß Wilhelm das Gespräch.

Königin Eleonore war derselben Meinung. Sie erlebte, wie ihr geliebter Sohn mit 41 Jahren im Vollbesitz seiner Kräfte und als Sieger wegstarb, gerade jetzt, wo es Hoffnung auf einen Frieden gab, der gegen die Tücken des französischen Königs hart erkämpft worden war, wobei ihr jüngster Sohn Johann, der jetzt auf das gesamte Erbe der Plantagenets Anspruch erheben konnte, den französischen König unterstützt hatte.

Eleonore machte sich keinerlei Illusionen über die Fähigkeiten ihres jüngsten Sohnes, das Königreich zu erhalten, zu dessen Aufbau sie soviel beigetragen hatte. Zumindest war sie dank der weisen Voraussicht, die »jener »unvergleichlichen Frau« eigen war, in der Lage, ihm dabei so gut wie möglich zu helfen. Und so huldigte sie Philipp August, dem Mann also, den Richard massiv bekämpft hatte. Außerdem unternahm sie einen Ritt durch die Städte des Westens, im Poitou und in Aquitanien, um dort städtische Freiheiten zu verbriefen. Im Gegenzug wurde ihr von den Städten militärische Unterstützung zugesichert, die ihr Sohn Johann sehr gut würde brauchen können. Auf jener Reise traf sie ihre Tochter Jeanne in der

Stadt Niort in einem bemitleidenswerten Zustand der Erschöpfung und Depression an. Diese hatte im fünften Monat einer Schwangerschaft fast auf sich allein gestellt aus dem Lauraguais fliehen müssen, weil ihr Mann unfähig war, eine Revolte kleiner Barone niederzuschlagen. Sie war auf den Gedanken gekommen, ihren Bruder um Hilfe zu bitten, hatte dann aber von dessen Tod erfahren. Eleonore nahm sie mit sich nach Rouen, wo Jeanne ihre verblüffte Umgebung wissen ließ, sie wolle als Nonne in den Orden von Fontevraud eintreten. Dieser Orden war den Plantagenets sehr teuer, Eleonore hatte dort die Familiengruft einrichten lassen.[1] Der Erzbischof von Canterbury, Hubert Gautier, versuchte, sie von diesem Vorhaben abzuhalten, aber Jeanne hatte ja auch schon bei anderen Gelegenheiten gezeigt, welchen Starrsinn sie besaß. Jetzt war ihre Besessenheit so groß, daß man die Äbtin von Fontevraud rufen und die kanonischen Regeln außer acht lassen mußte. Jeanne wurde zur Nonne geweiht und äußerte, bevor sie starb, ihre letzten Wünsche. Erst nach ihrem Tod konnte man ihr Kind zur Welt bringen, das gleich nach der Taufe starb. Jeanne war vierunddreißig Jahre alt geworden. Ihr Leichnam wurde in Fontevraud nie gefunden, dafür aber der ihres ersten Sohnes Raymonds VII. von Toulouse, der in seiner Todesstunde den Wunsch äußerte, neben seiner Mutter, die er nicht gekannt hatte, bestattet zu werden. So sehr schätzten die Nachkommen Eleonores diese Abtei, die, wie man sagt, zum Saint-Denis der englischen Könige wurde.

Ein Jahr zuvor, fast zur gleichen Zeit, nämlich am 11. März 1198, war die »gräfliche Schwester«, die anmutige Marie von Champagne, gestorben, der Richard sein in der deutschen Gefangenschaft geschriebenes Gedicht gewidmet hatte. Über Königin Eleonore brach Leere herein.

---

[1] Wir verweisen auf die Untersuchung von Alain Erlande-Brandenburg mit dem Titel *Le cimetière des rois à Fontevraud,* Paris 1964.

Im Winter dieses Schicksalsjahres 1199, in dem Richard und Jeanne starben, beschloß die Königin (sie ging jetzt auf die achtzig zu), sich wieder auf Reisen zu begeben und die Pyrenäen zu überqueren. Ihr war eine Idee gekommen: Sie wünschte sich, einen Erben ihrer Familie auf dem französischen Thron zu sehen. Bei den Verhandlungen um den Vertrag von Goulet war von einer Ehe des Erben Frankreichs, des zukünftigen Ludwigs VIII., mit einer der Enkelinnen Eleonores die Rede gewesen. Aber so gleichgültig sie diesem Vorhaben damals anscheinend gegenübergestanden hatte, so sehr wollte sie es nun verwirklicht sehen, denn sie sah darin eine Garantie für das Fortbestehen der Linie der Plantagenets – auf eine Art und Weise, das muß man zugestehen, die sie sich nicht gewünscht hatte, jetzt aber akzeptierte.

Und so verbrachte sie die Jahrhundertwende am Hof Eleonores von Kastilien, ihrer Tochter. Gegen Ostern 1200 brachte sie triumphierend die zukünftige Königin Blanca mit, die sie sich ausdrücklich ausgesucht hatte. Von ihren drei Enkelinnen – Berenguela, die schon verlobt war, Urraca und Blanca – wählte sie letztere aus, und es war wirklich ein Geschenk, das die geschmackssichere alte Dame dem Thron von Frankreich mit ihr machte. Urraca hinterließ in der Geschichte keine Spuren. Ihre jüngere Schwester Blanca hingegen wurde eine der bedeutenden Königinnen des 13. Jahrhunderts und die Mutter eines Königs, der zum Heiligen wurde, Ludwigs IX.

Man kann sich gut vorstellen, wie Eleonore unter den Dächern der wunderbaren Abtei von Fontevraud an der Bestattung ihres geliebten Sohnes teilnahm. Ihr war klar, daß mit ihm auch das übergroße Reich, das von Schottland bis zu den Pyrenäen von seinem Ruhm gekündet hatte, zu Ende gehen würde. Und vielleicht hatte sie damals die endgültige Entscheidung getroffen, eine ihrer Enkelinnen zur Königin von Frankreich zu machen. Denn sie selbst hatte den von ihr bei der Hochzeit Heinrichs des Jüngeren mit Margarete von Frankreich bekräftigten

Wunsch, daß ihr Sohn die Kronen Frankreichs und Englands, die sie selbst hintereinander getragen hatte, vereinigen solle, nicht verwirklicht.

Erstaunlicherweise weiß man nicht, wo sich bei der Bestattung Richards jene Königin befand, die nie gekrönt wurde, Berenguela. Sie war eine eher blasse Persönlichkeit und vermochte es offenbar nicht, den furchterregenden Ehemann, den man ihr zugesprochen hatte, an sich zu binden. Ihr Name bleibt dafür mit der Abtei Pitié-Dieu verbunden, die sie lange nach Richards Tod – um 1229 – gründete und die zu einem Zisterzienserkloster wurde. Dort wurde Berenguela bestattet, ihre sterblichen Überreste wurden später in die Kathedrale von Le Mans gebracht. Dort befindet sich heute ihr Grab mit Grabesfigur – sie hatte nicht die Ehre, in Fontrevaud bestattet zu werden. Der Ausdruck ihres Gesichtes ist trotz der Schönheit des gesamten Grabes ein wenig banal, aber immerhin ist es restauriert worden.

Diese Geschichte bringt uns die zweite öffentliche Bußleistung Richards in Erinnerung, die er am Osterdienstag 1196 vollzogen hatte. Wieder einmal hatte er sich zu homosexuellem Verhalten verleiten lassen. Er wollte nun seine Reue öffentlich kundtun und wiederholte die feierliche Geste, die er fünf Jahre zuvor in Messina vollzogen hatte. Damals hatte er Königin Berenguela, die keinen wirklichen Platz in seinem Leben eingenommen zu haben scheint, zu sich kommen lassen.

Reicht dies aus, um Richard als Homosexuellen zu qualifizieren? Man könnte ihn auch als grausam bezeichnen, weil er zwei- oder dreimal in seinem Leben Anwandlungen von Grausamkeit hatte. Kann man aus seinen Fehltritten nicht eher den Ausdruck eines exzessiven Temperamentes als einer gewöhnlichen Leidenschaft ablesen? Die Existenz seines Bastardsohnes Philipp und sein Ruf als Frauenheld bezeugen die Annahme, daß bei ihm die homosexuellen Neigungen nur eine Entgleisung unter verschiedenen anderen waren. Ambroise, ein Chronist, der die Schwächen seines bewunderten Helden feststellte, drückte sich so aus: »Er warf sich voll Wahns in die Schlacht...«

Zumindest war Richard ein Kind seiner Zeit, denn er war mitnichten stolz auf seine Triebhaftigkeit oder seine Abweichungen. Ganz im Gegenteil scheute er nach Rückfällen in sein exzessives Verhalten nicht vor zweimaligen öffentlichen Reuebekundungen zurück, die freilich auf uns verwirrend wirken. Die Vorstellung von einem Staatschef, der sich öffentlich demütigt, um das Chaos seiner Existenz zu ordnen, und dafür vor dem versammelten Volk bei Gott um Vergebung bittet, ist in unserer Zeit ganz unverständlich. Dabei gibt es auch heute unter dem Druck autoritärer Parteien oder Diktatoren so etwas wie Selbstanklage. Zu Zeiten Richards war so etwas durchaus üblich. Ihm war klar, daß das damals als Sodomie bezeichnete Verhalten von der Bibel heftig verurteilt wurde. Der Fall Sodoms ist dafür die exemplarische Strafe, und die Zerstörung der Stadt durch Feuer und Schwefel ist das unerbittliche Symbol der Sterilität, einer natürlichen Konsequenz der Homosexualität.

War denn auch die Herrschaft Richards steril? Er hat keinen Erben, aber ein Bild von sich hinterlassen. An seiner Seite stand die Inkarnation des Rittertums, Wilhelm der Marschall, dessen unerschütterliche Treue sich selbst überlebte und letztlich die Übergabe der Krone an den jungen Heinrich III., den Sohn Johanns ohne Land, sicherte. Richard hingegen bleibt für uns der typische Held seiner Zeit, wozu auch seine Maßlosigkeit gehört. Er zeugt mit seinem Verhalten von einer Zeit, in der der Mensch um seine Sündhaftigkeit weiß und weit davon entfernt ist, seine Fehltritte mit einer eher suspekten »Freiheit« zu legitimieren – oder, was noch schlimmer wäre, zu verzweifeln, sondern er kennt die Reue und glaubt an Vergebung. In den letzten Jahren seines Lebens, so liest man bei den Chronisten, besuchte Richard jeden Tag die Kirche und vermehrte seine Almosen. Das Kloster Sainte-

Marie-du-Pin, dessen Abt Milon ihm in der Stunde seines Todes beistand, überhäufte er mit Gaben. Seine letzte Beichte zeugt von großer Frömmigkeit: wegen seines Hasses gegen Philipp August traute er sich jahrelang nicht mehr zu beichten. Seine Schuldbekenntnisse zeugen zugleich von tiefer Reue über seine Vergehungen, für die er am Jüngsten Tag auf Vergebung hoffte.

Es ist auch eine Epoche brennender Wissensgier: Richard ist ganz Kind einer Zeit, in der die hl. Hildegard, Wissenschaftlerin und Mystikerin, erklärte, daß »der Mensch alles über das ihn umgebende Universum wissen kann«. Auf See interessierte er sich für die Navigation; als er einmal an einem Vulkan vorbeikam, erstieg er diesen; als er von einem Mönch hörte, der die Apokalypse auslegte, beeilte er sich, mit ihm zu diskutieren. Selbst im Tod war er noch von ungestillter Neugierde. Man kann seine Besessenheit, den Schatz von Châlus in seinen Besitz zu bringen, nicht einzig und allein aus seiner Goldgier ableiten. Dies dies ist nicht der einzige Anlaß, bei dem sich eine wahrhaft »archäologische« Neugierde bei Richard Löwenherz äußert. Das in Glastonbury wiedergefundene Schwert Excalibur, das er auf den Kontinent mitnahm (und Tankred als besonderes Geschenk überreichte), beweist sein Interesse für seltene Relikte der Vergangenheit. Ganz offensichtlich liebte er alles Schöne und war ja auch musikalisch und dichterisch begabt. Er gehört ganz in seine Zeit: Er war ein Mann der Organa, der Fresken, die die Mauern bedecken, wie in Saint-Sauvin, der großen Abtei von Cluny, der harmonischen Gewölbe und des lichterfüllten Chores von Fontevraud, der prunkvollen Buchillustrationen des Meßbuchs von Limoges oder des in leuchtenden Farben gehaltenen Grubenschmelzschreins, in dem die Reliquien des heiligen Thomas Bekket aufbewahrt wurden, die alle Kirchen des Abendlandes für sich beanspruchten.

Richard beeindruckt uns vor allem durch seine Großzügigkeit. Er schreckte nicht davor zurück, sich mit seiner ganzen Person für etwas einzusetzen, und war ein freudiger Geber. Auch hierin ist er ein typischer Vertreter seiner Zeit, aus der mehr Schenkungsurkunden überliefert sind als alle anderen Vertragswerke, Abkommen und Verträge zusammen.

Die Urteile seiner Zeitgenossen, jedenfalls der meisten, stellen die ungewöhnlichen und hinreißenden Charakterzüge seiner Persönlichkeit deutlich heraus. Ein gewisser Giraud de Barri zum Beispiel hielt es für angemessen zu schreiben: »... unter den vielen Eigenschaften, durch die seine besondere Persönlichkeit zum Ausdruck kommt, befinden sich drei, die ihn erlaucht und unvergleichbar machen: außergewöhnlicher Eifer und Leidenschaftlichkeit, eine Großzügigkeit, ja eine unglaubliche Schenksucht, was einem Fürsten stets zum Lob gereicht, und schließlich, als Krönung all seiner Tugenden, Beständigkeit des Herzen wie auch des Wortes.« An dieser Stelle wird an Richard die in der Feudalzeit für das Engagement des Herrschers wie des Ritters so zentrale Treue zum Wort hervorgehoben.

Gervais von Tilbury geht sogar noch weiter. In seiner Schrift *Die königlichen Freuden,* die für Otto von Braunschweig verfaßt wurde, nennt er Richard »den König der weltlichen Könige« (diesen Ausdruck nimmt man später für den hl. Ludwig wieder auf) und fügt hinzu: »Niemand ging in seiner Leidenschaftlichkeit, seinem Edelmut und seiner Ritterlichkeit und in den anderen Tugenden weiter als er.« Weiter würdigt er ihn als den »stürmischen Verteidiger des Patrimonium Christi«, des Heiligen Landes also, und schreibt: »Die Welt hat seiner Weite nicht gereicht.«

So liegt der Akzent stets auf seiner unüberbietbaren Großzügigkeit. Richard gehört zu den Wesen, von denen man glaubt, alles annehmen zu können, weil ihr heftiges Gemüt sie so erscheinen läßt, wie sie in ihrem innersten Herzen sind, ohne den leisesten Hauch einer Verheimlichung oder eines Kalküls.

Ein Legendenheld? Eher als einer Legende scheint er einem Ritterroman entstiegen, einem jener Romane, in denen der Held sein Leben einsetzt, weil er an die Größe des menschlichen Schicksals und das Schöne in der Welt glaubt und sich der Existenz einer Liebe, die höher steht als alle Liebe, sicher ist.

Jenseits der Geschichte:
die Legende

Dies ist die wichtige Sache, der große Schaden,
Der tiefste Schmerz, den ich je empfand
Und den ich mein Leben lang weinend beklagen werde
Ich spreche darüber, indem ich singend erzähle:
Denn das würdige Oberhaupt und der Vater,
Der edle und tapfere Richard, König von England,
Ist tot. Mein Gott, welcher Verlust und Schaden!
Welch bittere Worte, die zu hören verletzt.
Nur ein hartes Herz kann ihnen lauschen, ohne zu leiden . . .

Tot ist der König, und tausend Jahre sind vergangen,
Seit man sehen konnte, daß ein Mann so tapfer war.
Und nie wird es einen Mann geben, der ihm ähnlich,
So weitherzig, nobel, kühn und wunderbar.
Alexander, der König, der Dareios besiegte,
Konnte, glaube ich, nicht soviel geben und vollbringen.
Weder Karl noch Artus taten soviel
Vor aller Augen vollbrachte er es
Zur Furcht der einen, zum Jubel der anderen.

Ich bin bezaubert, daß es in unserem falschen, betrügerischen
Jahrhundert noch einen weisen und ritterlichen Mann geben
kann.
Wenn schöne Worte nichts nichts und auch nicht große Hel-
dentaten
Warum soll man sich dann wenig oder kaum bemühen?
Heute zeigt uns der Tod, was er bewirken kann,
Im Handstreich nahm er das Beste dieser Welt
Alle Ehre, alle Freuden, alle Güter.
Und wir sehen, daß uns nichts davor schützt:
Wir sollten uns weniger vor dem Tod fürchten!

Ach, Herr und tapferer König, was sollen
Künftig Waffen und Turniere,
Prächtige Hoffeste und große und schöne Geschenke.
Ihr seid nicht mehr da, Ihr wart das Oberhaupt
Was sollen die tun, die dem Bösen ausgeliefert waren
Und sich in Euren Dienst gestellt hatten
Und auf Belohnung hofften,
Und was sollen die tun, die sich töten müßten,
Denen Ihr so großen Reichtum gebracht habt?

Ewiger Kummer und ein karges Leben
Ständige Trauer, das wird ihr Los sein.
Sarazenen, Türken, Heiden und Perser,
Die sich mehr fürchteten als alle von Müttern Geborenen
Sie werden ihre Sache voll Hochmut vorantreiben,
Auf daß das Heilige Grab nie mehr erobert werden kann.
Aber Gott will es, denn wollte er es nicht,
Dann hättet Ihr, Herr, sie nicht ohne Zaudern aus Syrien
vertrieben.

Heute bleibt nur die Hoffnung, es möge
Könige und Fürsten geben, die es wieder zu erobern wissen!
Aber der, der Euch nachfolgen soll,
Muß schauen, wie sehr Ihr den Lohn liebtet,
Und wer Eure beiden tapferen Brüder waren
Der junge König und der ritterliche Graf Gottfried;
Wer von Euch dreien an seinem Platz bleibt,
Muß ein Herz haben und starken Mut,
Um große Beute zu machen und Heldentaten zu vollbringen.
Ach! Herr Gott, Ihr, die Ihr Erbarmen habt!
Wahrer Gott, wahrer Mensch, wahres Leben, Euch sei
Dank!
Verzeiht ihm, denn er bedarf dessen.
Seht nicht auf seine Sünde, Herr
Und gedenkt, daß er Euch diente!

Dieses Gedicht, dessen Schönheit und ursprünglicher
Klang in der okzitanischen Sprache durch keine Überset-

zung wiedergegeben werden kann, schrieb der Troubadour Gaucelm Faidit gleich nach Richards Tod, noch bevor – darauf weist der Herausgeber Jean Mouzat[1] ausdrücklich hin – bekannt wurde, ob Arthur von Bretagne oder Johann ohne Land sein Nachfolger würde. Es handelt sich um ein *planh,* ein Klagelied, das dem Schock der Ereignisse entsprang. Sein Autor, einer der größten Troubadoure seiner Zeit, empfand den tiefen Schmerz über den Verlust um so mehr, als er Richard auf der Reise nach Übersee begleitet hatte. Eine ganze Strophe preist die Taten des Königs während des »syrischen« Abenteuers. Gaucelm Faidit gehört zu jenen, die in den ersten Jahren des 13. Jahrhunderts gemeinsam mit anderen Baronen ins Heilige Land zurückkehrten und wahrscheinlich dort auch starben. Dieses Gedicht bringt sein Staunen über ein so unerwartetes Ereignis zum Ausdruck: Als Richard starb, besaß er noch seine ganze Kraft, war auf der Höhe seines Ruhms und hatte soeben seinen Erzrivalen Philipp August besiegt. Und nun dieser Unfall, nachdem er vorher im Kampf gegen die Muslime unzählige Gefahren bestanden hatte.

Es ist ein Schrei des Schmerzes und der Entrüstung angesichts eines ungerecht erscheinenden Todes, der dem Helden auf einem banalen Nebenweg auflauert und diese Persönlichkeit mit der bedeutenden Vergangenheit in maßloser Aggressivität dahinrafft. Wie Roger von Hoveden schreibt, tötete die Ameise den Löwen.

Man gewinnt den Eindruck, daß der Nachruhm des Königs die ungeheure Enttäuschung kompensieren sollte, die dieser Tod hervorrief. Da er nie die Alltäglichkeit des Regierens kennenlernte und durch sie nicht abgenutzt wurde, hat man ihm alles zugeschrieben, wozu man ihn für fähig hielt, und von ihm das Bild eines außergewöhn-

---

[1] Jean Mouzat, *Les poèmes de Gaucelm Faidit troubadour au XIIe siècle,* Paris, A.G.Nizet, 1965. S. 415-424.

lichen Mannes gezeichnet, der in seinem ganzen Wesen überdurchschnittlich war – eine Art Ausgleich für den »unvollendeten« Teil seiner Existenz. Diese erfährt zumindest ein dichterisches und legendäres Echo und lebt so durch die Jahrhunderte weiter.

Der Ruhm des Richard Löwenherz übertrifft alle Erwartungen. Er bleibt der populärste englische König, dabei herrschte er nur zehn Jahre lang und verbrachte den größten Teil seines kurzen Lebens auf dem Kontinent und im Nahen Osten. Er ist zwar in England geboren, wenn man jedoch die Zeit seiner dortigen Aufenthalte im Erwachsenenalter addiert, kommt man nicht einmal auf ein ganzes Jahr: 1189 etwa vier Monate, von August bis Dezember, und bei seiner Rückkehr nach der Freilassung aus den »Klauen des Kaisers« vom 13. März bis 12. Mai 1194, also gerade zwei Monate.

Nur sechs Monate verbrachte er auf der Insel, deren Königskrone er trug. Wahrscheinlich beherrschte er nicht einmal die Sprache des Volkes, welche zweihundert Jahre später vom Parlament zur einzigen offiziellen Sprache erklärt wurde. Bis dahin sprachen Barone und »reiche Leute« (der Begriff ›reich‹ bedeutete damals ›adelig‹ und nicht ›vermögend‹) nur Französisch oder besser gesagt Anglo-Normannisch.

Richards Popularität hat etwas Paradoxes: Von Generation zu Generation wurde sie größer und reichte weit über die Grenzen seines Königreichs hinaus. Im Musée de l'Histoire de France im Pariser Nationalarchiv wird ein Brief aufbewahrt, den er im Januar 1196 zwischen Gaillon und Le Vaudreuil diktierte und in dem er die Leute benennt, die Garanten des Waffenstillstands sind, den er soeben mit dem französischen König geschlossen hat. Aber uns interessiert, daß dieser Brief ein prächtiges Siegel aus grünem Wachs trägt, das an einem Seidenband hängt.

Darauf sind zwei »schreitende Löwen« zu sehen, die später das Emblem Englands werden. In Frankreich werden sie »Leoparden« genannt. So hat Richard seinem Land den Beinamen verliehen, der ihn so treffend charakterisiert: Er ist das »Löwenherz«, der »prächtige und generöse Held«. Giraud de Barri, ein Autor, der sich nicht durch besondere Nachsicht auszeichnet, hatte ihn »Löwenherz« genannt, als er noch keine zwanzig war, sich jedoch durch große Tapferkeit ausgezeichnet hatte. Auch der Troubadour Bertrand von Born verglich ihn mit einem Löwen, nicht nur wegen seiner Taten, sondern weil er wie das Tier in der Legende die Schwachen schonte und gegenüber Hochmut ohne Mitleid war. Selbst für den Chronisten Philipp Augusts, Wilhelm den Bretonen, ist Richard ein Löwe!

Womit hat man ihn nicht verglichen? Alle Figuren der Heldenlieder – Roland oder Olivier – oder der Ritterromane – Gauvain oder Lancelot – wurden zum Vergleich herangezogen. Alle Elemente des Wunderbaren, die in den Kreuzzugsberichten vorkommen, die aus fernen und zauberhaften Ländern stammen, in denen Abenteuer geschahen, die über jede Vorstellungskraft hinausgehen.

Als Heinrich Plantagenet König war, kursierte das Gerücht, König Artus habe ihm einen Brief geschickt. Von Richard wird behauptet, der Alte vom Berge, der Herr der Assassinen, habe ihm geschrieben, manche Chroniken geben ihn sogar wörtlich wieder. Dies geschah nicht ohne Hintergedanken, denn Richard wurde so vom Verdacht reingewaschen, Konrad von Montferrat umgebracht zu haben, eine Tat, die man ihm zu Unrecht zur Last legte.

Mit der Grobheit der *Chanson des Chétifs*, in der Szenen von Kannibalismus beschrieben werden, an denen angeblich Peter der Eremit (!) teilnahm oder die Tafuren, Bettler und Gauner, die sich an Türkenfleisch vergnügt haben sollen – wird berichtet, König Richard habe einen Sarazenen-Kopf gegessen, den ihm sein Küchenchef liebevoll zubereitet habe. Dabei hatte der König ihn angeblich um ein Schweinegericht gebeten, aber im Land der Muslime war entsprechendes Fleich nicht zu finden gewesen.

Andere Legenden beschäftigen sich mit Richards Herkunft, also der der Plantagenets. Giraud von Barri, der Gallier mit dem unerschöpflichen Humor, der Bischof von Saint-David und Zeitgenosse des Königs war, diesen aber um Jahre überlebte, denn er starb erst 1223, hat als erster berichtet, was Richard zu sagen pflegte, wenn er von seiner Familie sprach. »Wir kommen vom Teufel her und kehren dorthin zurück!« Dies ist eine Anspielung auf die Legenden, die der Dynastie der Grafen von Anjou wohlbekannt waren. Caesarius von Heisterbach, dessen Sinn für das Romanhafte wohlbekannt ist (von ihm stammt das berühmte, anläßlich der Eroberung von Béziers gesprochene Wort: »Bringt alle um, Gott wird die Seinen wiedererkennen!«), gab diese Spekulationen über den Ursprung der englischen Könige weiter. Dasselbe tat Gautier Map, der Erzdiakon von Oxford, der oft am englischen Hof war und viele Geschichten und Anekdoten darüber gesammelt hat. Er stellte eine Verbindung zwischen Königin Eleonore und der berühmten Legende von der Schlangenfrau her, der Melusine der Märchen aus dem Poitou. Ob von mütterlicher oder väterlicher Seite, von Eleonore oder den Grafen von Anjou, die Plantagenets sahen sich »dem Teufel zugeschrieben«. Diesen unangenehmen Ruf brachte ihnen vor allem der schreckliche Vorfahre der Angeviner, Foulques Nerra, der Schwarze, ein. Er scheint sich nicht in der Person oder dem Wirken Richards, sondern in der Johanns ohne Land niedergeschlagen zu haben, dessen finstere Existenz keine legendäre Aura hat, sondern sehr wohl Teil der Geschichte ist. Foulques Nerra, Zeitgenosse von Hugo Capet (970-1040), war ein außerordentlicher Krieger und ein nicht weniger außerordentlicher Erbauer von Burgen und Abteien: Viermal wurde ihm die Strafe auferlegt, nach Jerusalem zu pilgern, um seine Sünden wiedergutzumachen – er unternahm diese Reisen tatsächlich gewissenhaft. Er war von exzessivem Charakter, aber die Geschichtswissenschaft kann ihn heute gerechter beurteilen, während die Legende ihn kritiklos verteufelte.[1]

Weniger frappierend ist eine Richard Löwenherz zugeschriebene Äußerung, die historisch verbürgt sein soll: Der berühmte Prediger Foulques von Neuilly soll den König aufgefordert haben, sich von »seinen drei Töchtern« zu trennen, worauf dieser empört geantwortet haben soll: »Du lügst, ich habe keine Kinder!« – »Sire, Ihr habt drei Töchter: Hochmut, Begehrlichkeit und Wollust.« – »Nun gut«, soll Richard geantwortet haben: Den Hochmut gebe ich den Templern und Johannitern, die Begehrlichkeit den Zisterziensern und die Wollust dem gesamten Klerus!« Auch diese Anekdote schreibt Giraud von Barri Richard Löwenherz zu. Aber kann man darin etwas anderes sehen als ein Beispiel für die von Predigern immer wieder gebrauchten Gleichnisse, die der Anschaulichkeit ihrer Predigten dienten? So entstanden die Anekdoten des Stephan von Bourbon oder das jüngst von Gérard Blangez[2] veröffentlichte *Ci nous dit*. Immer wieder werden die »Töchter des Teufels« in verschiedener Form erwähnt. Robert Grosseteste, der hochgebildete Bischof von Lincoln, wagte ein Gedicht über »die Hochzeit der neun Töchter des Teufels«. Jedermann wußte, was er damit meinte, und amüsierte sich über die ebenso phantastischen wie bedeutungsvollen Verbindungen, die da geschlossen werden: Eine der Töchter, »Wucher«, heiratet die Großbürger, ihre Schwester »Betrug« die Händler usw. Es ist höchst unwahrscheinlich, daß Richard jemals Foulques, dem Priester von Neuilly, begegnet ist. Durch seinen Sinn für Humor und seinen Ruf war er als Held dieser Geschichte jedoch bestens geeignet.

---

[1] Wir verweisen auf die kürzlich erschienene bemerkenswerte Untersuchung von Christian Thévenot, *Foulques III Nerra*, Tours, Editions de la Nouvelle République, 1987.

[2] Paris, Picard, 1979. Société des Anciens Textes Français.

Herr Gott, König der Ehre,
Der du deine Anmut und deinen Sieg
König Richard sandtest,
Der niemals feige war . . .

So beginnt der *Roman de Richard Coerdelyoun,* der Roman des Richard Löwenherz. Es ist eines der Werke, die von der Rückkehr vom Kreuzzug und der Gefangenschaft des Königs inspiriert sind. Es enstanden damals auch verschiedene Gedichte, von denen die meisten allerdings verloren sind, wie jenes, das in der Verschronik Peters von Langtoft zu Beginn des 14. Jahrhunderts erwähnt ist. Dieses leider anonyme Werk ist voll phantastischer Episoden. So soll Richard in Deutschland dem herrschenden König verraten worden sein, den der Roman seltsamerweise Modard oder Modred nennt – gewiß eine Anspielung auf Mordred, den letzten Feind von König Artus. Von dessen Sohn aufgehetzt, tötet er diesen in einem fairen Kampf und gewinnt dafür das Herz seiner Tochter Margarie. König Modard sendet ihm einen hungrigen Löwen, um ihm den Garaus zu machen. Richard hält ihm seinen in Seide gewickelten Arm in den Schlund, reißt ihm das Herz heraus und verspeist es. Auf diese Weise soll er den Beinamen Löwenherz erhalten haben . . .

Eine Anekdote folgt auf die andere. So begibt sich Richard beispielsweise auf ein Turnier, kämpft unerkannt mit den besten Rittern Englands und besiegt einen nach dem anderen. Er trägt erst schwarze, dann rote, dann weiße Waffen. Dann wählt er die beiden besten Ritter unter denen, die er besiegt hat, aus, gibt sich zu erkennen und zieht mit ihnen nach Palästina, wo sie an den außergewöhnlichsten Kämpfen teilnehmen, in denen aber immer Engländer und Franzosen einander gegenüberstehen und letztere lächerlich gemacht werden. Dies überrascht nicht, wenn man bedenkt, wann das Gedicht entstand, Ende des 14. Jahrhunderts nämlich, der Zeit zwischen den Kriegen, die Eduard III. Plantagenet und die usurpatorische Dynastie der Lancaster führten. Richards Popularität wird in den Dienst der Propaganda gestellt, wie es schon mit vielen anderen Helden geschehen ist.

Viel bezeichnender sind die Legenden, die Richard mit Robin Hood und dessen Gefährten in den Wäldern von Sherwood in Zusammenhang bringen. Es sind hinreißende Geschichten. Bei seiner Rückkehr wird der König, der ein Mönchsgewand trägt, von Robin Hood und den Gesetzlosen seiner Umgebung in den Wäldern verhaftet. Anfang April 1194 hielt er sich tatsächlich dort auf. Robin freundet sich mit dem angeblichen Abt an. Dabei verfahren er und seine Gefährten im allgemeinen nicht besonders freundlich mit den Klöstern, von denen sie Lösegelder erpressen, um ihr Überleben zu garantieren. Sie haben sich im Wald verschanzt und wollen dem legitimen König die Treue wahren. Als Robin Hood einen Pfiff ausstößt, tauchen überall struppige Köpfe auf, lauter Leute in Lumpen, die schließlich in Richard den aus Übersee zurückgekehrten König erkennen. Dieser nimmt Robin Hood nach London mit, wo er ihn adelt und zum Peer von England macht.

Es wäre schön, wenn die verschiedenen Balladen zu diesem Thema mit ihrem Helden wirklich Richard meinten. Leider wird in den älteren nur »Edward our comely king« erwähnt, und man hat die Wahl zwischen verschiedenen Eduards, die einander auf dem englischen Thron gefolgt sind, darunter Eduard der Märtyrer im 10. Jahrhundert und der heilige Eduard der Bekenner im 11. So ist es in den ältesten Balladen wie *Robin Hood, his death, Robin Hood and the potter, Robin Hood and the Curt* etc. In einer gereimten schottischen Chronik, die 1420 von Andreas von Wyntoun verfaßt wurde, spielte die Geschichte von Robin Hood gegen Ende des 13. Jahrhunderts, zwischen 1283 und 1285. Ein anderer Schotte, Walter Bower, der 20 Jahre später schreibt, datiert sie auf das Jahr 1266.

Erst sehr spät, in seiner *History of Greater Britain*, die 1521 von einem weiteren Schotten mit Namen John Major verfaßt wurde, wird die Geschichte von Robin Hood und seinen Gefährten in das Jahr 1193-94 gelegt, spielt also zu der Zeit, als Richard nach seinem Kreuzzug und der Gefangenschaft in Deutschland in sein Königreich zurückkehrte. Diese Version ist bis heute die populärste und das verdientermaßen... [1]

Nicht ohne einiges Bedauern verabschieden wir uns von dem Bild von Richard Löwenherz, der bei den Bettlern auftaucht, die ihm die Treue gehalten haben. Um so mehr, als es uns auf die wirkliche Historie verweist. Königin Eleonore nämlich hatte die Wälder von Sherwood vom schweren Bewirtschaftungsrecht befreit, das ihr Gemahl Heinrich II. den englischen Wäldern und ihren Bewohnern aufgebürdet hatte. Heinrich hatte sich dabei – und sicher nicht zu Unrecht – den Ruf eines Despoten zugezogen. Und so folgte auf den Machtmißbrauch des vorherigen Herrschers dank seiner Mutter das Gegenteil, die Thronbesteigung Richards des Freigebigen.

So können die Wege der Legenden, wenn auch auf komplizierte Weise, die Wege der Geschichte kreuzen.

---

[1] Wir verweisen auf James C. Holt, *Robin Hood and the forest of Sherwood*, London, Thames & Hudson, 1982.

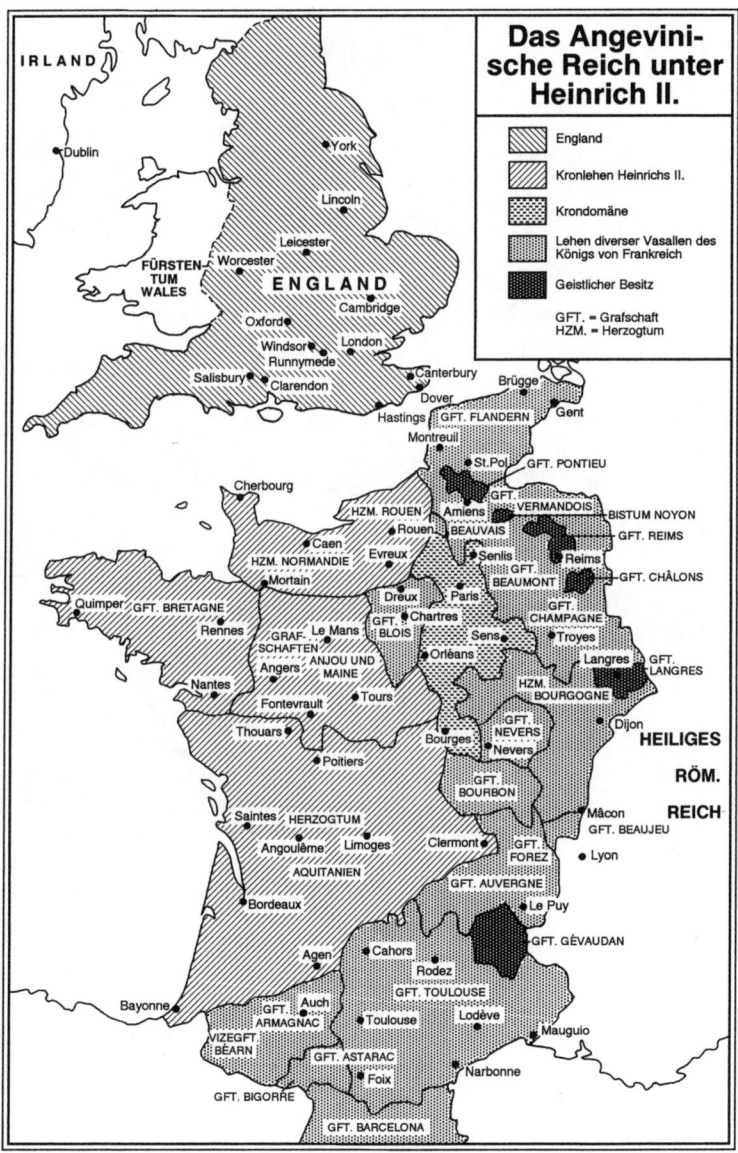

IRLAND

Dublin

York

Lincoln

Leicester

FÜRSTEN-
TUM
WALES

Worcester

ENGLAND

Oxford

Cambridge

Windsor

London

Salisbury

Runnymede

Clarendon

Canterbury

Hastings

Dover

Brügge

Gent

GFT. FLANDERN

Montreuil

St.Pol

GFT. PONTIEU

Cherbourg

GFT.

VERMANDOIS

BISTUM NOYON

HZM. ROUEN

Amiens

Rouen

BEAUVAIS

GFT. REIMS

Caen

Evreux

Senlis

Reims

GFT. CHÂLONS

HZM. NORMANDIE

GFT.
BEAUMONT

Mortain

Dreux

Paris

GFT.
CHAMPAGNE

Quimper

GFT. BRETAGNE

Le Mans

Chartres

GFT.
BLOIS

Rennes

GRAF-
SCHAFTEN

Sens

Troyes

Angers

ANJOU UND
MAINE

Orléans

Langres

GFT.
LANGRES

Nantes

Fontevrault

Tours

HZM.
BOURGOGNE

Thouars

Bourges

GFT.
NEVERS

Dijon

HEILIGES

Poitiers

Nevers

RÖM.

GFT.
BOURBON

REICH

Saintes

HERZOGTUM

Mâcon

GFT. BEAUJEU

Angoulême

Limoges

Clermont

GFT.
FOREZ

Lyon

AQUITANIEN

GFT. AUVERGNE

Bordeaux

Le Puy

GFT. GÉVAUDAN

Agen

Cahors

Rodez

Bayonne

GFT. TOULOUSE

GFT.
ARMAGNAC

Auch

Toulouse

Lodève

Mauguio

VIZEGFT.
BÉARN

GFT. ASTARAC

Foix

Narbonne

GFT. BIGORRE

GFT. BARCELONA

Das Angevini-
sche Reich unter
Heinrich II.

▨	England
▨	Kronlehen Heinrichs II.
▦	Krondomäne
▨	Lehen diverser Vasallen des König von Frankreich
■	Geistlicher Besitz

GFT. = Grafschaft
HZM. = Herzogtum

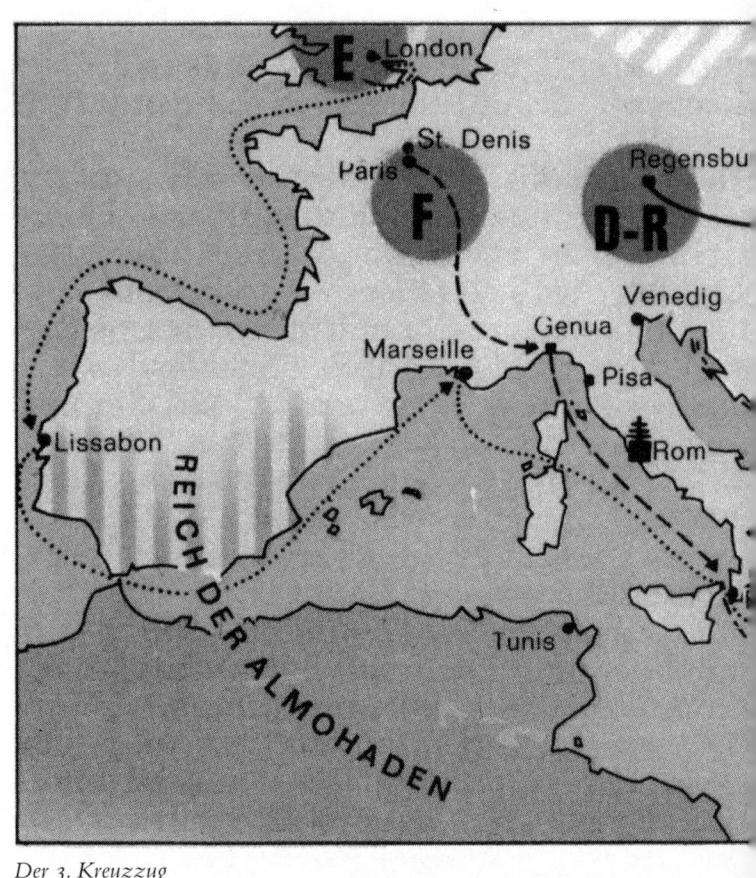

Der 3. Kreuzzug
© *Deutscher Taschenbuch Verlag, München (dtv-Atlas zur Weltgeschichte, Band 1)*

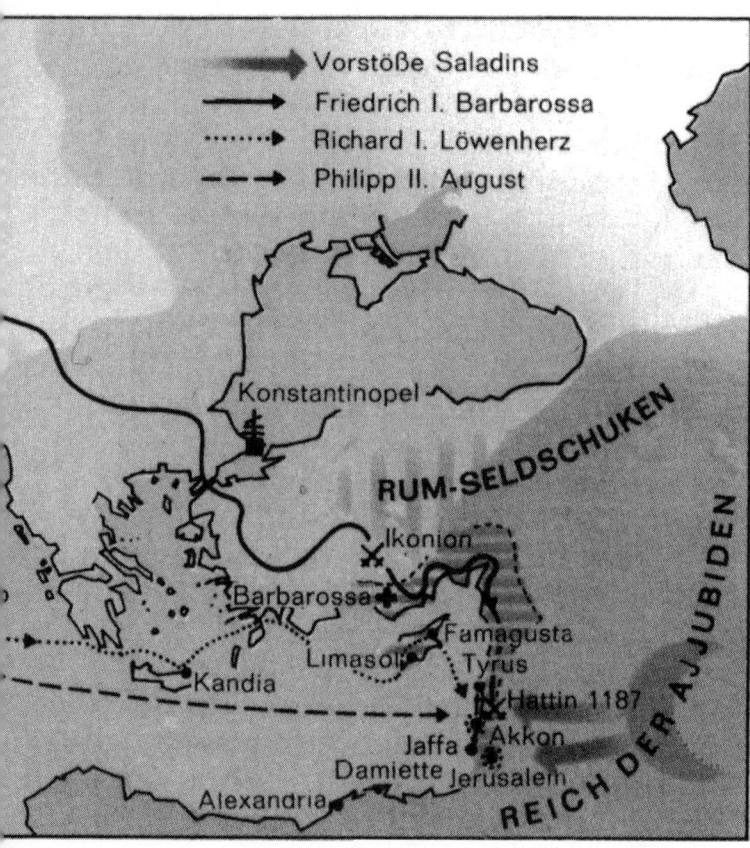

Vorstöße Saladins
Friedrich I. Barbarossa
Richard I. Löwenherz
Philipp II. August

Konstantinopel

RUM-SELDSCHUKEN

Ikonion

Barbarossa

Famagusta

Limasol

Tyrus

Kandia

Hattin 1187

Jaffa

Akkon

Damiette

Jerusalem

Alexandria

REICH DER AJJUBIDEN

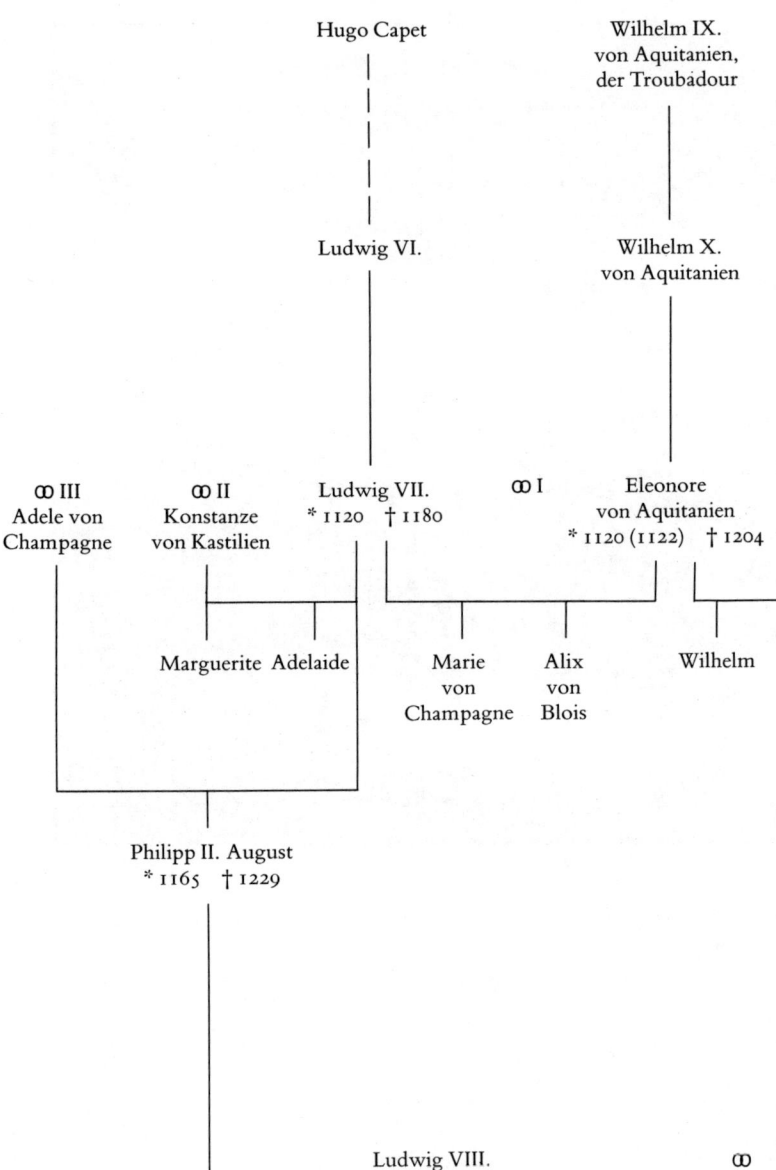

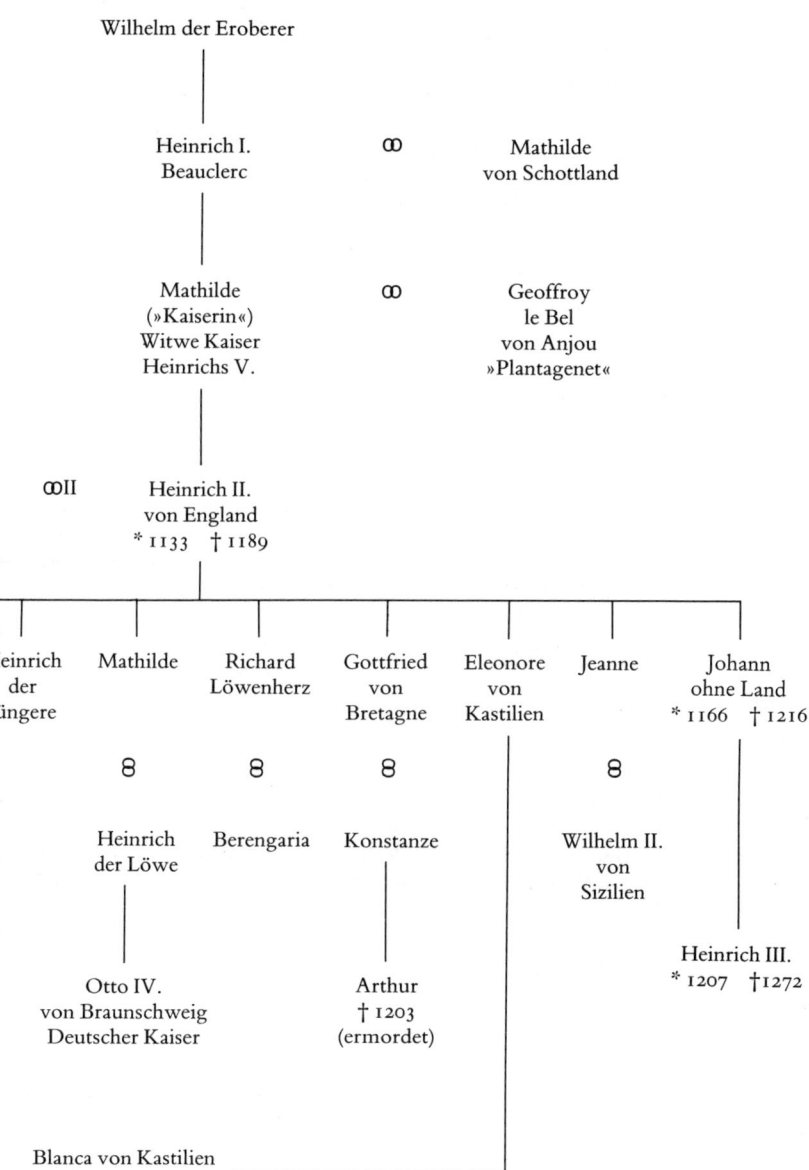

Wilhelm der Eroberer

Heinrich I.
Beauclerc   ∞   Mathilde
von Schottland

Mathilde   ∞   Geoffroy
(»Kaiserin«)   le Bel
Witwe Kaiser   von Anjou
Heinrichs V.   »Plantagenet«

∞II   Heinrich II.
von England
* 1133   † 1189

Heinrich   Mathilde   Richard   Gottfried   Eleonore   Jeanne   Johann
der   Löwenherz   von   von   ohne Land
Jüngere   Bretagne   Kastilien   * 1166   † 1216

Heinrich   Berengaria   Konstanze   Wilhelm II.
der Löwe   von
                                                 Sizilien

Otto IV.   Arthur   Heinrich III.
von Braunschweig   † 1203   * 1207   † 1272
Deutscher Kaiser   (ermordet)

Blanca von Kastilien
* 1188   † 1252

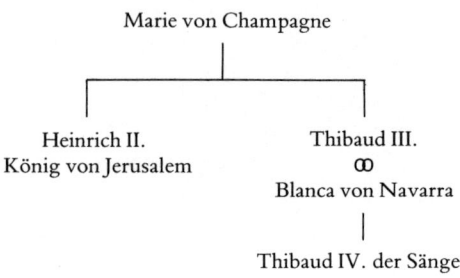

Marie von Champagne
├── Heinrich II. König von Jerusalem
└── Thibaud III. ∞ Blanca von Navarra
    └── Thibaud IV. der Sänger

Eleonore ∞ Alfons von Kastilien
- Berengaria (Berenguela)
- Urraca ∞ Alfons II., König von Portugal
    - Alfons der Neffe
- Blanca ∞ Ludwig VIII. von Frankreich
- Eleonore ∞ Jaime von Aragoni

Blanca von Kastilien ∞ Ludwig VIII. von Frankreich
- Philipp
- Ludwig IX. der Heilige
- Robert von Artois
- Johann
- Alfons von Poitie

Berenguela ∞ Alfons IX. von León
- Ferdinand III. der Heilige
  - Alfons X. der Weise
- Alfons von Molina
- Konstanze Nonne
- Berengaria ∞ Johann von Brien König von Jerusal

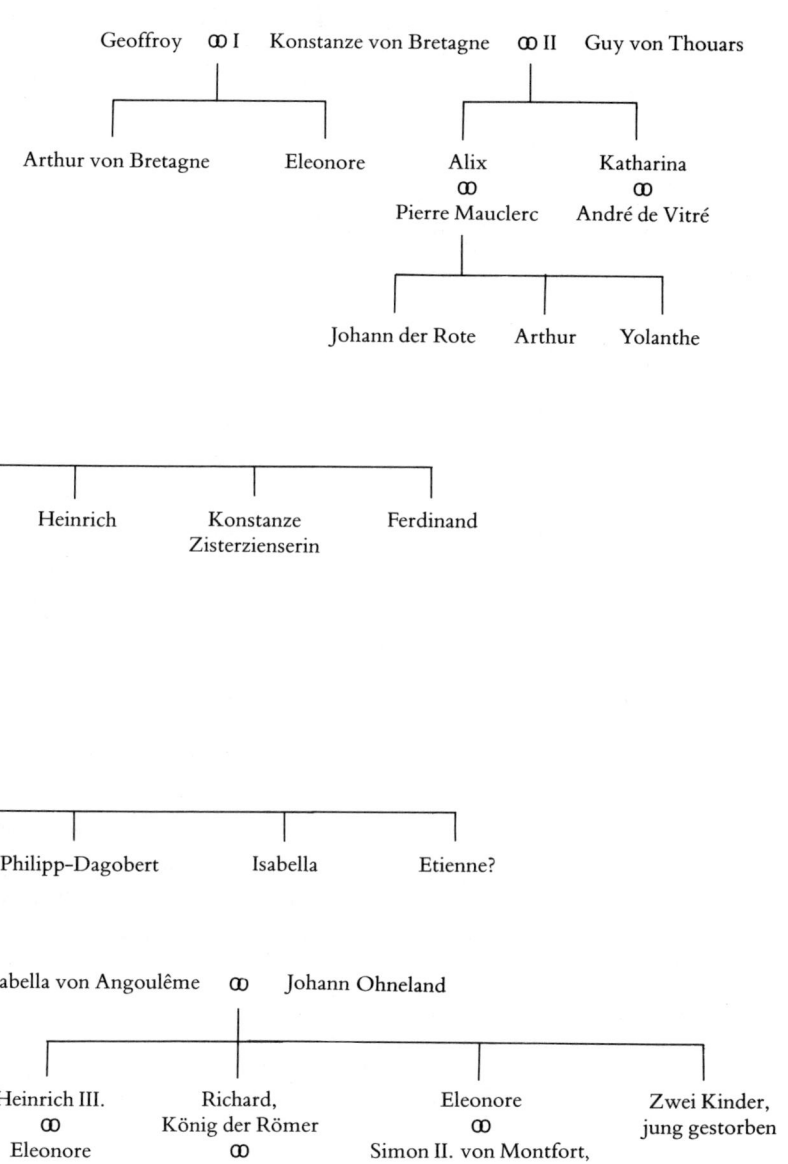

Geoffroy ∞ I Konstanze von Bretagne ∞ II Guy von Thouars

Arthur von Bretagne   Eleonore   Alix   Katharina
                                                ∞   ∞
                                          Pierre Mauclerc   André de Vitré

                              Johann der Rote   Arthur   Yolanthe

Heinrich   Konstanze   Ferdinand
                  Zisterzienserin

Philipp–Dagobert   Isabella   Etienne?

Isabella von Angoulême   ∞   Johann Ohneland

Heinrich III.   Richard,   Eleonore   Zwei Kinder,
∞   König der Römer   ∞   jung gestorben
Eleonore   ∞   Simon II. von Montfort,
von Provence   Sancia   Graf von Leicester
                       von Provence

Zeittafel

1135
22. Dezember: Stephan von Blois wird zum König von England gekrönt.

1137
1. August: Ludwig VII. wird König von Frankreich und heiratet Eleonore von Aquitanien.

1144
19. Januar: Gottfried, seit 1129 Graf von Anjou, wird Herzog der Normandie.

1147
Ludwig VII. bricht in Begleitung seiner Frau Eleonore zum Kreuzzug auf.

1151
7. September: Tod Gottfrieds von Anjou.

1152
Scheidung Ludwigs VII. und Eleonores. Diese heiratet kurz darauf Heinrich Plantagenet.
18. Mai: Heinrich Plantagenet wird Herzog von Anjou.

1153
Geburt Wilhelms (gest.1156), des ersten Sohns von Heinrich II. und Eleonore.
10. August: Eustachius von Boulogne, der Erbe des englischen Throns, stirbt unerwartet.
6. November: Stephan von Blois adoptiert Heinrich Plantagenet.

1154
Geburt Heinrichs des Jüngeren.
25. Oktober: Tod Stephans von Blois.
19. Dezember: Heinrich Plantagenet wird gemeinsam mit Eleonore zum König von England gekrönt.

1155
Thomas Becket wird Kanzler von England.
Geburt Mathildes, der Tochter von Heinrich II. und Eleonore.

1156
18. Juni: Friedrich Barbarossa wird zum Kaiser gekrönt.

1157
8. September: Geburt von Richard Löwenherz.

1158
November: Heinrich II. und Ludwig VII. treffen sich, um ihre Versöhnung zu besiegeln.
Geburt von Gottfried, dem späteren Herzog von Bretagne.

1160
Pfingsten: Waffenruhe zwischen Heinrich II. und Ludwig VII.
2. November: Heirat Heinrichs des Jüngeren mit Margarete von Frankreich.
3. Juni: Thomas Becket wird zum Erzbischof von Canterbury geweiht.

1161
Geburt Eleonores, der späteren Gattin Alfons' VII. von Kastilien.

1164
Januar: Verkündigung der »Konstitutionen von Clarendon«.
8. Oktober: Verurteilung Thomas Beckets wegen Frevels.

1165
Geburt Jeannes, der Tochter von Heinrich II. und Eleonore.
11. April: Zusammenkunft zwischen Ludwig VII. und Heinrich II. in Gisors.
21. August: Geburt Philipp Augusts von Frankreich.

1166
Geburt Johanns ohne Land.
24. April: Begegnung zwischen Ludwig VII. und Heinrich II. in Nogent-Rotrou.

1167
4. Juni: Begegnung zwischen Ludwig VII. und Heinrich II. im Vexin.
Juli: Heinrich II. unterwirft die Bretagne.
22. Juli: Tod Mathildes von Anjou.

1168
Revolte der poitevinischen und bretonischen Barone gegen Heinrich II.
7. April: Treffen von Ludwig VII. und Heinrich II. in Pacy-sur-Eure.

1169

6.-7. Januar: Begegnung zwischen Ludwig VII. und Heinrich II. in Montmirail.

7. Februar: Begegnung zwischen Ludwig VII. und Heinrich II. in Saint-Leger-en-Yvelines.

18. November: Begegnung zwischen Ludwig VII., Heinrich II. und Thomas Becket in Saint-Denis und Montmartre.

1170

27. März: Eleonore entgeht einem von den Lusignan gelegten Hinterhalt.

29. Juni: Erdbeben im Heiligen Land

22. Juli: Unterredung zwischen Heinrich II. und Thomas Becket in Fréteval.

August: Heinrich II. krank in der Normandie.

1. Dezember: Rückkehr Thomas Beckets nach England.

29. Dezember: Ermordung Thomas Beckets in der Kathedrale von Canterbury.

1171

25. Januar: Inderdikt über die kontinentalen Gebiete Heinrichs II. durch den päpstlichen Legaten.

17. Oktober: Heinrich II. beginnt mit der Eroberung Irlands.

25. Dezember: Eleonore und Richard berufen ihre südfranzösischen Vasallen ein.

1172

Januar: Richard bewilligt dem Bischof von Bayonne, Fortanier, das Recht, einen Landvogt zu ernennen.

21. Mai: Heinrich II. unterwirft sich der Kirche in Avranches.

27. August: Krönung Heinrichs des Jüngeren in Winchester.

27. September: Endgültige Versöhnung Heinrichs II. mit der Kirche.

1173

Februar-März: Heinrich II. beruft seine Barone nach Montferrand und dann nach Limoges ein.

8. März: Heinrich II. flieht aus Chinon.

Juni: Philipp von Flandern belagert Aumale, Ludwig VII. und Heinrich der Jüngere Verneuil.

19. August: Heinrich II. verfolgt seine aufständischen Vasallen bis nach Beuvron.

1174

12.-13. Juli: Öffentliche Buße Heinrichs II. am Grab von Thomas Becket.

Frühjahr: Die Bewohner von La Rochelle verweigern Richard den Einzug in die Stadt.

8. Juli: Heinrich II. nimmt Eleonore und die Gemahlinen und Verlobten seiner Söhne mit sich nach England. Verbannung Eleonores.

23. September: Richard unterwirft sich Heinrich II.

30. September: Gottfried und Heinrich der Jüngere unterwerfen sich Heinrich II.

Oktober: Abkommen von Falaise: Richard behält das Poitou unter der Oberhoheit seines Vaters.

1175

Gottfried und Richard huldigen Heinrich II. in Le Mans.

1176

Tod Rosamundes, der Geliebten Heinrichs II.

3. April: Schwerer Sturm in der Normandie.

19. April: Heinrich der Jüngere und seine Gemahlin, die sich auf der Reise nach Santiago de Compostela befinden, gehen in Honfleur an Land. Johann belagert zusammen mit Heinrich Châteauneuf.

27. August: Prinzessin Jeanne, Tochter Heinrichs II. und Eleonores, die Wilhelm von Sizilien versprochen ist, landet in der Normandie, um von dort nach Sizilien zu reisen. Richard und Heinrich begleiten sie.

9. November: Heirat von Jeanne und Wilhelm in Palermo.

25. Dezember: Richard hält seinen ersten Reichstag zu Weihnachten in Bordeaux ab.

1177

2. Februar: Richard begibt sich nach Poitiers.

13. Februar; Krönung Jeannes zur Königin von Sizilien.

21. April: Heinrich II. besiegt die früheren Söldner Richards in Malemort.

21. September: Unterredung zwischen Heinrich II. und Ludwig VII. in Ivry.

25. Dezember: Heinrich II. hält zu Weihnachten hof in Angers.

1178

19. März: Richard nimmt zusammen mit Heinrich II. und Heinrich dem Jüngeren an der Einweihung der Abtei von Bec-Helloin teil.

1179

1. November: Richard wohnt mit seinen Brüdern der Salbung Philipp Augusts in Reims bei.

25. Dezember: Heinrich II. versammelt seinen Hof zu Weihnachten in Saintes.

1180

Winter: Richard belagert im Poitou die Schlösser von Pons, Richemond, Jonsac, Marcillac, Courveille und Anville.

8. Mai: Gottfried von Rancon ergibt sich Richard nach der Belagerung Taillebourgs.

18. September: Tod Ludwigs VII. Philipp August wird König von Frankreich.

1181

15. August: Richard schlägt den Grafen Vivien zum Ritter.

1182

25. Dezember: Heinrich II. hält zu Weihnachten mit seinen drei Söhnen in Caen hof.

1183

Frühjahr: Richard führt im Limousin einen Feldzug gegen die Basken von Raymond dem Braunen und Wilhelm Arnold.

11. Juni: Tod Heinrichs des Jüngeren.

24. Juni: Graf Aymar von Limoges unterwirft sich Heinrich II.

1184

30. November: Hof am Sankt-Andreas-Tag in Westminster, Versöhnung der Söhne mit dem Vater.

1185

16. März: Tod Balduins, des Königs von Jerusalem.

25. Dezember: Heinrich II. hält zu Weihnachten hof in Domfront.

1186

Frühjahr: Zusammentreffen von Philipp August und Heinrich II. in Gisors.

August: Gottfried von Bretagne, der zweite Bruder Richards, stirbt während eines Turniers.

1187

25. März: Unterredung zwischen Philipp August und Heinrich II. in Nonancourt, Vereinbarung einer Waffenruhe.

4. Juli: Niederlage der Franken gegen Saladin in Hattin.

10. Juli: Akkon fällt in die Hände Saladins.

6. August: Fall Jaffas und Beiruts. 2. Oktober: Fall Jerusalems.

1188

21. Januar: Treffen Heinrichs II. und Philipp Augusts zwischen Gisors und Trie, Versöhnung der beiden Herrscher und Vorbereitung eines Kreuzzugs.

28. Juli: Heftige Kämpfe zwischen Richard und Wilhelm von Barres, einem dem König von Frankreich nahestehenden Ritter, in der Nähe von Mantes.

18. November: Erneute Unterredung Heinrichs II. und Philipp Augusts in Bonmoulins. Richard ist auf seiten des Königs von Frankreich und huldigt ihm.

1189

Frühjahr: Angriff Richards auf Le Mans, während Philipp August in Tours einzieht. Neue Unterredung in Colombiers.

6. Juli: Tod Heinrichs II. in Chinon. Richard Löwenherz wird König von England.

28. Juni: Tod Mathildes, der Schwester Richards und Herzogin von Sachsen.

20. Juli: Richard wird Herzog der Normandie.

22. Juli: Erstes Treffen zwischen Philipp August und Richard, seit dieser König ist.

August: Richard trifft in England ein.

29. August: Hochzeit von Johann ohne Land und Havise von Gloucester.

3. September: Krönung von Richard Löwenherz in Westminster. Antijüdische Ausschreitungen.

5. Dezember: Richard bestätigt die Wahl seines unehelichen Bruders Gottfried zum Erzbischof von York.

11. Dezember: Richard schifft sich zum Kreuzzug ein.

30. Dezember: Begegnung zwischen Richard und Philipp August an der Furt von Saint-Rémy zur Vorbereitung des Kreuzzugs.

1190

Februar: Richard empfängt Eleonore von Aquitanien und Adelheid, die Schwester des Königs von Frankreich.

März: Erneute antijüdische Unruhen in York.

15. März: Tod Isabellas von Hennegau, Königin von Frankreich.

18. Mai: Die englische Flotte verläßt Dartmouth.

10. Juni: Tod Friedrich Barbarossas. Heinrich VI. wird Kaiser.

4. Juli: Zeremonie in Vézelay im Beisein von Richard und Philipp August. Beginn des Kreuzzugs.

14.-17. Juli: Richard in Lyon.

7. August: Richard geht in Marseille an Bord.

13. August: Richard in Savona.

23. August: Richard in Pisa.

25. August: Richard in Porto Ercole.

28. August – 13. September: Richard hält sich in Neapel auf.

16. September: Ankunft Philipp Augusts in Messina.

24.-25. September: Zusammenkunft zwischen Richard und Philipp August in Messina.

28. September: Jeanne von Sizilien besucht Richard.

1191

Januar: Besuch Joachims von Fiore bei Richard.

2. Februar: Streit zwischen den beiden Königen.

1. März: Treffen zwischen Richard und Tankred vor Taormina.

30. März: Die Flotte von Philipp August verläßt Messina. Eleonore trifft am selben Tag ein.

2. April: Abreise Eleonores.

10. April: Tod Clemens' III. Wahl des neuen Papstes, Zölestin III.

14. April: Heinrich VI. wird zum deutschen Kaiser gekrönt.

17. April: Richard landet auf Kreta.

20. April: Philipp erreicht die Belagerer von Akkon.

1. Mai: Richard verläßt Kreta.

9. Mai: Richard trifft die Fürsten von Zypern.

11. Mai: Mehrere hohe Barone des Heiligen Landes besuchen Richard in Zypern.

12. Mai: Heirat Richards mit Berenguela von Navarra.

1. Juni: Richard Löwenherz nimmt Isaak Komnenos in Zypern gefangen.

5. Juni: Richard verläßt Zypern.

7. Juni: Richard bemächtigt sich eines Schiffes mit 1500 Sarazenen, die dem belagerten Akkon zur Hilfe kommen sollten.

8. Juni: Richard trifft in der Sankt-Johann-Bucht von Akkon ein.

15.-23. Juni: Richard und Philipp August erkranken beide.

17. Juni: Der Sultan greift die Nachhut der Franken an.

3. Juli: Fränkischer Angriff auf den »verfluchten Turm« von Akkon.

Nacht vom 4. auf den 5. Juli: Mißlungener Fluchtversuch der muslimischen Garnison von Akkon.

5. Juli: Richards Männer schlagen eine Bresche in die Mauern von Akkon.

6. Juli: Erneuter, aber ergebnisloser Angriff der Franken.

12. Juli: Die Franken dringen in Akkon ein.

20. Juli: Zusammentreffen von Richard und Philipp August.

28. Juli: Aufgrund eines Schiedsspruchs wird Guy von Lusignan das fränkische Reich von Jerusalem auf Lebenszeit zuerkannt.

29. Juli: Erneutes Treffen der Könige.

31. Juli: Philipp August schifft sich nach Tyrus ein.

9. August: Ankunft des Herzogs von Burgund in Tyrus.

20. August: Auf Richards Befehl werden 2 700 gefangene Sarazenen hingemetzelt.

22. August: Aufbruch der Truppen nach Haifa.

5. September: Sieg Richards über die Sarazenen in Arsuf.

14. September: Gottfried, Erzbischof von York, landet in England.

29. Oktober: Gottfried muß England verlassen.

8. November: Zusammenkunft zwischen Richard und Malik-el-Adil.

10. Oktober: Philipp August geht in Otranto an Land.

15. November – 8. Dezember: Besetzung von Latrun und Beit-Nuba.

1192

13. Januar: Abtrünnigkeit des Herzogs von Burgund vor Jerusalem.

2. April: Rückkehr Johanns von Longchamp nach England.

18. April: Konrad von Montferrat wird von zwei Assassinen umgebracht.

5. Mai: Heinrich von Champagne heiratet Isabella, die Witwe Konrads, und wird zum neuen König von Jerusalem bestimmt.

Mai: Guy von Lusignan geht als neuernannter König der Insel nach Zypern.

17. Mai: Richard belagert Askalon.

20. Juni: Richard überfällt eine Karawane aus Ägypten.

4. Juli: Die Kreuzfahrer verzichten darauf, Jerusalem anzugreifen.

26. Juli: Saladin greift Jaffa an.

1. August: Richard kommt Jaffa zu Hilfe.

5. August: Niederlage Saladins vor Jaffa.

2. September: Vertrag von Jaffa zwischen Saladin und den Franken: Diese dürfen sich als Pilger frei im Heiligen Land bewegen. Wiederbegründung des fränkischen Königreichs Jerusalem, das sich entlang der Küste von Tyrus bis nach Jaffa erstreckt.

9. Oktober: Richard geht in Zypern an Bord.

21. Dezember: Richard wird in der Nähe von Wien festgenommen. Er wird zunächst von Leopold von Österreich in Dürnstein gefangengehalten, darauf von Kaiser Heinrich VI. in Ochsenfurt und danach in Trifels.

1193

Februar: England erhält Nachricht über die Gefangennahme seines Königs.

28. Februar: Tod Saladins.

Anfang März: Zusammentreffen Richards und Heinrichs VI.

12. April: Philipp August läßt sich Gisors zurückgeben.

29. Juni: Einigung über die Freilassung Richards gegen ein sehr hohes Lösegeld.

30. Mai: Hubert Gautier wird zum Erzbischof von Canterbury gewählt.

14. August: Heirat von Philip August und Ingeborg von Dänemark.

1194

Januar: Eleonore in Köln.

2. Februar: Freilassung Richards.

4. Februar: Richard verläßt Mainz.

13. März: Richard legt in England an.

25. März: Richard erscheint vor Nottingham, das von den Truppen Johanns ohne Land besetzt ist.

28. März: Übergabe von Nottingham.

10. April: Richard hält zu Ostern in Northhampton hof .

17. April: Zweite Krönung von Richard Löwenherz in Westminster.

12. Mai: Aufbruch Richards in die Normandie.

28. Mai: Philipp August gibt bei der Ankunft Richards die Belagerung von Verneuil auf.

13. Juni: Richard erobert Loches von Philipp August zurück.

5. Juli: Richard schlägt Philipp August bei Fréteval in die Flucht.

1. August: Beide Könige vereinbaren Waffenruhe.

Sommer: Richard Löwenherz beginnt mit dem Bau von Château-Gaillard in Les Andelys.

1195

Juli: Scharmützel zwischen Franzosen und Engländern in Issoudun.

8. November: Erneuter Beschluß einer Waffenruhe zwischen den beiden Königen in Verneuil.

1196

Januar: In Louviers wird abermals eine Waffenruhe beschlossen.

Oktober: Jeanne von Sizilien heiratet erneut, und zwar Raymond von Toulouse in Rouen.

1197

15. April: Richard nimmt Saint-Valery ein.

19. Mai: Gefangennahme Philipps von Dreux durch Richard in Milly.

Juli: Geburt des späteren Raymond VII. von Toulouse.

September: Tod Heinrichs VI. in Messina.

1198

11. März: Tod Maries von Champagne.

10. Juli: Richards Neffe, Otto von Braunschweig, reist nach Aachen.

28. September: Philipp August stürzt bei einem Zusammenstoß mit englischen Rittern in der Nähe von Gisors vom Pferd.

1199

Januar: Erneute Zusammenkunft zwischen Philipp August und Richard in der Nähe von Vernon.

13. Januar: Neue fünfjährige Waffenruhe zwischen den Königen von England und Frankreich.

25. März: Richard trifft in Châlus im Limousin ein.

26. März: Richard wird von einem Pfeil getroffen, der vom Schloß von Châlus abgeschossen wurde.

6. April: Tod von Richard Löwenherz.

1200

Johann ohne Land heiratet Isabella von Angoûleme.

1203

Tod Eleonores von Aquitanien.

1214

Schlacht von Bouvines.

1216

Tod Johanns ohne Land.

Bibliographische Hinweise

1. Wichtigste in den »Rolls Series« erschienene Chroniken

Coggeshall, Ralph von, *Chronicon Anglicanum,* ed. von J. Stevenson, 1875 (R.S. 66).

Coventry, Walter von, *Memoriale Fratris Walteri de Coventria,* ed. von W. Stubbs, 2 Bde., 1872–1873 (R.S. 58).

Diceto, Ralph von, *Opéra Historica,* ed. von W. Stubbs, 2 Bde., 1876 (R.S. 68).

Hoveden, Roger von, *Chronica Magistri Rogeri de Hovedene,* ed. von W. Stubbs, 4 Bde., 1868–1871 (R.S. 51).

Itinerarium Peregrinorum et Gesta Regis Ricardi in Bd. 1 der *Chronicles and Memorials of the Reign of Richard I,* ed. von W. Stubbs, 2 Bde., 1864–1865 (R.S. 38).

Matthew Paris, *Chronica Majora,* ed. H. R. Luard, 7 Bde., 1872–1884 (R.S. 57).

Newburgh, William von, in: *Chronicles of the Reigns of Stephen, Henry II and Richard I,* ed. von R. Howlett, 2 Bde., 1884–1885 (R.S. 84).

Peterborough, Benedikt von, *Gesta regis Henrici Secundi... the Chronicles of the Reigns of Henry II and Richard I,* A.D. 1169–1192, ed. von W. Stubbs, 2 Bde., 1862 (R.S. 49).

2. Andere Chroniken

Devizes, Richard von, *Chronica,* ed. von R. Howlett (R.S. 82), London 1887.

Barri, Guiraud von, *De principis instanctione liber,* ed. von G. F. Warner (R.S. 21), 1891.

Récits d'un ménestrel de Reims, ed. von Natalis de Wailly, Paris 1876.

Ambroise, *L'Estoire de la Guerre sainte,* ed. von G. Paris, Paris 1897.

Anonymus, *Le Livere de reis de Engleterre,* ed. von John Glover, London 1865.

Den Chronisten der Zeit Richards widmete Reto Bezzola eine ausgezeichnete Untersuchung, *Les Origines et la formation de la littérature courtoise en Occident,* 3. Teil, Bd. I, Paris, Champion, 1963. Siehe vor allem S. 207–227.

Anonymus, *La Vie de Guillaume le Maréchal.* 1903 wurde das Werk in einer hervorragenden Ausgabe mit einer Übersetzung von

Paul Meyer vorgelegt, hier wurde das exzellente Werk von Sidney Painter verwendet, *William Marshal Knight-errant, baron and Regent of England,* John Hopkins Press, 1933, reprints 1982. Johnston, R. C., »An Anglo-Norman Chronicle of the Crusade and Death of Richard 1st«, *Studies in Medieval French Presented to A. Ewert,* Oxford 1961.

Wichtigste verwendete Werke

Boussard, Jacques, *Le gouvernement d'Henri II Plantagenêt,* Lib. d'Argences, Paris 1956.

Boussard, Jacques, *Le Comté d'Anjou sous Henri Plantagenêt et ses fils (1151–1204),* Paris, Champion, 1938.

Broughton, Bradford B., *The legends of King Richard I Cœur de Lion, A Study of Sources and Variations to the year 1600,* Den Haag–Paris, Mouton, 1966.

Gillingham, John, *Richard the Lion Heart,* London 1976.

Kelly, Amy, *Eleanor oft Aquitaine and the Four Kings,* London 1952.

Norgate, Kate, *Richard the Lion Heart,* London 1924.

Pernoud, Régine, *Aliénor d'Aquitaine,* Paris 1970.

Richard, Alfred, *Histoire des comtes de Poitou,* Paris 1903, 2 Bde., gd. in.

Zu den Kreuzzügen findet sich eine weitgehend vollständige Bibliographie bei Joshua Prawer, *Histoire du Royaume latin de Jérusalem,* Paris, ed. des CNRS, 1975. 2 Bde. in quarto, Bd. I, SS. 22–85. Die Zitate aus René Grousset, *Histoire des Croisades et du royaume franc de Jérusalem* sind der Neuauflage von 1881 entnommen. Erwähnt seien noch folgende Titel: Richard, Jean, *Le Royaume latin de Jérusalem,* PUF 1953; Cardini, Franco, *Le Crociate tra il mito et la storia,* Instituto di cultura Nova Civitas, 1971; und unsere eigenen Werke *Les Hommes de la croisade,* Fayard, 1982 und *Aliénor d'Aquitaine,* Albin Michel, 1965.

Im folgenden noch einige Veröffentlichungen, welche der Leser möglicherweise konsultieren möchte:

Labande, E.-R., »Les filles d'Aliénor d'Aquitaine« in: *Cahier de civilisation médiévale, XXIX, Nr. 1–2,* Januar bis Juni 1986, S. 101–112.

Saint Léonard et le chemin de Saint Jacques en Limousin XIe–XVIIIe siècles, Katalog der vom Centre d'Etudes compostellanes organisierten Ausstellung, 1985.

Saint-Léonard de Noblat au temps des Capétiens, Xe–XVe siècle, organisée par Connaissance et sauvegarde de Saint Léonard, von M. Tandeau de Marsac.

Zu den Sirventès von Richard Löwenherz:

Lavareyre, Françoise de, *La Cour littéraire du Dauphin d'Auvergne,* Clermont-Ferrand 1976.

Zu seinem Tod:

Arbellot, Françoise, »La vérité sur la mort de Richard Cœur de Lion«, *Bulleton de la Société archéologie-histoire Limousin,* IV (1878), S. 161, 260, 372–387.

Personenregister

Weitere Titel von Régine Pernoud
im Eugen Diederichs Verlag:

Régine Pernoud

KÖNIGIN DER
TROUBADOURE

Eleonore von Aquitanien

Diederichs

Königin der Troubadoure

Eleonore von Aquitanien

Aus dem Französischen von Rosemarie Heyd

303 Seiten, Leinen

Wohl kaum ein Leben, selbst in der Nähe umkämpfter Throne, war so reich an Schicksalsschlägen, zwischen Glanz und Elend hin und her geworfen. Régine Pernoud, eine Historikerin, die den Leser für ihr Thema temperamentvoll einzunehmen versteht, entwickelt mit gründlicher Kenntnis der Details überzeugend die Wandlung der umschwärmten, koketten und nicht selten leichtfertigen Eleonore zur Reife der vereinsamenden Frau, die fast alle ihre Kinder überlebte, eine hochgebildete Königin, deren geistige Interessen bis zum letzten Lebenstag wachblieben, die bis zum letzten Atemzug Troubadoure und Minnesänger inspirierte.

Stuttgarter Zeitung

Eugen Diederichs Verlag

Régine Pernoud

HERRSCHERIN
IN BEWEGTER
ZEIT
Blanca von Kastilien,
Königin von Frankreich

Diederichs

Herrscherin in bewegter Zeit

Blanca von Kastilien, Königin von Frankreich

Aus dem Französischen von Sybille A. Rott-Illfeld

333 Seiten, Leinen

Régine Pernoud hat nicht nur eine mitreißende Biographie verfaßt, sie hat mit ihrem Buch *Herrscherin in bewegter Zeit* ein Porträt einer Epoche französischer Geschichte geschrieben, die uns als Epoche der Kathedralen geläufig ist.

Bayerischer Rundfunk

Das vorzüglich recherchierte Buch der Régine Pernoud ist ein Sittengemälde aus einer Zeit, in der Ehen grundsätzlich Macht-Arrangements waren – bei reichen Bauern ebenso wie an Fürsten-höfen.

Frankfurter Rundschau

Eugen Diederichs Verlag